COLEÇÃO
Ensaios Transversais

Linguagem, Conhecimento, Ação

ensaios de epistemologia e didática

CB015632

© 2003 by autores

Todos os direitos desta edição cedidos
Escrituras Editora e Distribuidora de Livros Ltda.
Rua Maestro Callia, 123 Vila Mariana 04012-100
São Paulo, SP – Telefax: (11) 5082-4190
e-mail: escrituras@escrituras.com.br
site: www.escrituras.com.br

Coordenação editorial
Nílson José Machado

Capa
Vera Andrade
(a partir do quadro de René Magritte *The Bosom*, 1961)

Editoração Eletrônica
Reverson Diniz e Luana Alencar

Impressão
Bartira

Dados Internacionais de Catalogação na Publicação (CIP)
(Câmara Brasileira do Livro, SP, Brasil)

Linguagem, conhecimento, ação: ensaios de epistemologia e didática /
    organizadores Nílson José Machado, Marisa O. Cunha. 2. ed. – São
    Paulo: Escrituras Editora, 2007. – (Coleção ensaios transversais; 23)

Vários autores.

ISBN 978-85-7531-112-7

Bibliografia.

1. Ação – Teoria 2. Comunicação 3. Conhecimento 4. Ensino 5. Linguagem e educação 6. Palavra (Lingüística) I. Machado, Nílson José. II.
Cunha, Marisa O. III. Série

03-6770   CDD-370.1

Índices para catálogo sistemático:

1. Educação: Filosofia e teoria   370.1

Impresso no Brasil
Printed in Brazil

COLEÇÃO
Ensaios Transversais

Linguagem, Conhecimento, Ação

ensaios de epistemologia e didática

organizadores
Nílson José Machado
Marisa Ortegoza da Cunha

escrituras
São Paulo, 2007

Sumário

Apresentação:
A palavra e a ação

Neste volume são reunidos duas dezenas de ensaios referentes às relações entre a palavra e a ação na construção do conhecimento. As diversas temáticas entrelaçam-se multiplamente, constituindo um tecido conceitual atual e abrangente no território intermediário entre a epistemologia e a didática. O ponto de partida – e mote fundamental – é a própria fecundidade da palavra ação, semente da articulação entre a efetividade do fazer e a consciência das motivações que somente o exercício da linguagem propicia.

A ação é o que mais propriamente caracteriza o modo de ser do ser humano. Os animais não agem – apenas reagem –, os computadores não agem, o mercado não age, as pessoas é que agem. A condição humana é a ultrapassagem do mero fazer que visa à manutenção da vida em sentido biológico, ou mesmo da produção material, constituindo-se em uma permanente simbiose entre o fazer e a palavra, o que possibilita a memória e é condição *sine qua non* para a emergência do político.

No primeiro ensaio, a violência é apresentada como o outro da palavra: é a desistência da expectativa de um acordo por meio da palavra que abre as portas para a eclosão da violência. Tal perspectiva conduz à impossibilidade teórica da aceitação da violência como ação – o que constituiria uma contradição de termos; em razão da articulação simbiótica entre a palavra e a ação, justificar-se uma ação violenta seria como conceber-se um vazio cheio, ou uma presença ausente. Assim, qualquer tentativa de legitimação da violência passa necessariamente pela sua caracterização não como uma ação, mas sim como uma reação, atribuindo-se ao outro a iniciativa da ruptura da expectativa do entendimento. Desemboca-se, portanto, em argumentos do tipo "foi ele que começou, estamos apenas reagindo", o que parece razoável quando não aspiramos a mais do que um mero comportamento animal.

Nos três ensaios seguintes, são exploradas as concepções de ação na Teoria da Ação Comunicativa, de Habermas, e no terreno da complexidade, com destaque para a perspectiva de Hanna Arendt e de sua *vita activa*. Em Habermas, a busca da proeminência da ação comunicativa, que visa ao entendimento, em contraposição à ação estratégica, centrada na perseguição do êxito a qualquer custo, traduz uma confiança na possibilidade de um acordo no discurso, de um consenso, ainda que provisório. Tal acordo somente pode basear-se na existência de condições mínimas para garantir a palavra, a livre manifestação a todos os participantes do discurso: mais do que uma isonomia (nomos = lei), o consenso deve fundar-se numa verdadeira "isogoria" (agourein = falar).

Já no âmbito da complexidade, a idéia de ação associa-se, sobretudo, ao exercício da autoridade, do poder legitimamente constituído, derivando-se daí elementos para caracterizar a ação do professor. Na ação do professor, podem ser plantadas as sementes mais conseqüentes da confiança na palavra e no exercício da autoridade derivada de uma articulação consistente entre o conhecimento e o poder simbólico; tal é o cenário para a caracterização do magistério da significação.

A confiança na palavra, no entanto, não afasta o texto, ao longo de todo o percurso, da consciência dos limites da linguagem, da necessidade de uma permanente interação entre o dito e o não-dito, entre o explícito e o tácito, entre o afável e o inefável, entre o verbal e outras formas de expressão. Assim, nos três ensaios seguintes, o papel da linguagem na construção do conhecimento é apresentado nas perspectivas de Michael Polanyi e sua idéia de conhecimento pessoal, de Enrst Cassirer, que sublinha a necessária convivência e a tolerância entre as múltiplas formas simbólicas de expressão, e de Arbib e Hesse, com a idéia de esquema. A mensagem de Polanyi ecoará enfática ao longo de todo o trajeto, perpassando todos os ensaios; ela destacará, continuamente, a interação viva entre o explícito e o tácito, com a valorização da percepção como o primeiro momento do conhecimento.

A perspectiva de Cassirer, por sua vez, pode ser considerada um convite ao diálogo entre as diversas formas de representação simbólica da realidade. Ainda que possam ser associadas a diferentes construções da realidade, elas devem conviver, segundo Cassirer, abdicando completamente de qualquer intenção de hegemonia, buscando permanentemente uma fusão de horizontes, fundamental para o exercício da tolerância. E com a idéia de esquema, Arbib e Hesse nos conduzem suavemente dos mais simples esquemas motores de um recém-nascido às palavras como esquemas simbólicos, e às religiões e ideologias como macro-esquemas de ação e significação, abrindo as portas para um diálogo nem sempre risonho e franco entre as perspectivas leiga e religiosa de construção da realidade.

O ensaio seguinte constitui uma amostra inspirada do diálogo entre o divino e o humano, entre o cotidiano e o transcendente: uma exploração da riqueza e da densidade filosófica do universo captado/construído pela poesia de Adélia Prado. Numa palavra, o universo adeliano representa um inspirado rol de argumentos para quem busca acreditar no *sentido* do mundo.

Na seqüência, dois ensaios abordam as tentativas de tratamento matemático da comunicação lingüística, da medida da quantidade de informação de uma mensagem, e da efetiva possibilidade de distinção entre as dimensões sintática, semântica e pragmática. Após uma breve apresentação dos elementos iniciais da Teoria Matemática da Comunicação (Shannon, 1948), onde os bits protagonizam o espetáculo da quantificação, uma abordagem atualizada da mesma apresenta a idéia de uma "semântica situada" (Barwise e Devlin, 1991), onde os infons surgem como unidades mais adequadas para a medida da informação contextuada. E se o pioneirismo de Shannon abriu caminhos para o estudo da linguagem em perspectivas nunca antes navegadas, merecendo a reverência que lhe é prestada, a ousadia dos conceitos propostos pelos novos exploradores, mesmo ainda estando relativamente distante das dinâmicas das máquinas existentes, aponta, sem dúvida, o novo caminho a seguir, mais cedo ou mais tarde.

Em seguida, quatro diferentes ensaios abordam a questão da percepção, tão bem mapeada por Polanyi em sua concepção de conhecimento pessoal. Um deles examina o papel das imagens mentais e dos esquemas de ação na compreensão dos conceitos científicos, explorando sobretudo o terreno da Psicologia Cognitiva; modelos de processamento de sons e imagens na construção do conhecimento têm especial destaque. Um segundo trata do papel da música na escola como meio para o desenvolvimento da percepção; especialmente interessantes são o paralelismo traçado entre o ensino da Música e o da Geometria, bem como a referência a Merleau Ponty no que se refere à expressão corporal musical. Um terceiro examina, ainda que de passagem, a perspectiva da Psicologia Gestalt no ensino da Geometria, de modo geral profundamente arraigado em uma visão essencialmente analítica. E um quarto trata da percepção do espaço (e do tempo) associada aos modelos não-euclidianos de representação do espaço geométrico. Trata-se, naturalmente, de uma abordagem ingênua, voltada para um público não-especialista, que busca, no entanto, uma compreensão adequada dos fenômenos que nos cercam, das idéias sobre o macrocosmos presentes nos jornais, nas revistas, nos livros de ficção científica.

Os seis últimos ensaios aproximam-se mais diretamente de uma área específica do conhecimento, a Matemática. Dois deles tratam de temas amplos, de interesse geral, como são a relação entre os elementos discretos e os contínuos na percepção e no registro de quantidades, nos instrumentos ou nas medidas, ou então, a importância da atividade criativa no ensino de qualquer tema; nos dois casos, no entanto, o foco das atenções é, especificamente, o ensino de Matemática. Um terceiro ensaio trata da importância da narrativa na construção do significado em Matemática; especialmente interessante, nesse caso, é o destaque dado à configuração de valores, das redes de interlocução na construção da significação. Um quarto ensaio explora a idéia de mapa como metáfora para a construção do conhecimento, fato que será fundamental no ensaio seguinte, que trata do mapeamento das dificuldades com o ensino de Cálculo Diferencial e Integral. Embora isso nem sempre seja claramente percebido, o Cálculo constitui um tema especialmente relevante para a formação geral do cidadão, uma vez que trata do estudo das taxas de crescimento e decrescimento, presentes no dia-a-dia de qualquer pessoa, bem como do modo sutil como podemos enfrentar o diálogo entre a variabilidade e a permanência, aproximando as grandezas variáveis por outras, constantes em pequenos intervalos.

Finalmente, no último ensaio, a Estatística encontra-se no centro das atenções, com destaque para a compreensão da idéia de inferência, tão importante em nosso cotidiano e tão pouco presente nas salas de aula da escola básica. De fato, cada um de nós vive fazendo inferências a partir de amostras restritas, sobre o tempo, sobre o trânsito, sobre o comportamento dos outros, ainda que poucas vezes, ao longo da vida, pare para refletir sobre a fundamentação lógica de tais procedimentos; a reflexão apresentada contribuirá, sem dúvida, para esclarecer alguns pontos nodais da questão.

Todos os ensaios aqui reunidos foram apresentados oralmente nos Seminários Abertos de Pós-Graduação, realizados na Faculdade de Educação da Universidade de São Paulo desde 1998. *O Grupo de Estudos de Epistemologia e Didática* reúne interessados nas temáticas *Ensino de Ciências e Matemática* e *Linguagem e Educação*, promovendo semanalmente um seminário com o sentido mais radical do termo. De fato, muitas sementes de pesquisas em andamento ali encontram ambiente propício para seu desenvolvimento, a caminho dos frutos, algumas são preparadas para um futuro plantio, enquanto outras são lançadas ao solo e ao vento, sem lenço e sem documento, sem qualquer compromisso com um projeto imediato. A freqüência é absolutamente livre e a atividade não vale créditos formais. Os seminários constituem, pois, essencialmente, uma afável partilha de dúvidas e inquietações, uma perene declaração de confiança na força da palavra e da argumentação, um permanente exercício de tolerância e de humildade, uma singela fruição de um convívio continuamente alimentado pelo interesse intelectual dos diversos participantes. Muitos deles, mesmo após a conclusão de seus projetos de mestrado ou de doutorado, continuam a comparecer e a expor seus ensaios, partilhando suas convicções e suas dúvidas com os presentes, incluindo-se alunos da graduação, alunos da pós-graduação, professores e profissionais de diversas áreas e instituições, sem qualquer vínculo formal com a Universidade.

Cada um dos ensaios apresentados tem vida própria e autoria bem definida. A exposição oral nos seminários, no entanto, provoca uma fecundação cruzada, uma mútua alimentação entre cada par de participantes, resultando daí uma contribuição real de todos os membros do grupo, com a imensa diversidade de suas idéias e de seus interesses, para que a expressão final ganhe forma.

O conjunto de ensaios aqui reunidos constitui, assim, uma construção coletiva, e o fato de virem a lume na forma de um livro traduz apenas o interesse sincero dos organizadores em ampliar o universo dessa construção. Este é o significado maior tanto do convite à leitura do livro quanto, eventualmente, à participação nos seminários anteriormente referidos.

São Paulo, outubro de 2003

Nílson José Machado/Marisa Ortegoza da Cunha
Coordenadores dos Seminários e organizadores da coletânea

1

Violência e palavra

Nílson José Machado

Iniciamos com um aparente consenso: a eclosão da violência é a falência da palavra. A descrença na força da palavra induz o recurso à força física. A etimologia denuncia: *vis, violare*, força, forçar, violentar. A confiança na argumentação, no logos, na razão, na construção do acordo por meio do diálogo, do discurso coerente, é o antídoto fundamental contra a violência. Como lembra Ricoeur (1995), ninguém pode argumentar em favor da violência sem se contradizer: "defendendo-a, alguém pretenderia ter razão e já teria entrado no campo da fala e da discussão, depondo sua arma" (p.60).

Nenhuma ação violenta pode, pois, justificar-se. O significado próprio da palavra "ação" não é compatível com tal adjetivação. Como traduz Hanna Arendt (1991), a ação é a característica mais fundamental do modo de ser do ser humano. A ação não se reduz ao mero fazer, sem a consciência da palavra, que é a condição do animal; nem apenas à palavra que inspira o fazer mas não se amalgama com ele, que é a condição da divindade. O fazer do animal é essencialmente reação a um estímulo externo; o fazer simbioticamente articulado com a palavra é a ação, "única atividade que se exerce diretamente entre os homens sem a mediação das coisas ou da matéria, e que corresponde à condição humana da pluralidade" (p.15), criando a possibilidade da lembrança, da memória, da história.

A amplitude da palavra "ação" pode ser depreendida de uma simples consulta a um dicionário. Um excerto de um dos mais populares, dos menos eruditos (Aurélio), pode ser indiciário: "...atividade responsável de um sujeito, realização de uma vontade que se presume livre e consciente, manifestação de um agente, processo que decorre da natureza ou da vontade de um ser, o agente, e de que resulta a criação ou modificação da realidade..." Acacianamente, registre-se que os objetos não agem, os animais não agem, o mercado não age, a história não age, a humanidade não age: as pessoas é que agem, representando papéis e constituindo-se como sujeito no cruzamento desses papéis, como um feixe de representações sociais.

No seio da língua, em seu uso corrente, a positividade da palavra "ação" como realização de uma "vontade que se presume livre e consciente" reflete especularmente a negatividade associada à idéia de "coação": enquanto palavras como "colaborar", laborar junto com outros, ou "cooperar", obrar coletivamente, têm uma evidente conotação positiva, o sentido da palavra "coação" é predominantemente negativo. Faço coisas junto com os outros, colaboro, coopero, mas ajo pessoalmente, como sujeito, e toda coação parece indesejada, tangenciando a violência. A guerra é sempre uma coação, para compelir o oponente a fazer o que desejamos.

Transparece, então, uma questão fundamental: na impossibilidade de justificar-se uma ação violenta, o que constituiria uma verdadeira antinomia, a violência procura caracterizar-se como reação: o outro teria sido responsável pelo deflagrar do conflito, a que simplesmente reagimos. A aparente aceitabilidade da violência como reação encontra-se presente em diversas situações, no cotidiano e na linguagem: resistir a um assalto parece justificar, ou pelo menos tornar compreensível a reação violenta ao agressor; de modo geral, o violento procura dissimular seu ato em asserções como "foi ele que começou..." Nada há de mais insidioso do que o disfarce da violência no âmbito da palavra, conforme será examinado mais detidamente adiante, neste texto.

Justificar a violência como reação, no entanto, não é mais do que tergiversar. Há pelo menos três razões para tal assertiva. Em primeiro lugar, toda argumentação para fundamentar a violência é uma contradição de termos, como já nos lembrou Ricoeur; a violência é o outro da razão, ou a desrazão. Em segundo lugar, pautar-se por reações não é próprio da condição humana, mas característico dos animais, que não dispõem da palavra. Ainda que a Biologia, a Psicologia e a Sociologia tenham se inspirado, muitas vezes, em experimentações com animais, é impossível não concordar com Hanna Arendt (1994), quando afirma: "surpreende-me, e muitas vezes me agrada, ver que alguns animais comportam-se como o homem; mas não posso ver como isto justificaria ou condenaria o comportamento humano. Não consigo entender por que nos pedem para reconhecer que o homem comporta-se muito semelhantemente a uma espécie... e não o seu contrário, que certas espécies animais comportam-se muito semelhantemente aos homens" (p.45). E em terceiro lugar, toda reação decorre de um desequilíbrio somente justificável pelo seu caráter momentâneo; nesse sentido, o horizonte da violência é a busca de um novo equilíbrio, de um novo consenso, que somente pode ser atingido por meio da argumentação, da força da palavra, da consistência de um discurso coerente, e novamente o oponente pede ajuda ao adversário, ou depõe as armas.

Seria conveniente, ainda, a quem quer que pense em aceitar a violência como reação, a concentração das atenções em um fato, passível de comprovação diuturna: a iniciativa da ação amistosa sempre contribui para desarmar os espíritos mais agressivos. Em qualquer situação, um gesto afável, um sorriso, um aceno podem significar um convite à palavra, uma expectativa de diálogo, uma possibilidade de partilhar sentimentos comuns, uma ante-sala de consensos. Se, por um lado, parece insano ou impraticável nas situações do dia-a-dia a vivência do preceito de ofertar-se a outra face ao agressor, por outro lado, torna-se cada vez mais evidente em todas as disputas, em diferentes contextos, que responder à violência com a violência conduz a um crescimento da mesma em uma espiral sem fim; somente a generosidade da iniciativa de uma ação amistosa pode desconstruir a escalada.

Inaceitável como ação, compreensível como reação em situações críticas e transitórias de desequilíbrio, a violência encontra, muitas vezes, um recanto relativamente estável de equilíbrio no âmbito da coação. De fato, se toda violência é uma coação, no sentido de que o espaço da pessoalidade, do livre-arbítrio é invadido, nem toda coação é efetivamente uma violência, abrindo-se o espaço para uma distinção necessária entre o exercício do poder, ou da coação legítima e da coação arbitrária, ou ilegítima; nesse lusco-fusco, pode alojar-se, ardilosamente, a violência.

Segundo Hanna Arendt (1994), "o poder corresponde à habilidade humana não apenas para agir, mas para agir em concerto. O poder nunca é propriedade de um indivíduo; pertence a um grupo e permanece em existência apenas na medida em que o grupo conserva-se unido. Quando dizemos que alguém está 'no poder', na realidade nos referimos ao fato de que ele foi empossado por um certo número de pessoas para agir em seu nome" (p.36). As instituições políticas são formas de materialização do poder e quando o sistema de representação social deixa de funcionar a contento elas petrificam-se e decaem. Quando emana do povo, o poder é, pois, uma força qualificada, consubstanciada na autoridade legitimamente constituída, com delegação para agir por nós em circunstâncias previamente estabelecidas no arcabouço legal; tal arcabouço delimita o exercício da coação legítima.

A violência como coação ilegítima contrapõe-se, pois, ao exercício da autonomia, que não significa uma liberação absoluta de quaisquer vínculos restritivos, mas apenas a possibilidade da participação, direta ou indiretamente, por meio de uma representação legítima, na elaboração das normas reguladoras das ações/coações. Não há como não submeter-se a normas, que devem nascer de consensos e existem para serem cumpridas ou modificadas. Naturalmente, todos os consensos são provisórios, ou como diria o poeta Octavio Paz, "Toda fixidez é momentânea". Impossível viver ou conviver sem consensos, no entanto. E novamente ao poeta cabe a asserção esclarecedora: "A liberdade consiste na escolha da necessidade."

Nessa trilha pode situar-se o trabalho de Jürgen Habermas, com a noção de ação comunicativa, que de tão natural parece pleonástica. De fato, se é verdade que a ação é a característica marcante da condição humana, também o é que não nos constituímos como pessoas senão agindo juntamente com os outros. E a possibilidade de participar, de agir em concerto com outros, de comungar interesses, de forjar uma ação comum, ou seja, uma comunicação efetiva, não se dá espontaneamente, mas precisa ser construída com a esperança na força da palavra. Nessa perspectiva, a linguagem não é um obstáculo ao entendimento, mas a via que nos conduz a ele; permanece no horizonte uma confiança sem limites no acordo fundado no discurso coerente, na razão comunicativa, enraizada na partilha da palavra, numa situação ideal de fala.

O grande *insight* habermasiano talvez seja o de vislumbrar uma síntese entre uma visão funcionalista da sociedade como um sistema e a perspectiva fenomenológica da sociedade como teia de relações intersubjetivas. Para Habermas, a sociedade organiza-se simultaneamente em dois planos, que convivem e se interpenetram continuamente: o sistema, constituído pelos subsistemas econômico e administrativo, e o mundo da vida, estruturado em duas esferas - a vida pública e a vida privada. Os elementos explícitos fundadores da rede de relações cotidianamente tecida entre o sistema (e seus subsistemas) e o mundo da vida (o público e o privado) são o dinheiro e o poder, emblematicamente associados à força e à violência; entretanto, toda a construção habermasiana repousa na confiança na possibilidade de uma ação comum, de uma ação comunicativa fundada na força da palavra, na coerência do discurso, na construção de consensos com base numa razão comunicativa.

De fato, para Habermas as ações ordinárias são pautadas preponderantemente por uma racionalidade técnica, cujo horizonte imediato é a eficácia; não visam ao entendimento, mas ao êxito. São ações reguladas por normas, com foco nas metas individuais; ou ações estratégicas, centradas nos meios de realização e aparentemente descoladas de qualquer idéia de um projeto coletivo; ou ainda, ações dramatúrgicas, onde a pessoalidade limita-se essencialmente ao desempenho de papéis com ênfase no espetáculo, com foco no interesse privado, subestimando a idéia de representação política e a essencial interpenetração pessoal/coletivo. O ponto crucial é, pois, o deslocamento do centro de gravidade das ações ordinárias da idéia de eficácia para a de entendimento, ou uma torção semântica que identifique, generosamente, o próprio êxito com o entendimento; tal é o mote da ação comunicativa.

Naturalmente, a ação comunicativa somente pode realizar-se se se consubstancia uma situação ideal de fala, que pressupõe uma razão comunicativa construída sobre uma argumentação coerente e sobre uma ética do discurso, onde o princípio fundamental é o da universalização: "Todas as normas válidas precisam atender à condição de que as conseqüências e efeitos colaterais que presumivelmente resultarão da observância geral dessas normas para a satisfação dos interesses de cada indivíduo possam ser aceitas não-coercitivamente por todos os envolvidos" (Rouanet, 1998, p.217).

Dois pontos chamam particularmente a atenção na formulação do princípio acima: em primeiro lugar, ele expressa uma situação ideal, no sentido de que nenhuma sociedade historicamente constituída realizou tal intento; em segundo lugar, a referência direta à não-coerção enfatiza tanto a questão da legitimidade das normas quanto a da possibilidade efetiva do uso da palavra por todos, numa situação de fala também idealizada. Os dois pontos mencionados relacionam-se diretamente com a polarização violência/palavra, em múltiplos contextos.

Certamente seria impossível discordar do primeiro ponto: não há registros históricos de sociedades ou culturas fundadas em princípios como os habermasianos; entretanto, a desconfiança na possibilidade efetiva de uma tal construção conduz freqüentemente a um estado de espírito que se situa na ante-sala do irracionalismo, da irrupção da violência. Em outras palavras, não há alternativa para a esperança e a confiança em uma tal realização. Quanto ao segundo ponto, a não-existência de uma situação ideal de fala configura, talvez, a mais cruel das formas de dissimulação da violência: a que concede seletivamente a palavra com base no dinheiro ou no poder, a que permite que se fale apenas o que se considera aceitável, inibindo tacitamente as dissidências, a que, enfim, nega a palavra livre concedendo-a formalmente.

Retornemos ao início de nosso percurso: partimos do aparente consenso de que a eclosão da violência é a falência da palavra, com a promiscuidade semântica entre a força da argumentação e a força física, entre o discurso lógico e o recurso às armas. Caprichosamente, aportamos, agora, no que poderia ser caracterizado como o núcleo fundamental da violência nos dias atuais – o discurso irracionalista e a violência por meio da palavra. Em ambos os casos, as atenções estão voltadas não para a violência como o outro da palavra, mas para a violência dissimulada no território da própria palavra.

Reconheça-se, *in limine*, que não se trata de um fato novo, mas da amplificação uma tendência permanente. Como lembra Ricouer (1995, p.62), "a tirania jamais foi o exercício bruto e mudo da força. A tirania procede por sedução, por persuasão, por bajulação; o tirano prefere os serviços do sofista aos do carrasco. Ainda hoje, sobretudo hoje, Hitler passa por Goebbels. É necessário o sofista Goebbels para criar as palavras e as frases que mobilizam o ódio, que cimentam a sociedade do crime e que convocam ao sacrifício e à morte. Sim, é preciso o sofista para dar uma voz à violência..." Mas o fato marcante dos dias atuais é que as "razões" da violência repousam sempre no irracionalismo, ou na descrença em uma ética fundada em valores perenes, que resistam à Babel de um multiculturalismo anódino, sem paixão nem compaixão; ou na descrença em uma racionalidade que transcenda ao mero elogio da técnica, dos meios de eficácia formal. Em outras palavras, o discurso relativista/irracionalista recorre à palavra para pregar a impotência da palavra e dos princípios fundadores, da ação humana. Mais cruel ainda é o cada vez mais disseminado recurso à violência por meio da palavra, do qual os contratos constituem um indício notável.

De fato, a maior parte dos contratos que somos levados cotidianamente a assinar constitui um foco moderno de manifestação de violência. Trata-se da expressão formal do que foi caracterizado por Lévy (1996, p.76) como uma "virtualização da violência". Uma virtualização que não diminui minimamente a agressividade das pressuposições subjacentes, bem como a coação ilegítima travestida de aparatos legais. Em resumo, a violência enraíza-se hoje explicitamente no universo da palavra, e não parece circunstancial ou fortuito que as atenções de pensadores dedicados à temática da ação, voltem-se progressivamente mais e mais para a construção do arcabouço legal, no terreno das relações internacionais, para viabilizar a emergência de uma ação comunicativa entre as culturas e os países, como Habermas em *Facticidade e validez* (1997). Afinal, a idéia de nacionalidade, no plano dos sistemas econômico e administrativo, no âmbito dos países, desempenha o mesmo papel que o da pessoalidade, na teia de relações intersubjetivas que constitui o mundo da vida.

Para concluir, destaquemos um fato aparentemente consensual, ainda que passível de uma análise mais acurada, como ocorreu com nosso ponto de partida: existe um desequilíbrio patente entre o tratamento da violência no plano individual/pessoal e no plano das nações e dos contratos. Se os indivíduos violentos devem sofrer as conseqüências de suas ações, submetendo-se às normas e punições, ou à coação legítima configurada pelo poder legitimamente constituído, que fazer com as ações violentas no âmbito das nações, com as agressões dissimuladas em razões de Estado, mas enraizadas nas idiossincrasias de governantes intolerantes, deslumbrados estupidamente com a força das armas? A eficácia das ações de instituições transnacionais, como as Nações Unidas, ou do recém-criado Tribunal Internacional de Haia, pode não parecer uma solução efetiva, mas é uma ação construtiva, é uma rima, é uma esperança.

Referências bibliográficas

ARENDT, Hanna. *Sobre a violência*. Rio de Janeiro: Relume Dumará, 1994.

_____. *A condição humana*. Rio de Janeiro: Forense, 1991.

COLOM, A. J., MÈLICH, J. C. *Después de la modernidad*. Barcelona: Paidós, 1997.

HABERMAS, Jürgen. *Teoría de la Acción Comunicativa: complementos y estudios prévios*. Madrid: Catedra, 1997.

_____. *A inclusão do outro*. São Paulo: Loyola, 2002.

_____. *Facticidad y validez*. Madrid: Trotta, 1998.

LÉVY, Pierre. *O que é o virtual*. Rio de Janeiro: Editora 34, 1996.

OAKESHOTT, Michael. *El racionalismo en la política*. México: Fondo de Cultura Económica, 2000.

RICOEUR, Paul. *Em torno ao político*. São Paulo: Loyola, 1995.

_____. *Interpretação e Ideologias*. Rio de Janeiro: Francisco Alves, 1977.

ROUANET, Sérgio Paulo. *Mal-estar na modernidade*. São Paulo: Cia das Letras, 1998.

SANTILLÁN, José Fernandez (Org.). *NORBERTO BOBBIO: el filósofo y la política (Antologia)*. México: Fondo de Cultura Económica, 1996.

STAROBINSKI, Jean. *Ação e reação*. Rio de Janeiro: Civilização Brasileira, 2002.

TOURAINE, Alain. *Podremos vivir juntos?* México: Fondo de Cultura Económica, 1997.

2

A complexidade e o magistério da ação

Ricardo Tescarolo

Educação é a capacidade de perceber as conexões ocultas entre os fenômenos.

Václav Ravel

Sobre a idéia de complexidade

As dificuldades encontradas por pesquisadores de diversas áreas científicas para entender, explicar e prever os sistemas que apresentam uma complexidade progressiva fizeram com que fossem empreendidos projetos de estudos flexíveis que têm sido denominados "estudos da complexidade" ou "teorias da complexidade" (WILSON, 1999, p. 81).

Complexidade é a qualidade do que é complexo, do latim *complexus*, cercado, compreendido, abrangido;

trançado, tecido; enlaçado, entrelaçado, cingido. O substantivo "complexo" deriva do termo latino *"plicare"*, ("dobrar"), com o sentido de "o que se desdobra", o mesmo ocorrendo com os adjetivos "duplo" e "dobrável", "triplo", "quádruplo", "múltiplo", de modo que todos esses termos "se referem, ao mesmo tempo, a grandes números e a formas duplicadas" (SERRES, 1995, p. 50).

No senso comum, o termo complexo geralmente é empregado com o sentido de *complicado, incompreensível, difícil, confuso*. Mas aqui empregamos o conceito com um sentido diferente desse do senso comum. O que é complicado pode reduzir-se a um princípio simplificado ou simplificador como um emaranhado de corda ou um nó cego incapaz de ser desfeito. O verdadeiro problema, portanto, não está na redução da complicação dos problemas a regras simples, pois a complexidade está precisamente na base da simplicidade, que seria reconhecida na aparência formal ou funcional dos sistemas e fenômenos, enquanto a complexidade seria a manifestação de sua essência.

Um computador, por exemplo, pode parecer um equipamento complicado, mas não é propriamente complexo, pois, para sê-lo, precisaria fazer escolhas múltiplas, interpretando mensagens contextuadas e com grande quantidade de informação e agindo seletivamente, e não apenas limitar-se a escolhas binárias, codificadas em seqüências lineares de instruções.

O termo "simples" tem a mesma origem que "complexo" e significa "aquilo que se dobra uma única vez". Mas simplicidade não é apenas a negação da complexidade, tampouco constitui um instrumento de manipulação supostamente capaz de reduzir a complexidade. Nem se reduz a um momento arbitrário de abstração arrancado à complexidade, pois a abstração, mais do que um mero dispositivo de representação da realidade é também um dos constituintes essenciais da própria realidade (NICOLESCU, 1999, p. 24). Ora, a tendência natural do espírito humano é a de "proceder do simples ao complexo e ignorar, por conseguinte, as interdependências e os sistemas de conjunto", não levando em conta que "as estruturas não são observáveis enquanto tais e se situam em níveis onde é necessário abstrair formas de outras formas" (PIAGET, 1970, p. 111).

A idéia de complexidade representa a superação da visão que pretendeu descobrir princípios simplificadores nos fenômenos e sistemas irredutíveis, passando a se referir, portanto, a uma realidade muito mais ambígua e ambivalente. Ela contribuiu para mudar as perspectivas epistemológicas do sujeito ao observar que é impossível conceber o fenômeno utilizando um modelo mais simples do que ele próprio, o que acabou levando à noção de auto-referência (DUPUY, 1993, p. 107), idéia que tem sido importante para estimular novas hipóteses e explicações para o fenômeno da circularidade dos sistemas entre níveis diferentes de organização e se aplica a regimes elásticos ou plásticos ("resilientes") que estão subjacentes a muitos sistemas e às interfaces entre as suas estruturas, demonstrando um dinamismo inextricável da realidade sistêmica.

De um lado, a complexidade do pensamento se relaciona ao valor e à significação da mensagem, destacando mais a informação tácita ("exformação") do que a explícita. Nesse caso, o valor das mensagens não estaria na sua redundância, mas na sua profundidade lógica. Assim, quanto mais dificuldade experimenta o emissor em atingir a mensagem, maior a profundidade lógica, que também pode significar o número de etapas na trajetória dedutiva ou causal que conecta uma coisa com sua origem plausível. Se a mensagem é o resultado do trabalho realizado por seu originador cujo receptor não precise repetir, então a complexidade deve expressar o trabalho despendido previamente, e não o comprimento da mensagem, pois a noção quantitativa de complexidade não leva em conta que pode haver muito conhecimento subjacente a uma mensagem que pode ser invisível, incomensurável ou incontável (NORRETRANDERS, 1998).

É possível, por exemplo, compor uma sinfonia com algumas poucas notas, mas sua construção exige, às vezes, muitos anos, e para tocá-la é preciso muita técnica e sensibilidade e bastante ensaio. Exige muito tempo. Essa sinfonia tem muito significado, pois é resultado de muito empenho na elaboração e muito talento, como é o caso do cérebro humano, resultado de milhões de anos de processo evolucionário. A sinfonia e o cérebro humano são exemplos de profundidade lógica e de significado; de complexidade, portanto.

Para ilustrar essa idéia, conta-se a história de Vitor Hugo que, ao terminar de escrever *Os miseráveis*, exausto do esforço empreendido, retirou-se para descansar, mas permaneceu ansioso em razão da expectativa pela aceitação da obra pelo público. Escreveu, então, a seu editor e, na folha da carta, colocou apenas um ponto de interrogação. Não precisava mais do que isso, pois atrás daquele símbolo havia um mundo de significação, entendida como a *exformação* que se manifestava tacitamente naquele sinal. E a resposta do editor foi tão significativa quanto a de Vitor Hugo: um ponto de exclamação, o que também representou muita complexidade em um único símbolo.

Edgar Morin (1990) propõe que a condição prévia para se reconhecer a complexidade é o discernimento que permite cobrir alguns pólos complementares da perspectiva do pensamento humano, como ordem e aleatoriedade, supervisão e surpresa, mapa e terreno, ciência e senso comum. A complexidade lógica, então, integraria um modo de pensar que assume o desafio de reunir o conhecimento ao contexto e os diversos contextos entre si para enfrentar as incertezas, os paradoxos, as antinomias, as contradições e os antagonismos lógicos da realidade.

De outro lado, a complexidade da realidade se manifesta na evolução natural e social, pois à medida que o universo evolui, os sistemas naturais e sociais vão ficando mais e mais complexos, enfatizando sua natureza sistêmica. Um exemplo desse processo: no sistema social, indivíduos e organizações dispõem de mais conhecimentos e recursos, ampliando o alcance de suas ações, pois isso os permite enfrentar melhor os possíveis problemas que surgem em seu meio ambiente. Contudo, se as pessoas com quem competem ou que cooperam entre si tornam-se mais competentes e cultas, as outras pessoas também deverão se tornar tão competentes e cultas para poderem responder aos desafios que lhes colocam. O resultado é uma corrida mais veloz rumo a mais conhecimento e melhor instrumentação.

A complexidade representa, portanto, uma crítica a um modelo reduzido de análise da realidade cuja intenção é imitá-la e simulá-la, além de recriar o mundo observável, transformando o cientista em um tipo de deus que recria o que já foi criado. Esse método de modelização, que se propõe ser bastante detalhado para pretender reproduzir o mundo, mas suficientemente simples para ser manipulado, promete "descobrir, por trás da complexidade dos fenômenos, o princípio gerado – simples – capaz de reproduzi-los" (DUPUY, 1993, p. 106).

Em oposição a esse modelo de análise de realidade, a idéia de um sistema universal constituído ele próprio de sistemas complexos implica uma reorientação básica no pensamento científico e em suas metodologias.

Não é mais plausível, pois, aceitar uma realidade reduzida a agregados de elementos e relações dependentes exclusiva e homogeneamente de uma lógica, que se apresenta como extensão do mecanicismo laplaceano, incapaz de considerar a essencialidade histórica e humana da realidade permanentemente em criação, como se constata no comportamento auto-organizado de um organismo vivo ou de um sistema social, mas principalmente na ação humana, que decididamente não funciona como um mero mecanismo (WHITEHEAD, 1997).

A complexidade, ao contrário, manifesta-se nos sistemas constituídos de partes que se inter-relacionam em dois eixos básicos: o eixo dos elementos ou unidades agrupados e classificados por suas semelhanças e aquele dos elementos ou unidades distribuídos por dependência hierárquica ou arranjo funcional. Essa idéia supera uma visão mecanicista ao identificar o caráter de *magma* de um sistema complexo, que não se reduz a conjuntos de elementos e relações que dependem exclusivamente da lógica dos conjuntos. Tal perspectiva se encontra associada à idéia de que tudo o que existe seria classificável como pertencendo ou não a um agregado homogêneo e aleatório de partes, desconhecendo a dimensão *poiética* e imaginária do ser (CASTORIADIS, 1999, p. 228).

A perspectiva sistêmica supera essa visão em favor de uma perspectiva organicista que sacrifica "o rigor ao interesse de descrições sugestivas do comportamento dos sistemas, contribuindo para a integração das ciências ao desenvolver princípios unificados que atravessam verticalmente o universo das disciplinas científicas individuais" (RAPOPORT, 1976, p. 27).

Essa tendência geral no sentido de integração das várias ciências, naturais e sociais, representa uma importante contribuição para uma abordagem mais rigorosa nos campos não físicos do conhecimento científico. Os estudos sobre sistemas complexos abordam questões que não podem ser reduzidas às explicações da física e da físico-química convencionais, que tratam de sistemas fechados, nem mesmo com a expansão dessas disciplinas, que passaram a estudar sistemas dissipativos irreversíveis e não-lineares, bem como fenômenos naturais em desequilíbrio. Assim, as teorias dos sistemas abordam problemas da organização e das interações dinâmicas que se manifestam na diversidade da atividade das partes não redutíveis e não compreensíveis quando isolados da totalidade sistêmica.

Os recentes progressos nas pesquisas na área da biologia molecular, por exemplo, fizeram com que os olhares investigativos passassem do nível físico-químico ou molecular elementar para níveis mais complexos da organização vital, ampliando a visão da realidade vital como uma totalidade organizada como sistema complexo. Tal transformação atingiu, por exemplo, a psicologia, superando a concepção behaviorista e o esquema mecanicista estímulo-resposta que, visando reduzir a pessoa ao âmbito de um animal que se comporta de maneira condicionada, acabou também por reduzir a própria ação humana ao modelo de comportamento robotizado do tipo estímulo-resposta. Cabe aqui igualmente a resposta crítica de uma concepção emergente que se insurge contra a idéia de que é um empreendimento inútil encontrar significação "quando tudo o que não seja conduta diária ou tendência automática é descartado como irrelevante" (ARENDT, 2001, p. 53-55).

Podemos aqui mencionar, ilustrando esse movimento, a psiquiatria, mais ainda do que a psicologia, ao assumir definitivamente uma concepção sistêmica em suas considerações epistemológicas, o mesmo acontecendo com as ciências sociais. Essas áreas do pensamento humano procuram, assim, dar sentido às questões a respeito da possibilidade de regularidades e leis dos sistemas psíquicos e sócio-culturais, embora isso não signifique necessariamente, como adverte Isaiah Berlin (2002), uma concepção determinista da história. Assim, de uma noção informal dos organismos sociais, passou-se a uma abordagem formal das organizações sustentada por uma filosofia que parte da premissa que a única maneira de se estudar uma instituição ou um organismo social é como um sistema complexo.

Em síntese, a tendência de se estudar os sistemas também como *magmas*, e não apenas como conjuntos, é coerente com um modo de pensar que não aceita mais a idéia de fenômenos confinados em contextos absolutamente controlados (BERTALANFFY, 1969, p. 10). Portanto, a "complexidade" manifestada na realidade sistêmica constitui uma categoria lógica e ontológica que, representando a conectividade do sistema universal observada na natureza e no funcionamento dos sistemas naturais, projetados, vivos e sociais, traduz-se em um *magma que se* coloca no centro da crise contemporânea da racionalidade.

O magistério da ação e o poder

> *Avança uma era, nova, do conhecimento. Comeremos saber e relações, mais e melhor do que vivemos a transformação do solo e das coisas, que continuará automaticamente. [Mas] gostamos tanto de conservar as velharias, mesmo as evidentemente maléficas ou ultrapassadas, que antes do advento desse novo universo, apesar de realmente contemporâneo, desastres e misérias emanarão de nossos retardos em compreender o presente.*

> Michel Serres

"A ciência manipula as coisas, mas renuncia a habitá-las", sugere Merleau-Ponty [1], anunciando a crise da racionalidade moderna, um tipo de pensamento operatório que ignora, em sua pretensa objetividade, a pessoa como sujeito

---

[1] "A ciência manipula as coisas e renuncia a habitá-las. Fabrica para si modelos internos delas e, operando sobre esses índices ou variáveis as transformações permitidas por sua definição, só de longe em longe se defronta com o mundo atual. Ela é, sempre foi, esse pensamento admiravelmente ativo, engenhoso, desenvolto, esse *parti-pris* de tratar todo ser como 'objeto em geral', isto é, a um tempo como se ele nada fosse para nós, e, no entanto, se achasse predestinado aos nossos sacrifícios. (...) Dizer que o mundo é, por definição nominal, o objeto X das nossas operações é levar ao absoluto a situação de conhecimento do sábio, como se tudo o que foi ou é nunca houvesse sido senão para entrar no laboratório" (MERLEAU-PONTY, 1983, p. 85-86).

e a trata com uma espécie de engrenagem de uma imensa máquina cujas peças se ajustam com perfeição umas às outras garantindo o funcionamento do imenso relógio universal. O ideal científico passou, assim, a se constituir na objetividade pretensamente pura e na capacidade de manipular o mundo, supostamente permitindo prognósticos seguros, cuja confiabilidade representa o fundamento do poder da técnica na civilização que marcou profundamente o pensamento moderno.

Por isso, a despeito da natureza sistêmica da escola, apresentada aqui como exemplo de complexidade, reconhecemos que ela não existe como um mecanismo previsível em seu funcionamento e em seus resultados. Por outro lado, tampouco supomos que ela esteja de tal maneira entregue ao acaso, ao inesperado e à desordem que se mostre totalmente incontrolável ou imprevisível. Não obstante a idéia de que a escola esteja sujeita a certos padrões de racionalidade sistêmica, deve-se levar em consideração as direções contraditórias de conjuntos opostos de exigências que muitas vezes comprometem esse tipo de racionalidade (BUCKLEY, 1971, p. 50-51).

Mesmo reconhecendo, portanto, as propriedades funcionais, organizacionais e estruturais de um sistema como a escola, sua existência está condicionada essencialmente à ação humana em seu interior, única instância capaz de constituir um sistema lógico aberto de referência e de promover o desenvolvimento das relações humanas em seu interior, e deste com seu entorno. A ação — sempre humana por definição — está, pois, profundamente associada a uma rede simbólica "que dá significado e ordem ao nosso mundo, incluindo aí as relações sociais, e, além disso, configura as nossas crenças e dispõe-nos a comportarmo-nos de maneiras determinadas" (KLIEBARD, 1990, p. 9).

Ação aqui se entende como a substância do "agir", no sentido de "iniciar", "empreender", "tomar iniciativa", e é, como vimos, inerente exclusivamente à condição humana. Ela se inscreve no domínio da *vita activa*, conceito resgatado por Hannah Arendt que entendia que a vida dependia de algumas condições básicas que seriam garantidas por três atividades fundamentais: o labor, o trabalho e a ação. Tal apresentação em níveis assume uma intenção de categorização didática, mas alerta-se para o risco de essencialização, o que de fato não ocorre historicamente, pois estas atividades apresentam uma natureza contraditória e interrelacionada. Completando as atividades fundamentais da *vita activa*, o labor se refere às atividades do processo biológico do próprio corpo humano, cujo crescimento espontâneo corresponde às necessidades vitais, como o metabolismo e o eventual declínio, que têm a ver com o labor, enquanto o trabalho, a atividade de nossas mãos, corresponde à produção de um mundo de objetos artificiais que, se não são consumíveis ou consumidos, contudo se desgastam (ARENDT, 2001, p. 15-16).

A compreensão de ação como atividade principal da condição humana abriga uma crítica à idéia de Marx de que o labor seria a atividade mais elevada da condição humana. Segundo Arendt, ao definir o trabalho como metabolismo do ser humano com a natureza, Marx queria se referir ao trabalho e ao consumo apenas como duas etapas do ciclo biológico, sustentado pelo consumo que, por sua vez, é garantido pelo labor. Nesse sentido, "o labor e o consumo seguem-se tão de perto que quase chegam a constituir um único movimento" (idem, p. 110-111).

Assim, tendo de se dedicar exclusivamente ao labor para garantir o atendimento de suas necessidades mais importantes e imediatas de sobrevivência, o ser humano acaba tornando o labor sua única atividade e o atendimento de suas necessidades de sobrevivência sua única preocupação. Esse processo cria um movimento de exacerbação de consumo e de ampliação de expropriados, resultado de uma sociedade em que a abolição das necessidades e a generalização da abundância continua um desejo distante de ser realizado. Essa expropriação, como fenômeno contemporâneo, é resultado de uma acumulação de riquezas que não levou, como se pensava, em sua redistribuição, "mas realimentaram o processo de gerar mais expropriações, maior produtividade e mais apropriações" (idem, p. 267).

O conceito *vita activa* apresentado por Hannah Arendt propõe igualmente uma revisão da concepção de Santo Agostinho, que despojou de valor a *vita activa* (*vita actuosa*) e atribuiu a condição plena de desenvolvimento humano e cidadania à *vita contemplativa*, um modo de viver livre das necessidades mundanas. A concepção agostiniana de *vita contemplativa* provocou importantes, mas nem sempre construtivas, conseqüências para o pensamento moderno, pois o valor da contemplação nas relações sociais da sociedade humana durante muito tempo desviou a atenção humana dos problemas, diferenças e manifestações no âmbito da *vida activa*, condição que parece ainda permanecer.

A ação, de acordo com a visão agostiniana, não corresponde ao *princípio* das coisas (como criação), mas ao *início* da pessoa, ela própria iniciadora de um movimento que se dirige à alteridade e à pluralidade e enfrenta o imprevisível, o inédito, o inesperado. O início da vida corresponderia ao início de cada vida humana em suas dimensões biofisiológica, histórico-cultural, estética, místico-espiritual e relacional. Não é, pois, conceito ou idéia, perspectiva ontológica ou maneira de ser, mas um modo da realidade que se atualiza como constitutivo intrínseco e exercício intersubjetivo, fonte e condição absoluta de toda a racionalidade (DUSSEL, 2000, p. 632).

Nessa linha de raciocínio, a história e a natureza são concebidas como sistemas de processos onde as pessoas podem iniciar seus próprios processos e empreender sua ação, que passa a ser a categoria fundamental da *vita activa*, constituindo, mais do que uma mediação para o livre-arbítrio, a principal forma da expressão da singularidade da pessoa e do sentido de sua existência. A ação corresponde, nesse caso, à capacidade que cada pessoa tem de iniciar o novo que revela sua identidade.

Ortega y Gasset (1973) também se refere a três momentos diferentes da história da humanidade que vão se repetindo "em formas cada vez mais complexas e densas": no primeiro, como *alteração*, quando o ser humano estava perdido, "naufragado nas coisas"; no segundo, como *ensimesmamento*, (correspondendo à *vita contemplativa* de Santo Agostinho, ou ao *theoreticòs bios [theoria]* dos gregos), quando, "com enérgico esforço, se recolhe à sua intimidade para formar idéias sobre as coisas e seu possível domínio"; e no terceiro, quando submerge novamente "no mundo para atuar nele conforme um plano preconcebido; é a ação, a vida ativa" (p. 62).

A ação, entretanto, não pode ocorrer sem o discurso, pois é desse modo que cada ser humano mostra quem é e comunica sua identidade única e singular, inscrevendo-se organicamente no sistema social e agindo nele (ARENDT, 2001, p. 192).

É essa ação comunicativa que permite que se enfrente e se supere a discrepância que existe entre aquilo que as pessoas dizem e o que as pessoas fazem; entre o que as pessoas fazem e o que dizem fazer; entre o que dizem que as levou a fazer alguma coisa e o que de fato fizeram; e entre o que as pessoas dizem que as outras pessoas fizeram, suas intenções e seus motivos (BRUNER, 1997). A ação comunicativa, estabelecida diretamente entre as pessoas, corresponde à condição fundamental da pluralidade humana e destaca o fato de que são as pessoas que vivem no mundo e habitam a Terra, e não "o Homem". Como condição fundamental da vida humana, essa ação supera a visão materialista que a limita ao caráter fundamental do labor, como atendimento das necessidades materiais humanas.

As dificuldades da ação comunicativa estão diretamente relacionadas com os níveis de produção, seleção, difusão e aceitação do discurso, podendo representar uma ameaça à vida da escola, na medida em que afetam sua capacidade de decisão e comprometem sua organização em razão das incertezas e desequilíbrios que se chocam com o esforço de evolução. Por isso, a ação supõe um estado prévio de abertura para coexistência com os outros humanos, matriz das relações sociais que constituem as condições de abertura para o altruísmo e a reciprocidade, bases da *con*-vivência humana (ORTEGA y GASSET, 1973, p. 145-146).

O magistério da ação *per se*, entretanto, não é garantia de desempenho eficaz da escola, pois os meios simbolicamente generalizados, como a liderança, a coação, a violência e a influência, operam como substitutos simbólicos do poder e condicionam a atividade do sistema, dependendo dos padrões de compreensão das pessoas nem sempre compatíveis com a situação extremamente problemática dos contextos sociais contemporâneos (ESTEVES, 1993).

O poder representa o domínio e o controle dos componentes sociais centrais para a vida em determinado momento histórico (MAJÓ, 1997, p. 206-207) e se perpetua e se estabiliza nos intercâmbios pessoais dentro da escola. O poder se vale das diversas acomodações e ajustes relativamente estáveis que existem no interior do sistema, cujos mecanismos podem ser divididos em convergências das orientações que existem na diversidade interpessoal, contando ainda com a influência trazida por cada pessoa do entorno social onde as pessoas vivem.

As ações humanas dentro da escola, portanto, devem constituir os fundamentos de uma ordem legítima, de modo a institucionalizar os padrões de submissão, às vezes na base de sanções, embora persistam as divergências de orientações nas matrizes de papéis (BUCKLEY, 1971, p. 231-232).

O poder, na escola, é gerado pela convivência entre as pessoas, que só o retêm quando vivem tão próximas umas das outros "que as potencialidades da ação estão sempre presentes". O que mantém as pessoas unidas, portanto, é o poder como potencialidade de convivência (ARENDT, 2001, p. 213).

A organização escolar, como sistema que de algum modo elabora e transmite saberes e conhecimento e potencialmente promove uma ação transformadora, podendo "controlar e mudar parcelas do real" (ESTRELA,1992, p. 37), delega esse poder às pessoas em seu interior, que o exercem por coação legitimada, por realização de objetivos, planejando, organizando e dirigindo os processos, por julgamento, arbitrando disputas, ou por deliberações, definindo direções.

A tomada de decisões se submete, nesse caso, a um intrincado jogo de disputa de interesses, alternando-se ou concorrendo pressões das redes informais de poder ou de poder paralelo, resistências veladas ou explícitas, demandas e solicitações (lobbies), pedidos satisfeitos ou frustrados e apoios desinteressados ou visando a resultados pessoais. É, pois, sobretudo o poder que representa um condicionamento importante das complexas relações internas do sistema e a relação do sistema com seu entorno na realização (ou não) de seus objetivos e de sua finalidade. Além do poder formal, há o poder informal da liderança acolhida por sua credibilidade e repousando na sua capacidade de convencer as pessoas e catalisar seus anseios, mediante adesão voluntária e obediência consentida e legitimado como autoridade 'moral' que transcende a cargos e posições formais.

O poder, em verdade, manifesta-se na escola como uma concorrência dessas formas todas, incluindo uma forma difusa, espontânea e assistemática que emerge no interior dos sistemas sociais, bem como aquela que reflete a pressão do entorno dos sistemas, agindo eficazmente no sentido de motivar e inspirar as pessoas em seu interior na realização de seus objetivos (SROUR, 1998, p.131-149).

Se o poder se degenera em força ou violência, no lugar do "acordo frágil e temporário de muitas vontades e intenções", a coerção, a arbitrariedade, a prepotência, a ditadura e o autoritarismo passam a ser possibilidades concretas (ARENDT, 2001, p. 213).

O poder, assim degenerado na forma de violência, real ou simbólica, multiplica a força individual. A violência caminha, portanto, no sentido oposto ao do poder entendido como capacidade de agir em conjunto, ou co-ação. O poder, então, nunca poderá ser propriedade de um indivíduo, e será preservado apenas se o grupo permanecer unido em torno da realização da finalidade comum encontrada no sistema. Já a violência procura, a qualquer custo, o atendimento de interesses exclusivamente individuais ou a satisfação do sentimento de frustração por alguma incapacidade de ação, cujas raízes se encontram muitas vezes nos processos de burocratização excessiva, na vulnerabilidade dos sistemas sociais ou na crise de criação. A ação violenta é sempre conduzida pela lógica de que os fins justificam os meios (ARENDT, 1994, p.8-14).

Mas a escola só atingirá sua finalidade se construir uma racionalidade baseada na confiança e na vontade das pessoas na realização do seu empenho ético, o que implica a submissão de todo poder à alteridade (BRUNER, 1997, p. 21). É a alteridade que afinal integra as pessoas na realização da finalidade da escola, na medida em que distingue uma pessoa da outra, embora reconhecendo a singularidade de cada pessoa: somos todos iguais sem sermos exatamente os mesmos, e somos diferentes sem sermos o outro.

Emerge daí a realidade da relação social: uma ação em que intervêm dois sujeitos agentes dessa ação — eu e o outro – e na qual a ação do outro também está inserida – "involucrada", como propõe Ortega y Gasset. A ação de uma pessoa será, então, social, na medida em que conta com a eventual reciprocidade de outra pessoa. Aliás, "quem não é capaz de *ser recíproco*, favorável ou adversamente, não é um ser humano" (ORTEGA y GASSET, 1973, p. 176).

A singularidade e a alteridade se transformam assim em reciprocidade e a pluralidade no paradoxo de cada pessoa ser singular. Nesse caso, as pessoas se distinguem para não permanecerem apenas diferentes, sendo a ação comunicativa a maneira como se manifestam umas às outras, além da existência física e biológica: para agirem juntas visando a um fim. Essa manifestação da ação comunicativa depende da iniciativa para a reciprocidade, de que nenhuma pessoa, como dissemos, pode se abster sem deixar de ser gente e agente.

Afinal, a vida humana, sem ação e sem discurso, "está morta para o mundo; deixa de ser uma vida humana", pois já não é vivida entre as pessoas humanas. É, pois, com palavras e atitudes – ação comunicativa – que as pessoas se inserem no mundo como um renascimento em que "confirmamos e assumimos o fato original e singular do nosso aparecimento físico original" que não é imposto pela necessidade, como no labor, tampouco pela utilidade, como no trabalho, mas como ação nascida na reciprocidade (ARENDT, 2001, p. 189).

A ação comunicativa acontece entre as pessoas que preservam sua capacidade de se revelarem como promotores livres e protagonistas de sua ação, ainda que seu conteúdo esteja voltado para o mundo "objetivo" em que as pessoas se movimentam e se interpõe entre elas, e do qual se origina o tipo de interesse específico, objetivo e mundano que de fato inter-essa, isto é, que se coloca entre as pessoas, relacionando-as e vinculando-as organicamente. O magistério da ação refere-se ao fato de que pessoas agem e falam diretamente entre si de uma maneira intangível, constituindo uma "teia" de relações humanas que indica, pela metáfora, sua qualidade tangível, sendo tão real quanto as coisas tangíveis do mundo físico (ARENDT, 2001, p. 195).

Essa condição mediadora do magistério da ação, estabilizadora das relações de poder, resulta na seleção e na decisão sobre a informação disponível, a qualidade da argumentação e a cumplicidade, afinidade e identidade entre os interlocutores (SFEZ, 1984). Contudo, não se reduz à esfera particular das pessoas, constituindo, na relação com o sistema, o fator prioritário da afirmação da individualidade do próprio sistema que passa, então, a ser ele mesmo um sujeito do discurso e dispositivo fundamental na dinâmica evolutiva de sistemas sociais como a escola.

O discurso, como dispositivo que integra a capacidade de agir das pessoas, ativa-se a partir da natureza auto-referente e auto-reguladora do sistema, sempre aberta ao entorno, para acentuar esse poder da ação comunicação e, assim, produzir a generalização da sua eficácia simbólica que possibilita a regularização da vida na escola sob a forma de organização, criando condições adequadas de certa estabilidade de suas relações e de sua realização.

Nesse sentido, a ação, não obstante todos os perigos que constroem a experiência humana, revela-se plenamente para o olhar retrospectivo de quem narra a história. Constata-se aí uma relação muito próxima "entre a imprevisibilidade do resultado e o caráter revelador da ação e do discurso: o agente se revela sem que se conheça a si mesmo ou saiba de antemão 'quem' revela". A identidade inconfundível de cada ser humano é, portanto, uma espécie de bem-aventurança, que só se torna evidente para um olhar alheio ou retrospectivo (ARENDT, 2001, p. 206).

Por isso, o magistério da ação incorpora um fundamento ético nessa situação contemporânea de transformação crítica em que, "finalmente sozinhos em nosso mundo de humanos, teremos de olhar-nos no espelho da realidade histórica" e descobrir que a imagem refletida não nos agrada nem um pouco (CASTELLS, 1999, p. 505-506). É principalmente a função de ensinar a aprender a agir como gente que caracteriza o magistério da ação e supõe o uso ético da razão prática, que por sua vez corresponde à capacidade de julgar que fundamenta a ação comunicativa.

Segundo Habermas (1989), a razão prática está submetida a um uso pragmático, que se refere à eficácia da ação individual, visando a alguma utilidade ou satisfação particular, ou da ação coletiva estratégica, considerando um resultado que submete tudo ao princípio da eficácia a qualquer custo, independentemente dos fins, o que Habermas denomina a "colonização do mundo da vida". O uso moral, embora considere os valores, não os questiona, sendo apenas uma herança social que reproduz a sociedade. Já o uso ético da razão questiona esses valores e se move em torno da questão da justiça, representando um fenômeno interpessoal que passa a se constituir no conjunto dos princípios éticos que só ocorrem no diálogo e na interação comunicativa. Assim, quando a razão prática se pauta pelos princípios éticos, a vontade e a razão se amalgamam nos sujeitos humanos. O uso ético, portanto, leva em conta o que é bom para a sociedade como um todo e se questiona sobre a coerência do agir individual em relação ao projeto coletivo, representando, assim, uma atitude baseada em valores. Os princípios éticos, nesse caso, assumem uma natureza racional garantida por sua universalidade. Todas as ações, então, precisam assumir uma forma de valor e integrar uma determinada ética, na qual forçosamente deve se inserir todo ser humano.

O pensamento ético passa, por conseguinte, a constituir a sustentação universal da ação, que acompanha a vida e trata de conceitos tais como a justiça, a felicidade, a virtude, "que nos são oferecidos pela própria linguagem como exprimindo o sentido de tudo o que acontece na vida e nos acontece quando estamos vivos". É precisamente a ação que, valendo-se de seu fundamento ético, permitirá transformar o pensamento em instrumento de transformação da intervenção humana, até porque é essa ignorância o que deflagra a maior parte dos problemas do mundo (MATURANA et VARELA, 1995).

A ética assume, por conseguinte, um sentido mais radical: não só como responsabilidade *a priori* pelo outro, mas também *a posteriori* em relação às conseqüências das nossas ações — muitas vezes inconscientes e não intencionais, mas sempre produtoras de conseqüências, construtivas ou destrutivas — na escola que funciona como sistema, mas em que as pessoas agem e são principalmente mistério. E essa ética não é sistêmica ou ontológica, mas interpessoal, porque reconhece a dimensão sagrada da relação de cada pessoa com a outra, que pode representar uma interrogação, um desafio ou uma ameaça, mas também uma resposta, um perdão, uma presença ou uma promessa.

A ética representa a origem primordial dos valores; constitui o encontro do conhecimento e da consciência, representa a condição fundamental da liberdade e da solidariedade universais, como utopia e mistério; e propicia a atividade teleológica de intervenção humana no mundo com o propósito de "produzir nele um estado desejado por meio da eleição e aplicação dos meios adequados" (HABERMAS, 1997, p. 369).

Não fosse desse modo, o sentido ético de toda ação acabaria se diluindo na bruma da não intencionalidade, da determinação inevitável e do não protagonismo humano. Isso implica a necessidade de se estabelecerem critérios e princípios que desencadeiem (*a priori*) e julguem (*a posteriori*) a ação humana. Mesmo porque a ética, que se entende como co-responsabilidade solidária e com validade intersubjetiva, é a única e urgente condição de resolver os problemas que, sem ela, podem mesmo levar a espécie humana à extinção (DUSSEL, 2000, p. 572-574). Tal possibilidade é real, na medida em que corremos o risco de banir o resto da vida ao renunciar a própria ética e seu sentido "em favor de um hábito de digressão descuidada em nome do progresso, imaginando-nos deuses e absolvidos de nossa antiga herança" (WILSON, 1999, p. 288).

Para tanto, a ética se fundamenta em uma posição em favor da vida e da pessoa contra o formalismo e o universalismo abstrato; contra o racionalismo absoluto, reconhecendo a natureza às vezes irracional das atitudes humanas; e contra uma ética de inspiração analítica que se disfarça de análise da linguagem moral (VÁZQUEZ, 1998, p. 245). Uma ética, enfim, que sirva de referência para o juízo crítico das ações das pessoas em sociedade e como capacidade de julgar da vida do espírito, ao tomar como princípio os valores humanos. E é ela que será capaz de condicionar e parcializar uma listagem moral que, tomando como princípio hábitos e costumes, limita-se a determinar o que é proibido ou permitido, certo ou errado, lícito ou ilícito, meramente prescrevendo obrigações e responsabilidades. Principalmente a ética, como essa capacidade de julgamento, propiciará o diálogo de cada pessoa com a sua própria consciência e com as consciências das outras pessoas, despertando-as de uma eventual indiferença em relação à agressão à vida e à dignidade do outro.

Afinal, "a manifestação do vento do pensamento não é o conhecimento; é a capacidade de distinguir o bem do mal, o belo do feio" (ARENDT, 1999, p. 197-212). Essa noção segue a linha do pensamento moral de Kant, exposto no capítulo II da sua "Crítica da Razão Prática" ([1788] 2002), que reconhece o bem e o mal como os únicos objetos da razão prática, sendo o primeiro necessário à faculdade de querer (desejar) e o segundo à de pensar (refletir), ambos sempre conforme os princípios da razão. O mal estaria nas ações humanas, segundo o enfoque kantiano, na medida em que as pessoas dão prioridade às suas inclinações e aos seus desejos mais imediatos, colocando o seu querer acima do seu dever e além dos eventuais limites estabelecidos pela própria consciência. O mal, portanto, não resultaria da irracionalidade das paixões, mas de uma norma que o livre-arbítrio da pessoa estabelece visando ao uso da sua vontade.

O contrato ético – como estatuto, norma ou código – é proposto como compromisso *a priori* e assumido por todos os que se associam, por exemplo, à escola. Ele coordena as ações que comprometem a vontade dos participantes, orientando-os como devem agir e estabelecendo motivos e critérios para que se resolvam consensualmente os conflitos. Tal coordenação deverá ser convincente, i.e., quando ela falhar, as pessoas associadas à escola, e a ela vinculadas organicamente como comunidade ética, podem invocar as normas estatutárias e apresentá-las como motivos convincentes para justificar seus critérios e reivindicações. Sem essa autoridade do estatuto ético e sem o reconhecimento de seu teor de racionalidade, tal coordenação não será possível, comprometendo a organização do sistema e estimulando a violência, real ou simbólica, ou a força coerciva, autocrática e arbitrária.

Muitas respostas críticas e autocríticas às infrações propostas pelo contrato ético se manifestam como sentimentos, humilhação e ressentimento de uns, vergonha e culpa de outros, ou mesmo repulsa, indignação e desprezo, dependendo da posição em relação à situação. Tais sentimentos exprimem julgamentos a que correspondem valores, mas totalmente diferentes dos sentimentos fora dessa condição na escola, pois estão amalgamados com deveres racionalmente exigíveis, não expressando, portanto, sensações e preferências meramente subjetivas. Com efeito, o teor racional do estatuto ético da escola, com seu poder de *co-ação*, não é uma ilusão, tampouco reflexo de sentimentos disfarçados de juízo de valor e posicionamento consciente, menos ainda de atitude calculista diante de eventuais benefícios ou interesses subjetivos, mas resulta de intuições morais formuladas conceitualmente como conteúdo racional e registradas como código ético associativo e comunitário (HABERMAS, 2002, p. 12-13).

Nesse contexto, emergem também problemas na dinâmica do conflito e da antinomia[2], cuja mediação passa então a ser de ordem afetiva. Platão denominava essa área *'thumos'*, em oposição à necessidade vital *('epithumía')* e diferente do puro desejo expresso na área da razão *('eros')*. O thumos não é apenas o fenômeno psicológico da emoção, mas se expressa como paixão e abrange as áreas do ter, do poder e do valer. Nestas áreas está presente uma dimensão de infinitude manifestada apenas na esfera da ação humana e que estabelece o território do conflito entre a pessoa como sujeito e o outro como objeto de sua relação. O lugar afetivo do *thumos* corresponde ao mistério humano e às suas antinomias fundamentais, entre infinito e finito; entre a pretensa objetividade do conhecimento e a misteriosa apropriação subjetiva do que é acolhido como verdade; e entre a experiência involuntária do corpo como labor e aquela voluntária do espírito que age guiado pelo pensar, querer e julgar. Esta área afetiva corresponde à da angústia e da inquietude do pensamento humano dividido "entre a tranqüilidade ilusória do prazer e a tranqüilidade que ainda não possui da felicidade" (IMODA, 1996, p. 91-92).

Será, pois, na perspectiva da afetividade – como expressão do caráter fundamental na interiorização do próprio conflito e da antinomia –, e da ação – sustentada pelas atividades do pensar, querer e julgar do espírito –, que deve

---

[2] Contradição entre proposições filosóficas igualmente críveis, lógicas ou coerentes, mas que chegam a conclusões diametralmente opostas, demonstrando os limites cognitivos ou as contradições inerentes ao pensamento humano.

ser considerada a história de todas as pessoas na escola, cada uma com seus sentimentos e razões, dúvidas e percepções. Também está incluída nessa visão a grande diversidade de experiências e motivações, o que permite se estabelecer o imprescindível respeito mútuo como condição fundamental para a ação, realizado subjetiva e vitalmente pela área afetiva.

O poder, por outro lado, pode significar a posse e a dominação de um ser humano pelo outro, o que nos reporta aos problemas da relação pessoal na escola e da 'indisciplina' dos alunos. A indisciplina é reconhecida, sob uma ótica behaviorista, como sendo um problema de natureza exclusivamente comportamental, e se reduziria a diagnosticar e modificar os 'comportamentos' inaceitáveis dos alunos mediante modelagem e reforço. Outra visão ressalta a influência decisiva do meio e do contexto e aceita a formalização de orientações para a análise e a modificação dos aspectos da interação entre as motivações internas e externas da pessoa. Há, ainda, enfoques psicopedagógicos que imputam boa parte da responsabilidade pela indisciplina à falta de motivação do aluno diante da irrelevância e descontextualização do conteúdo escolar, da desorganização curricular e de uma mediação ineficaz, indicadores de incompetência didática (ESTRELA, 1992, p. 90-91).

Entretanto, embora se reconheça que a 'indisciplina' do aluno seja um fenômeno decorrente de uma crise de competência, com muitas manifestações que só têm significação no interior da escola, ela tem igualmente relação com o contrato ético e decorre de um outro tipo de crise[3]: a crise de autoridade dos agentes formadores e da própria escola.

---

[3] Uma 'crise' é uma oportunidade para a reflexão sobre ela própria, o que propicia a construção de experiência. Mas se se adota uma visão preconceituosa, a crise passa a ser apenas o anúncio de um desastre. (cf. ARENDT, 2002, p. 223).

O agente formador e a escola recebem a responsabilidade coletiva de contribuir para a inclusão das crianças e dos jovens em um mundo em permanente mudança. Conforme entende Hannah Arendt (2002, p. 239), essa responsabilidade assume, na educação, uma forma de autoridade diferente daquela decorrente da competência dos saberes pedagógicos. Essa autoridade, delegada e legitimada pelo poder social, repousa na responsabilidade que o agente formador assume pelo mundo. É como se ele representasse, perante a criança e o jovem, todos os adultos.

Acontece, porém, que a autoridade pública e política, em que se baseia a autoridade da escola e de seus agentes, ou perdeu quase todo o sentido, ou tem o seu papel contestado — em razão da violência, da arbitrariedade, da impunidade ou da corrupção. Fato é que hoje as pessoas já não se sentem tão seguras em confiar a outras essa responsabilidade pelo mundo. Isso pode significar que, ou cada pessoa está assumindo igualmente sua parte da responsabilidade pelo mundo (o que nossa experiência considera improvável), ou deve estar ocorrendo um repúdio a qualquer tipo de responsabilidade, "seja a de dar ordens, seja a de obedecê-las". A evidente conexão existente entre a perda de autoridade na vida pública e política e os domínios privados da escola indica que, quanto maior a desconfiança "face à autoridade na esfera pública, mais aumenta, naturalmente, a probabilidade de que a esfera privada não permaneça incólume". Assim, a autoridade da escola e dos agentes formadores é contestada ou ignorada, como os adultos fazem com a autoridade política ou pública (ARENDT, 2002, p. 240-241).

Entretanto, a autoridade política adota como modelo, desde tempos imemoriais, a autoridade de pais sobre os filhos e de professores sobre alunos, o que explica a extrema ambigüidade do conceito de autoridade no âmbito político. A perda de autoridade, pois, encontra sua expressão mais radical na esfera privada, familiar e escolar, em que a autoridade parece ter um caráter natural e conservador, independente das mudanças históricas e da conjuntura política. O magistério da ação encontra aí a expressão mais evidente para sua insatisfação com o mundo, para seu desgosto em relação ao estado de coisas e para a justificativa em "sua recusa a assumir, em relação às crianças, a responsabilidade por tudo isso" (Ibidem).

Nesse cenário de crise de autoridade, o magistério deverá ser capaz, pelo testemunho de sua ação comunicativa, de ensinar os alunos a aprenderem a agir em favor da dignidade humana e a responder pelo mundo e pela vida, cuja finalidade confunde-se com a própria finalidade da educação.

É esse cenário crítico contemporâneo que causa profunda repercussão na história de cada pessoa, revelando 'quem' ela de fato é. A identidade real da pessoa se coloca, então, em oposição à sua personagem social, isto é, ao 'que' ela é, que se manifesta nos talentos, habilidades e serviços que ela pode exibir ou ocultar, conforme isso for útil ou necessário aos seus interesses particulares. Se a pessoa se limitar ao 'que' ela é, sua ação perde o caráter genuinamente humano e torna-se uma realização ordinária, sem a revelação da pessoalidade, reduzindo-se ao labor para satisfazer suas necessidades de sobrevivência ou ao trabalho que reduz o ser humano a instrumento ou mecanismo (recurso?) dedicado à fabricação de alguma coisa. A ação comunicativa, então, limitar-se-á a uma conversa vazia e insignificante para iludir adversário. Enfim, a revelação só ocorre a partir da ação comunicativa e da identidade única e singular de 'quem' é a pessoa, e não do 'que' ela é (ARENDT, 2001, p. 193).

Nesse sentido, o magistério da ação, sob inspiração ética, assume como princípio que toda pessoa é essencialmente livre e solidária e capaz de um protagonismo responsável, princípios humanizadores que parecem improváveis por dependerem muitas vezes de valores submetidos à perspectiva e ao interesse de quem, consciente ou inconscientemente, muitas vezes deles se serve desumanamente. Como a convivência humana se baseia na necessidade histórica de estabelecer contratos de longo prazo que evoluem em leis, regimentos, normas e preceitos morais, a ética passa a ser o princípio catalisador que garante a vida, fundamentando as normas de respeito de todos por todos e a responsabilidade solidária de cada um pelo outro e pelo mundo. Mas, principalmente, constituindo-se em reflexão sobre tudo isso.

E é exatamente o magistério da ação, ocupando o 'lugar' de uma reflexão mais ampla sobre toda a cultura e o pensamento humanos, que se encontra hoje entre a tradição e a inovação, a conservação e a mudança, entre o passado e o futuro, e diante do seguinte dilema ético: se, como pessoas, amamos ou não o mundo e a vida o suficiente para assumirmos a responsabilidade por eles, salvando-os assim da ruína inevitável, o que só será possível com a renovação e a emancipação da humanidade. Essa instância assim, é colocada diante de uma escolha crucial: se amamos nossas crianças e nossos jovens o bastante para não expulsá-los "de nosso mundo e abandoná-los a seus próprios recursos e tampouco arrancar de suas mãos a oportunidade de empreender alguma coisa nova e imprevista para nós, preparando-os em vez disso com antecedência para a tarefa de renovar um mundo comum". (ARENDT, 2002, p. 247)

Quando, portanto, falamos de magistério da ação, não estamos apenas nos referindo à excelência da escola, de seu currículo ou planejamento, da pesquisa ou conteúdo, da mediação ou avaliação, ainda que reconhecidamente fundamentais. Tampouco nos limitamos às condições de trabalho ou aos recursos materiais, nem ao parque arquitetônico e tecnológico, mesmo importantes. Estamos, sim, falando principalmente da ação comunicativa, do poder e do mistério humano, e de como essa ação, esse poder e esse mistério condicionam e realizam a existência da escola.

Referências bibliográficas

ARENDT. Hannah. *Sobre a violência*. Rio de Janeiro: Relume-Dumara, 1994.

_____. *A vida do espírito*. Pensar. Volume I. Trad. João C. S. Duarte. Lisboa: Instituto Piaget, 1999.

_____. *A condição humana*. 10 ed. Trad. Roberto Raposo. Posfácio de Celso Lafer. Rio de Janeiro: Forense Universitária, 2001.

_____. *Entre o passado e o futuro*. Coleção Debates. Trad. Mauro W. Barbosa de Almeida. 5 ed. São Paulo: Perspectiva, 2002.

BERLIN, Isaiah. *Estudos sobre a humanidade*. Trad. Alda Szlak. São Paulo: Cia. das Letras, 2002.

BERTALANFFY, Ludwig Von. *General System Theory — Foundations, development and applications*. New York: George Bazillier , Inc. 1969.

BRUNER, Jerome Seymour. *Atos de significação*. Porto Alegre: Artmed, 1997.

BUCKLEY, Walter. *A sociologia e a moderna teoria dos sistemas*. São Paulo: Cultrix/USP, 1971.

CASTELLS, Manuel. *A sociedade em rede*. São Paulo: Paz e Terra, 1999.

CASTORIADIS, Cornelius. *Feito e a ser feito*. As encruzilhadas do Labirinto V. Trad. Lílian do Valle. Rio de Janeiro: DP&A., 1999.

DUPUY, Jean-Pierre. Ordres et desordres – *Enquête sur un nouveau paradigme*. Paris: Éditions du Seuil, 1982.

DUSSEL, Enrique. *Ética da libertação. Na idade da globalização e da exclusão.* Trad. Ephraim Ferreira Alves, Jaime A. Clasen et Lúcia M. E. Orth. Petrópolis: Vozes, 2000.

ESTEVES, João Pissarra. Niklas Luhmann – *Uma representação.* In LUHMANN, Niklas. A improbabilidade da comunicação. Lisboa: Editora Veja, 1993.

ESTRELA, Maria Teresa. *Relação pedagógica, disciplina e indisciplina na aula.* Porto: Porto Editora, 1992.

GARCIA, Rolando. *O conhecimento em construção – Das formulações de Jean Piaget à teoria de sistemas complexos.* Trad. Valério Campos. Porto Alegre: Artmed, 2002.

HABERMAS, Jürgen. *Consciência moral e agir comunicativo.* Rio de Janeiro: Tempo Brasileiro, 1989.

_____. *Teoria de la acción comunicativa: complementos y estudios prévios.* Colección Teorema. Trad. Manuel Jiménez Redondo. Madrid: Cátedra, 1997.

_____. *A inclusão do outro – Estudos de teoria política. Humanística.* Trad. George Sperber e Paulo Astor Soethe (UFPR). São Paulo: Loyola, 2002.

IMODA, Franco. Psicologia e Mistério. *O desenvolvimento humano.* Trad. Adalto Luiz Chitolina et Mathias J.A. Ham. São Paulo: Paulinas, 1996.

KANT, Immanuel. *Crítica da razão prática.* [1788]. São Paulo: Martins Fontes, 2002.

KLIEBART, H. M. *Vocational education as symbolic action: connecting schooling with the workplace.* In American Educational Research Journal, vol. 27, n.1, p. 9-27.

MATURANA et VARELA, F. *A árvore do conhecimento. As bases biológicas do entendimento humano.* Trad. Jonas Pereira dos Santos. Campinas: Editorial Psy, 1995.

MAJÓ, Joan. Chips, cables y poder – *La clase dominante en el siglo XXI*. Barcelona: Editorial Planeta, 1997.

MERLEAU-PONTY, Maurice. *O olho e o espírito*. São Paulo: Abril Cultural, 1983.

MORIN, Edgar. *Introdução ao Pensamento Complexo*. Trad. Dulce Matos. 2.ed. Lisboa: Instituto Piaget, 1990.

NICOLESCU, B. *O manifesto da transdisciplinaridade*. São Paulo: TRIOM, 1999.

NORRETRANDERS, Tor. *The user illusion*. New York: Penguin Books, 1998.

ORTEGA Y GASSET, José. *O homem e a gente. Intercomunicação humana*. Trad J. Carlos Lisboa. 2.ed. Rio de Janeiro: LIAL – Livro Ibero-Americano Ltda, 1973.

PIAGET, J. *O estruturalismo*. São Paulo: Difusão Européia do Livro, 1970.

RAPOPORT, Anatol. *Aspectos matemáticos da análise geral dos sistemas*. In SERRES, Michel. A lenda dos anjos. São Paulo: Aleph, 1995.

SFEZ, Lucian. *Crítica da comunicação*. São Paulo: Loyola, 1984.

SROUR, Robert Henry. *Poder, cultura e ética nas organizações*. 2 ed. Rio de Janeiro: Campus Editora, 1998.

VAZQUEZ, A. S. *Ética*. 18 ed. Trad. João Dell'anna. Rio de Janeiro: Civilização Brasileira, 1998.

WHITEHEAD, Alfred North. *Science and the Modern World*. New York: Free Press, 1997.

WILSON, Edward O. *A Unidade do Conhecimento. – Consiliência. Seria a ciência capaz de explicar tudo?* Trad. Ivo Korytowski. Rio de Janeiro: Campus, 1999.

3

Habermas e a ação comunicativa na escola

Silvia Elizabeth Moraes

Introdução

Apesar do cenário mundial desencorajador, há um consenso sobre o fato de que necessitamos cada vez mais do diálogo para fundamentarmos as ações e decisões nos mais diversos setores. A escola vem tentando fazer sua parte ao incorporar práticas como o desenvolvimento de um currículo interdisciplinar e transversalmente integrado e uma administração autônoma e democrática, baseados na comunicação e no trabalho coletivo.

Entretanto, dialogar é um hábito que necessita ser desenvolvido e reiteradamente reforçado e é nesse aspecto que a teoria da ação comunicativa de Habermas pode ajudar. Baseando-me nesta premissa, propus ao CNPq o projeto de pesquisa *Autonomia e gestão democrática da Escola Pública à luz da Teoria da Ação Comunicativa (TAC) de*

Habermas[1]. A idéia principal, norteadora do projeto, foi situar a discussão da autonomia e gestão democrática da escola dentro da teoria da ação comunicativa de Habermas.

Escolhemos a metodologia da pesquisa-ação ou pesquisa participante por ela ser um tipo de pesquisa social com base empírica concebida e realizada em estreita associação com uma ação ou com a resolução de um problema coletivo. Os participantes desempenham um papel ativo no equacionamento dos problemas encontrados, no acompanhamento e na avaliação das ações desencadeadas (Thiollent 1985). Estabelece-se uma espécie de "contrato" entre pesquisadores e membros de uma instituição ou de um movimento onde se definem os objetivos gerais do projeto e as modalidades de organização e apoio (Thiollent 2000).

Entre as características da pesquisa-ação, salientamos os seguintes pontos metodológicos que ficaram mais evidentes ao longo do estudo: a) os participantes foram ativos na identificação do problema e na avaliação das ações desencadeadas e se dispuseram às mudanças em benefício próprio; b) os participantes concordaram que a relação entre conhecimento e ação está no centro da problemática metodológica e que a resolução dos problemas requer o estudo de teoria educacional relevante.

A primeira fase da pesquisa consistiu de um curso de 30 horas onde refletimos sobre os conceitos habermasianos *racionalidade comunicativa, ação comunicativa* (definida por oposição à *ação estratégica), sistema e mundo-da-vida, situação ideal de fala e universalismo normativo* (Habermas 1983, 1989, 1992), dando especial ênfase à aplicação da situação ideal de fala nas ações de comunicação que constituem o cotidiano da administração escolar.

---

[1] Projeto desenvolvido, de outubro de 1999 a setembro de 2001, com equipes pedagógicas e administrativas de 14 escolas estaduais e municipais da região de São Carlos, SP, sob a coordenação do Prof. Dr. Nílson José Machado (FE/USP-SP).

Concluímos, no final do curso, que a ação comunicativa levada a efeito na situação ideal de fala representa um objetivo a ser alcançado nos Horários de Trabalho Pedagógico Coletivos (HTPC), Conselhos de Escola, Conselhos de Classe, reuniões de pais, enfim, nas situações de comunicação vividas no cotidiano escolar. Concluímos, também, que iríamos concentrar esforços na realização desse ideal de comunicação.

Na segunda fase, visitei as escolas durante os HTPC a fim de apresentar o projeto aos professores. Nesses encontros apresentei o conceito de situação ideal de fala como base para a gestão democrática e autônoma. Solicitei aos professores presentes que, a partir de então, passassem a registrar situações de comunicação nas quais eles considerassem que a situação ideal de fala havia ou não se efetuado.

A terceira fase da pesquisa consistiu de encontros onde, a partir dos relatos dos participantes da pesquisa, avaliamos a aplicabilidade da teoria.

Racionalidade e ação

A estratégia de Habermas é alinhar os vários tipos de comunicação, suas pretensões de verdade e seus oponentes dentro da ação racional. Racionalidade para Habermas é a maneira como os sujeitos falantes e atuantes adquirem e usam o conhecimento. Habermas distingue dois tipos de racionalidade: a cognitivo-instrumental, ou estratégica, e a racionalidade comunicativa.

A racionalidade cognitivo-instrumental diz respeito ao emprego monológico do conhecimento. Marcou a era moderna mantendo-se, graças à sua disposição informada e adaptação inteligente às contingências do ambiente. Um maior grau de racionalidade cognitivo-instrumental produz uma maior independência das limitações impostas pelas contingências ambientais na auto-afirmação de sujeitos agindo de maneira a atingir fins. É a racionalidade que deriva em ação dirigida para fins, para solucionar problemas, em intervenções controladas nas condições existentes no mundo.

Da racionalidade comunicativa deriva o conhecimento empregado em ação dialógica, comunicativa. Propõe-se a caracterizar a era pós-moderna. Um maior grau de racionalidade comunicativa – dentro de uma comunidade comunicativa – expande o espaço para uma coordenação não-coagida das ações e resolução consensual de conflitos. A ação derivada da racionalidade comunicativa não se guia eminentemente pela solução de problemas nem se inicia com a pressuposição ontológica de um mundo objetivo; ela investiga as condições sob as quais a unidade de um mundo objetivo é constituída pelos membros de uma comunidade. Baseada na experiência central do livre e unificador consenso na qual diferentes participantes superam suas visões meramente subjetivas e, devido à mutualidade da convicção racionalmente motivada, são asseguradas tanto a unidade do mundo objetivo quanto a intersubjetividade do mundo-da-vida.

A chave para a noção habermasiana de chegar ao entendimento é a possibilidade de usar razões ou fundamentos a fim de ganhar o reconhecimento intersubjetivo para as declarações de validade que por si estão sujeitas à crítica. Tudo o que eu afirmo que não esteja corroborado por um fato evidente, concreto, pode ser criticado, isto é, alguém pode dizer que eu não tenho razão, ou que não concorda comigo. Já que essas declarações de validade podem ser criticadas, há uma possibilidade de identificar e corrigir erros, ou seja, de aprender com os erros. Se a pessoa que critica minha afirmação me convence, então eu tenho a oportunidade de mudar de idéia e de mudar meu argumento.

As formas de argumentação são desenvolvidas dentro de uma tradição cultural e até mesmo incorporadas em instituições culturais específicas. Assim, por exemplo, a atividade científica, o sistema legal e as instituições para a produção, disseminação e crítica de arte representam permanentes possibilidades de hipoteticamente examinarmos a verdade das afirmações, a correção das ações e normas ou a autenticidade das expressões. Por essa conexão com as tradições culturais e as instituições sociais, o conceito de ação comunicativa torna-se útil para a teoria social. Entre essas instituições sociais, colocamos a escola como instância privilegiada para a prática da ação comunicativa.

Os tipos de ação podem ser reduzidos em essência a quatro: *ação teleológica* que se expande em *ação estratégica, ação regulada por normas, ação dramatúrgica e ação comunicativa.*

Na ação *teleológica* o ator solitário alcança um fim ou faz com que se produza um estado de coisas, elegendo, desde uma dada situação, os meios condizentes e aplicando-os de forma adequada. O conceito central é de uma decisão entre cursos de ação alternativos, com o propósito de realizar um fim, guiado por máximas e baseado na interpretação de uma situação. O modelo teleológico de ação é expandido num modelo de *ação estratégica*: o ator escolhe e calcula meios e fins de um ponto de vista de maximização da utilidade ou expectativas de utilidade. Tanto a ação teleológica quanto a teleológica-estratégica pressupõem relações entre um ator e *um* mundo, um mundo objetivo. O sucesso da ação também depende de outros atores, cada um deles orientado para o seu próprio sucesso e comportando-se cooperativamente somente na medida que isso seja compatível com o seu egocêntrico cálculo de utilidade.

O conceito de *ação regulada por normas* não se refere a um ator solitário, como a teleológica, mas aos membros de um grupo social, os quais orientam suas ações em função de valores comuns (valores sociais). Pressupõe a relação entre um ator e dois mundos: além de um estado de coisas existente, há um mundo social ao qual o ator pertence. Refere-se a normas e experiências subjetivas e não a fatos. O agente afirma que seu comportamento está certo em relação a um contexto normativo reconhecido como legítimo ou que a afirmação na primeira pessoa de uma experiência à qual ele tenha acesso privilegiado é verdadeira e sincera. O ator individual obedece (ou desobedece) a uma norma – o que significa preencher (ou não) uma expectativa geral de comportamento – quando numa dada situação as condições às quais a norma se aplica estão presentes. Todos os membros de um grupo para os quais a norma tem validade podem esperar um do outro que em certas situações eles desempenhem (ou abstenham-se de desempenhar) as ações permitidas (ou proibidas). O conceito central de obedecer *a uma norma* significa realizar uma expectativa generalizada de comportamento. Uma norma pode ser *idealmente válida* ou de fato *estabelecida*. Ser idealmente válida significa que ela *merece* o consentimento de todos aqueles afetados porque ela regula problemas de ação no seu interesse comum. Uma norma *de fato* estabelecida significa em contraste que o requisito com o qual ela aparece é reconhecido por aqueles afetados, e esse reconhecimento intersubjetivo fundamenta a *força social* ou *uso da norma*.

Habermas não vincula tais requisitos normativos de validade a valores culturais, mas valores são candidatos a materializarem-se em normas. À luz de valores culturais, as necessidades de um indivíduo aparecem plausíveis a outros indivíduos que partilhem da mesma tradição. Entretanto, necessidades plausivelmente interpretadas são transformadas em motivos legítimos de ação somente quando os valores correspondentes tornarem-se, para um círculo daqueles afetados, normativamente amarrados em regulamentar situações problemáticas específicas. Os membros poderão então esperar um do outro que em situações correspondentes cada um deles orientará suas ações para valores normativamente prescritos por todos os envolvidos. Esta consideração destina-se a fazer compreensível o fato que o modelo normativo de ação equipa o agente não somente com um "complexo cognitivo" mas também com um "complexo motivacional" que possibilita um comportamento de acordo com uma norma. Além disso, este modelo de ação é associado com um modelo de aprendizagem de internalização de valores. De acordo com este modelo, normas existentes ganham força de ação na medida que os valores nelas incorporados representem os padrões conforme os quais, no círculo dos destinatários, as necessidades são interpretadas e desenvolvidas, através de processos de aprendizagem, de forma a tomarem um caráter de necessidade.

Sob estes pressupostos, o ator pode estabelecer relações com o mundo, aqui com o mundo social, que estão abertas à avaliação objetiva de acordo com a "direção que tomar o adequado". Numa direção a questão é se os motivos e ações de um agente estão de acordo com as normas existentes ou se se desviam delas. Na outra direção a questão é se as normas existentes por elas mesmas incorporam valores que, numa situação-problema particular, dão expressão a interesses generalizáveis daqueles afetados e por isso merecem o assentimento daqueles a quem eles são endereçados. No primeiro caso, as ações são julgadas para vermos se elas estão de acordo ou se se desviam de um contexto normativo existente, isto é, se elas estão corretas com respeito a um contexto normativo reconhecido como legítimo. No outro caso, as normas são julgadas com respeito a serem justificadas, isto é, se elas merecem ser reconhecidas como legítimas.

Nos seus pressupostos ontológicos – num sentido amplo – podemos classificar a ação regulada por normas como um conceito que pressupõe *dois mundos*, o mundo social e o mundo objetivo. Uma ação em conformidade com uma norma pressupõe que, numa situação de ação, o agente possa distinguir elementos factuais de elementos normativos, isto é, condições e meios de valores. O ponto de partida para o modelo normativo de ação é que os participantes podem simultaneamente adotar uma atitude objetivante diante de algo que é comandado, seja ele certo ou errado. Mas como no modelo teleológico, a ação é representada primeiramente como uma relação entre o ator e um mundo: lá, como uma relação com o mundo objetivo diante do qual o ator se coloca e no qual ele pode diretamente intervir; aqui, como uma relação com o mundo social ao qual o ator, no seu papel de destinatário de uma norma, pertence e no qual ele pode assumir relações interpessoais legitimamente reguladas. Nem aqui nem lá há o ator ele-mesmo pressupondo-se como um mundo em relação ao qual ele possa se comportar reflexivamente. É o conceito de ação dramatúrgica que requer o pressuposto adicional de um mundo subjetivo ao qual o ator se relaciona quando, ao agir, ele se coloca "no palco".

Finalmente, o conceito de *ação comunicativa* refere-se à interação de pelo menos dois sujeitos capazes de falar e agir, que estabelecem relações interpessoais através de meios verbais ou não-verbais. Os atores buscam atingir entendimento sobre a situação e sobre seus planos de ação, a fim de coordenarem suas ações através de um acordo.

O sujeito da ação comunicativa não é individual, mas sim comunitário. A cooperação é um valor básico da ação comunicativa. Mas para que se dê tal entendimento é preciso uma coordenação de ações, ou, como diz Habermas, um mecanismo regulador de tais ações. Existe por trás de tal raciocínio a suposição de que há padrões comuns ou pontos de contato entre os membros da ação que permitam decidir se existe ou não consenso. A ação comunicativa não pode ser egocêntrica mas sim altruísta.

O conceito de ação comunicativa desenvolve a intuição de que a linguagem é imanente ao entendimento. O entendimento é um conceito de conteúdo normativo e que vai mais além da compreensão de uma expressão gramatical. Para Habermas, a linguagem não é um obstáculo para o entendimento, mas sim a via que nos conduz a este. O acordo é possível e é intersubjetivamente válido, ou seja, não é imposto por nenhuma das partes. Precisamente por isso ele é racional, no sentido de racionalidade intersubjetiva, isto é, comunicativa. O acordo comunicativo não é o resultado da intervenção instrumental nem da estratégica. O acordo estratégico é calculado, frio, imparcial, enquanto que o comunicativo é vital, racionalmente vital. O importante não é o conteúdo do consenso, mas sim a forma como ele se produziu. O entendimento é próprio da linguagem humana porque *logos* é ao mesmo tempo razão e palavra.

A situação ideal de fala (SIF)

A situação ideal de fala (SIF) foi para nós o elemento principal da TAC e a idéia mais facilmente compreendida e aceita para inspirar as ações na escola. A SIF só é atingida quando todos os interlocutores têm chances iguais de selecionar e empregar *atos de fala* e quando eles trocam, uns com os outros, de papéis no diálogo. Os atos de fala trocados pelos atores estão baseados num consenso subjacente que é formado do reconhecimento recíproco de pelo menos quatro requisitos de validade:

1. a compreensibilidade do pronunciamento (o que é dito é inteligível);
2. a verdade de sua proposição (o conteúdo do que é dito é verdadeiro);

3. a correção e adequação dos desempenhos (se todos nos comportarmos civilizadamente, sem ofensas, com respeito um pelo outro);

4. a autenticidade dos interlocutores (os emissores justificam-se por certos direitos sociais ou normas).

Os atores buscam o consenso e o avaliam com relação à verdade, correção e sinceridade, ou seja, se o consenso está de acordo ou não de acordo com o mundo objetivo, o mundo social e o mundo subjetivo. Quando uma dessas regras é violada, então a comunicação não se efetua e, *sem a comunicação verdadeira, a liberdade é ilusória* (Bernstein, 1995).

Os participantes vêem na situação ideal de fala um excelente instrumento que os ajuda a exercer a democracia. Observaram também que em diversas ocasiões vinham praticando a SIF: reuniões de pais, HTPC e até situações dentro da sala-de-aula (como discussão de regras de convivência entre alunos) têm sido influenciadas pela reflexão sobre a SIF. Para haver uma SIF na escola, disse uma participante, "não basta apenas falar coisas bonitas, palavras complicadas, mas sim manter uma compreensão mútua entre interlocutores, pois muitas vezes a pessoa que está nos ouvindo não compreende a complexidade do assunto exposto".

Sistema e mundo-da-vida (ou mundo vivido)

Ao atuar comunicativamente, os sujeitos se entendem sempre no horizonte de um mundo-da-vida que é a fonte de onde se obtém as definições da situação que os implicados pressupõem aproblemáticas. Em suas operações interpretativas, os membros de uma comunidade de comunicação delimitam o mundo objetivo e o mundo social que intersubjetivamente compartilham, frente aos mundos subjetivos de cada um e frente a outros coletivos.

Mundo-da-Vida

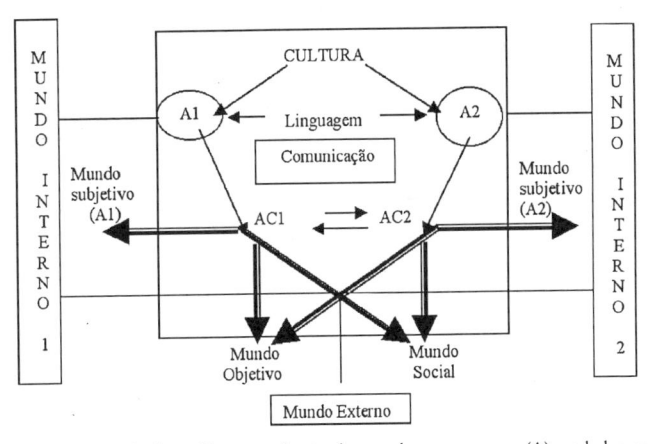

As setas duplas indicam as relações de mundo que os atores (A) estabelecem através de seus Atos de Comunicação (AC) (Habermas, 1989, p.127).

Fig. 1 – Relações de Mundo estabelecidas pelos Atos de Comunicação (AC)

Mundo é a totalidade de entidades sobre as quais afirmações verdadeiras são possíveis. Mundo-da-vida é o horizonte sobre o qual se edificam as relações e interações intersubjetivas da cotidianidade. É relacionado aos três mundos sobre os quais os sujeitos, ao agirem com o propósito de entendimento mútuo, baseiam suas definições comuns das situações: objetivo, social e subjetivo. Mundo objetivo é a totalidade de entidades sobre as quais é possível preferir-se frases verdadeiras: é o mundo dos fatos, dos acontecimentos. Mundo social é a totalidade de relações interpessoais legitimamente reguladas: são as normas. Mundo subjetivo é a totalidade das experiências à qual o sujeito falante tem acesso privilegiado e que, se assim o quiser, pode expressar perante um público: são os sentimentos e emoções.

As pessoas se relacionam ao mesmo tempo com todos os três mundos. Mesmo quando uma afirmação claramente pertence somente a um modo de comunicação e nitidamente tematiza um requisito de validade correspondente, todos os três modos de comunicação e as reivindicações de validade a eles correspondentes estão internamente relacionados uns aos outros. Por isso, é uma regra da ação comunicativa que quando um ouvinte concorda com uma reivindicação de validade tematizada, ele reconhece os outros dois requisitos de validade também, ou então ele tem de explicitar sua discordância.

Tomemos como exemplo a mobília de minha casa. Logo ao entrar as pessoas vão ver os móveis, objetos do mundo real, dispostos numa certa organização. Distinguem de imediato os móveis da sala de jantar. A mobília já está sendo relacionada ao mundo social desde que há um consenso entre nós que uma mesa de madeira antiga, uma cristaleira, um aparador e cadeiras forradas de seda formam o cenário que estabelecemos como sala de jantar. Um masai, ou um esquimó (daqueles que ainda habitam iglus), provavelmente não saberia distinguir uma sala de jantar de uma copa. Ao contar aos hóspedes que esses móveis de sala de jantar pertenceram aos meus avós, que foram sua mobília de casamento e que muitas festas familiares foram realizadas ao redor desta mesa, já estou lhes pondo a par de algo que faz parte do meu mundo subjetivo e que meus visitantes só saberão se eu lhes contar. Por outro lado, se o visitante for um de meus irmãos ou irmãs, o fato de aquela mobília ter pertencido à minha avó não fará parte somente de meu mundo subjetivo; já se torna um elemento do mundo social. O mundo subjetivo já me remeterá para outro fato que não mencionei até hoje às minhas irmãs, para não lhes despertar ciúmes: após a morte de meu avô, a primeira vez em que minha avó abriu sua sala de jantar, decorando-a com flores, pondo sobre a mesa a melhor toalha de labirinto e o faqueiro de prata, foi para o batizado de meu filho, seu afilhado.

Na seção intitulada *A desunião entre Sistema e Mundo-da-vida*[2], Habermas apresenta – nos um conceito extremamente útil em nossas reflexões sobre a escola, que divide o mundo-da-vida em esfera privada e esfera pública (Figura 2). Por outro lado, desde o ponto de vista sistêmico, Habermas distingue dois subsistemas regidos por meios: o sistema econômico e o administrativo. Entre estes últimos e os anteriores se produz toda uma série de relações de intercâmbio através de dois meios: *o Dinheiro (D)* e o *Poder (P)*. Na esfera da vida privada, o trabalhador oferece sua força de trabalho ao sistema econômico através do meio *Poder*, o sistema a reverte em forma de rendas através do meio *Dinheiro*. Na esfera da vida privada encontramo-nos com o consumidor. Este, através do meio Dinheiro, realiza uma demanda ao sistema econômico, e este sistema, também mediante o *Dinheiro*, lhe oferece bens e serviços. Com respeito à esfera pública, o sistema administrativo reclama impostos do cliente através do meio *Dinheiro*. O cliente receberá em troca realizações organizativas. Finalmente o sistema administrativo exige, através do meio Poder, lealdade à população, e em troca, o cidadão receberá decisões políticas.

Os subsistemas econômico e administrativo, se comandados completa e exclusivamente pela racionalidade instrumental, excluem a intersubjetividade e a interação lingüística. Por outro lado, o mundo-da-vida desenvolve-se por meio de interações lingüísticas. O que Habermas chama de *colonização do mundo-da-vida* é o processo pelo qual o sistema invade todas as esferas do mundo-da-vida, dominando-o, regulamentando-o, submetendo-o aos imperativos econômicos e administrativos.

---

[2] The Uncoupling of System and Lifeworld (to uncou.ple – vt. 1 desacoplar, desengatar, desunir, desligar, separar. 2 soltar (os cães), desatrelar). Podemos nos aproveitar do sentido 2 da palavra *uncouple* para dizer que, diante das interferências do sistema no mundo-da-vida, sentimo-nos muitas vezes a fim de "soltar os cachorros".

Diz ele que o mundo-da-vida precisa ser defendido de uma extrema alienação nas mãos das objetivantes, moralizantes e estetizantes intervenções das culturas especialistas.[3] O paradoxal é que quanto mais o sistema coloniza o mundo-da-vida, mais se enfraquece a si próprio e entra em crise. A base de sustentação do sistema é o mundo-da-vida cujo elemento essencial é a liberdade.

O sistema é dotado de uma dinâmica (ou inércia) própria que dificulta sua renovação a partir das exigências do mundo-da-vida; entretanto, quando ocorrem grandes mudanças no sistema, as relações entre sistema e mundo-da-vida tornam-se temporariamente instáveis. As pessoas pertencem aos dois mundos: o sistema é engendrado por pessoas que atuam tanto num quanto noutro. Mas essas mesmas pessoas mudam de atitude quando atuam em cada um deles. É muito comum detectarmos uma mudança de comportamento ao atuarmos no sistema e no mundo-da-vida.

A renda do trabalhador é o que ele ganha com o seu trabalho; portanto, a força de trabalho é o poder do trabalhador. Os bens e serviços referem-se à comida que se compra, a um eletrodoméstico, um imóvel, um serviço que se paga a alguém para fazer; o meio para conseguir isso é o dinheiro. Os rendimentos organizativos são fornecidos pelo sistema administrativo que tem poder para isso: eles vêm em forma de estradas, educação, justiça. Quanto às decisões políticas, estas tomam a forma de leis as quais o sistema administrativo tem poder para elaborar. A lealdade da população é demonstrada através do voto: somos leais (ou não) ao sistema administrativo ao escolhermos nossos representantes.

---

[3] "the lifeworld must be defended against extreme alienation at the hands of the objectivating, the moralizing, *and* the aestheticizing interventions of expert cultures" (HABERMAS, 1988, p. 26)

Ordens institucionais do mundo-da-vida	Relações de intercâmbio	Subsistemas regidos por meios
Esfera privada	1ª) $\xrightarrow{P'}$ Força de trabalho $\xleftarrow{D}$ Renda do emprego 2ª) $\xleftarrow{D}$ Bens e serviços $\xrightarrow{D'}$ Demanda	Sistema econômico
Esfera pública	1ª) $\xrightarrow{D'}$ Impostos $\xleftarrow{P}$ Realizações organizativas 2ª) $\xleftarrow{P}$ Decisões políticas $\xrightarrow{P'}$ Lealdade da massa	Sistema administrativo

D= Meio *Dinheiro*	P= Meio *Poder*

Habermas, J. (1991), p. 320.

Fig. 2 – Relações entre sistema e mundo-da-vida

Segundo Habermas (1980), as crises surgem quando a estrutura de um sistema social permite menores possibilidades de resolver o problema do que aquelas requeridas para a conservação do sistema. Neste sentido as crises são perturbações que atacam a *integração sistêmica*. As crises dos sistemas de sociedade não se produzem através de alterações contingentes no conjunto, mas através de imperativos sistêmicos inerentes às suas estruturas, que são incompatíveis e não admitem ser integrados hierarquicamente. Tais estruturas precisam ser distinguidas de outros elementos sistêmicos que admitem alterações sem que o sistema perca sua identidade. Distúrbios de integração sistêmica só ameaçam a existência contínua até o ponto em que a integração social esteja em jogo.

A ação comunicativa depende de um processo cooperativo de interpretação no qual os participantes relacionam-se simultaneamente a algo nos mundos objetivo, social e subjetivo, mesmo quando eles, em seus pronunciamentos, enfatizam tematicamente somente um dos três componentes. Os sujeitos falante e ouvinte usam o sistema de referência dos três mundos como uma estrutura interpretativa dentro da qual eles constroem suas definições de situações comuns. Eles não se relacionam diretamente a algo num mundo, mas relativizam suas expressões dentro da probabilidade que sua validade seja contestada por outro ator. Chegar ao entendimento significa que os participantes da comunicação atingem um acordo com relação à validade da afirmação; um acordo é o reconhecimento intersubjetivo da validade daquilo que os sujeitos falantes afirmam.

O consenso não acontece quando, por exemplo, um ouvinte aceita a verdade de uma afirmação e ao mesmo tempo duvida da sinceridade do sujeito falante ou da propriedade normativa de sua afirmação; o mesmo acontece quando um sujeito falante aceita a validade normativa de um comando, mas suspeita da seriedade da intenção a ele relacionada ou tem dúvidas sobre os pressupostos existenciais da ação comandada (e assim da possibilidade de realizá-lo).

A desunião entre o sistema e o mundo-da-vida reduz o mundo-da-vida a um subsistema entre outros. No processo, os mecanismos sistêmicos ficam cada vez mais apartados das estruturas sociais através das quais a integração social ocorre. As sociedades modernas adquirem um nível de diferenciação sistêmica no qual organizações cada vez mais autônomas são ligadas umas às outras pelos meios não-lingüísticos de comunicação: estes mecanismos sistêmicos – por exemplo, o *Dinheiro* – provocam um relacionamento social que tem sido largamente desconectado das normas e valores, especialmente naqueles subsistemas de ação proposital-racional, econômica e administrativa que, no diagnóstico de Weber, tornaram-se independentes de seus fundamentos político-morais. Ao mesmo tempo, o mundo-da-vida permanece como o subsistema que define o padrão do sistema social como um todo. Por isso os mecanismos sistêmicos precisam ser ancorados no mundo-da-vida.

Baseados na idéia de relação entre sistema e mundo da vida ilustrada pela Figura 2, experimentamos uma ilustração do que ocorre no sistema educacional elaborando a Figura 3. Levando em conta que o sistema educacional pertence à esfera pública, adaptamos somente a parte de baixo do quadro pois a esfera privada permanece a mesma.

Por ser parte de uma rede pública, sustentada pelos impostos pagos pelo contribuinte, tendo que desenvolver um currículo elaborado pelos órgãos educacionais decisórios, a escola traz em seu bojo as exigências e características do sistema. De acordo com os participantes da pesquisa, a escola não poderia nunca se isolar exercendo total autonomia. Aí não teríamos um sistema educacional, mas sim escolas isoladas. O afastamento que se dá entre a escola e o mundo-da-vida deve-se às exigências do sistema: o sistema coloniza o mundo-da-vida ao sufocá-lo com exigências burocráticas, ou submetendo-o aos ditames do mercado.

Ordens institucionais do mundo-da-vida	Relações de intercâmbio	Subsistemas regidos por meios
Esfera da opinião pública	1ª) ← D Impostos P Educação → 2ª) ← P Decisões políticas P Lealdade da massa →	Sistema educacional

Fig. 3 – Relações entre sistema educacional e mundo da vida

Os alunos, através dos impostos, financiam o sistema educacional e recebem dele a educação que lhes confere poder. Embora o sistema educacional não lhes dê mais a devida segurança, sem essa formação fica ainda mais difícil a inserção no sistema econômico; o poder nesse caso é a possibilidade de se situar numa sociedade letrada.

As decisões políticas são as leis educacionais que, através do meio poder, o sistema educacional elabora. O sistema educacional espera que a população o apóie enviando seus filhos para a escola, participando de conselhos e de atividades escolares. O sistema, portanto, espera que lhe sejamos leais.

Ao reabilitarmos a esfera pública, a sociedade civil passa a ter uma função essencial de decisão, de modo a regular e controlar a atuação do Estado e a escola desempenha um papel essencial nesta tarefa.

A escola e o universalismo normativo

Habermas (1995) define *universalismo normativo* como o aperfeiçoamento das instituições políticas internacionais para que sejam capazes de enfrentar a universalização técnica e procurar soluções políticas para os problemas globais. É a criação de fóruns internacionais que ajudem a sociedade civil a domar a lógica de mercado que se acha em vias de transformar-se em *estrutura totalizante* (Jameson 1996:279). O mercado é excludente, pois ele só admite em seu bojo aqueles que têm o que comprar e o que vender. Ele só está interessado em consumidores. O universalismo da escola traduz-se em sua intencionalidade de formar cidadãos críticos e participativos, incluídos no mundo de hoje. Ser incluído não significa somente ser capaz de comprar e vender mas também ter a chance de se realizar como indivíduo, com um projeto de vida próprio.

A escola é instância pública local e global. Ao discutirmos Ética, estamos falando de regras de convivência com pessoas que estão próximas ou distantes de nós. Ao denunciarmos a mutilação das mulheres na Nigéria, ou a exploração do trabalho infantil nas plantações de cana-de-açúcar brasileiras, estamos agindo global e localmente. A poluição do córrego que cruza o bairro afeta os habitantes locais, mas ele deságua no rio que se mistura ao mar.

A busca da situação ideal de fala é o fim último de uma administração autônoma e democrática. Precisamos nos compreender lingüisticamente, dizer a verdade no ato de fala, comportarmo-nos segundo as regras de convivência e termos legitimidade para opinarmos sobre os assuntos em pauta. Perguntamo-nos, então: se conseguirmos realizar tudo isso, chegaremos a atingir a Verdade? Será que no fundo da ação comunicativa jaz a verdade universal, buscada pelo ser humano desde o começo de sua história em comum? A situação ideal de fala visa ao consenso. Será o consenso, então, a verdade? Para os participantes da pesquisa, sim, porque é daí que nascem as soluções, a esperança. Portanto, como também nos afirma Antonio Machado [4], a verdade é a esperança:

> *Dice la razón: busquemos la verdad.*
> *Y el corazón: Vanidad*
> *La verdad ya la tenemos.*
> *La razón: Ay, quién alcanza la verdad!*
> *El corazón: Vanidad.*
> *La verdad es la esperanza.*
> *Dice la razón: Tú mientes.*
> *Y contesta el corazón:*
> *Quien miente eres tú, razón,*
> *que dices lo que no sientes.*
> *La razón: Jamás podremos*
> *entendernos, corazón.*
> *El corazón: Lo veremos.*

---

[4] Poeta espanhol que viveu entre 1875 e 1930.

Referências bibliográficas

BERNSTEIN, J. M. *Recovering Ethical Life*. London: Routledge, 1995.

HABERMAS, J. *"Modernity: An Incomplete Project"*, 1983. In FOSTER, H. (ed.) The Anti-Esthetic: Essays In Post-Modern. Post Townsend, Washington. 1985.

_____. *The Theory of Communicative Action*. Traduzido por Thomas Mccarthy - Vol. I- Boston: Beacon Press, 1989.

_____. Theory of Communicative Action, – Lifeworld and System: A Critique of Functionalist Reason Traduzido por Thomas Mccarthy. Vol. II. Boston: Beacon Press, 1991.

_____. Entrevista Concedida a B. Freitag e Sérgio Paulo Rouanet, Jornal Folha de São Paulo, 30/05/95

JAMESON, F. *Pós-Modernismo – A Lógica Cultural do Capitalismo Tardio*. São Paulo: Ática 1996.

THIOLLENT, Michel *Metodologia da Pesquisa-Ação*. São Paulo: Cortez, 1985.

THIOLLENT, M; Araújo Filho, T.; Soares, R. L. S.(orgs.) *Metodologia e Experiências em Projetos de Extensão*. Niterói: Editora da Universidade Federal Fluminense, 2000.

4

Quatro conceitos de ação social em Habermas

José Luiz Pastore Mello

Uma ação social é sobretudo uma manifestação simbólica por meio da qual um ator entra em relação com um algo qualquer num dos mundos de atuação do homem, para visá-lo ou para modificá-lo, de algum modo. Assim concebida, envolve sempre processos interpretativos de que o ator participa, pois, é consolidando, no processo de aprendizagem social, o que aí emerge, que ele fica apto para conferir às novas ações o seu sentido distintivo. Esses processos interpretativos, por isso, são vistos e compreendidos na perspectiva da constituição da experiência possível. E isso requer que sejam considerados explicitamente os mundos do homem: de um lado, as esferas de sua atuação prática que, ao mesmo tempo, são esferas em que recai o conhecimento humano e, de outro, o acervo cultural de saber compartilhado ou mundo da vida.

Na análise dos quatro conceitos de ação que se tornam relevantes na teoria social, busca-se tornar aparentes as relações que implicitamente se estabelecem entre ator e mundo. São examinadas a ação teleológica, a ação regulada por normas, a ação dramatúrgica e a ação comunicativa. Para tanto, é requerido que sejam conhecidos, além do conceito de mundo de vida mencionado acima, os conceitos de mundo objetivo das entidades reais, de mundo social das normas reguladoras das relações interpessoais e de mundo subjetivo das vivências individuais. A rede que une essas noções, e que ao mesmo tempo vem determiná-las, é complexa e só pode ser tecida aos poucos.

O mundo da vida é o manancial de saberes intersubjetivamente compartilhados por um conjunto de sujeitos sociais. Ele é já sempre, por isso, o *médium* dos processos de entendimento comunicativo mantidos por esses sujeitos, que daí retiram todo e qualquer material semântico necessário à interpretação de algo do mundo objetivo, no mundo social e no mundo subjetivo. Daí que o mundo da vida tenha conteúdos cognitivos valorativos sobre as normas vigentes no mundo social e conteúdos expressivos que se referem às vivências do mundo subjetivo.

Para explicar o papel do mundo da vida nos processos interpretativos, presta-se atenção neste parágrafo apenas aos conteúdos cognitivos que têm por referência as entidades pertencentes ao mundo objetivo. Os atores sociais, na medida em que participam de um processo interpretativo que tem por referência algo no mundo objetivo, ou mantêm uma atitude receptiva ou se põem em atitude reflexiva frente à tradição cultural. O primeiro caso verifica-se sempre que o processo interpretativo desenvolve-se sem dúvidas, contradições ou problemas; uma mudança de atitude acontece, no entanto, quando a validade dos conteúdos cognitivos é posta em questão e o saber nomológico, por exemplo, torna-se problemático. Nesse caso, os atores assumem uma atitude reflexiva em relação aos padrões de interpretação antes aceitos, os quais se tornam agora problemáticos ou mesmo duvidosos. Assumem, ao mesmo tempo, uma atitude objetivante frente ao estado de coisas tematizado pela herança interpretativa; este, assim, é posto como objeto de investigação, num processo cuja finalidade é tornar o saber adequado para enfrentar aquilo que aparecerá como problema.

Entretanto, da perspectiva de uma teoria geral da ação social, não se pode reduzir as atividades do homem ao enfrentamento do mundo objetivo, por meio de uma exclusiva consideração da atividade cognitiva e do agir instrumental. Sob esse visor, o papel do mundo da vida nos processos interpretativos aparece diminuído, senão distorcido, pois as ações concretas também posicionam o ator frente ao mundo das normas sociais e ao mundo das vivências pessoais, necessariamente. Numa perspectiva ampla, é preciso considerar então que os processos interpretativos mobilizam também valores morais e estéticos.

Por ação teleológica deve se entender a ação que articula meios a fins, de um modo que toma como dada a determinação dos fins em si mesmos. Esta é uma questão que o agente resolve, supõe-se, solidariamente, considerando o que julga ser o seu próprio interesse e as restrições existentes. A partir de uma situação determinada e dentro das condições aí encontradas, este agente busca a realização de um fim mediante emprego dos meios disponíveis, de um modo que possa ser considerado o mais adequado no horizonte do conhecimento relevante. Supõe-se obviamente que haja para ele, de início, alternativas de procedimento e de ação, pois o problema do ator consiste em fazer escolhas. Levada a efeito com base numa interpretação da situação das possibilidades abertas, a ação teleológica se realiza sob o comando de máximas de eficiência, ou seja, de regras de otimização. Quando tal ação apenas visa modificar estados do mundo objetivo, é chamada de instrumental. Denomina-se, diferentemente, de ação estratégica, se compõe o quadro da situação enfrentada pelo agente pelo menos um outro agente, que também atua com vistas à realização de seus próprios propósitos.

A ação estratégica refere-se ao comportamento de agentes autocentrados que buscam objetivos próprios, escolhidos egocentricamente, em um meio em que coexistem coisas e outros agentes. A ação regulada por normas, diferentemente, diz respeito a atores que se consideram como membros de um mesmo grupo social e que pautam o seu modo de conduta por valores comuns. A fonte da solidariedade social do grupo consiste em um conjunto de normas gerais que regulam os comportamentos individuais, nas mais variadas situações da vida. Em princípio, propõe-se aos participantes do grupo decidir, em cada situação, se obedecem ou se violam os preceitos que aí se aplicam; assim, eles dão suporte ou rompem o acordo tácito a que o sistema de normas vem dar expressão. A própria existência social das normas enseja, justamente por isso, expectativas gerais de comportamento, as quais podem vir a ser satisfeitas, ou não, pelos membros do grupo. Quando denegadas, exigem que se censure e que sejam pedidas justificações ao infrator. Quando cumpridas, recebem tácita ou declaradamente aprovação.

Se a ação estratégica pressupõe um agente centrado em si que enfrenta outros e a ação regulada por normas pressupõe um membro solidário a um grupo, a ação dramatúrgica envolve pensar uma forma de relacionamento entre sujeitos sociais que se põem uns diante dos outros como atores teatrais se põem diante do público. O que move os participantes nessa forma de interação é expressar os conteúdos da própria subjetividade – atitudes, desejos, pensamentos, sentimentos etc. – de um modo que possa ser compreendido pelos outros. A ação dramatúrgica ocorre num jogo de auto-encenação, em que uns abrem para os outros suas próprias vivências pessoais. A exteriorização, no entanto, como se sabe, nem sempre é fidedigna ou sincera. O comportamento dramatúrgico de uns para outros induz, por isso, um problema permanente de avaliação nas relações humanas.

O problema que a ação dramatúrgica resolve é o da conexão entre as subjetividades ilhadas em si mesmas. Já a ação comunicativa, última a ser aqui apresentada, estabelece-se em razão da necessidade que os homens têm de entrar em entendimento sobre as situações de vida, com finalidade de coordenar o seu comportamento coletivo. Na medida em que entabulam relações interpessoais, procuram interpretar em conjunto a situação que enfrentam, na esperança de que uma definição consensual possa ser, eventualmente, alcançada. Em razão disso, os participantes de uma interação comunicativa são encarados por Habermas como sujeitos capazes de linguagem e ação. Habermas enfatiza que tal conceito de ação dá à linguagem um papel proeminente. E isto já se manifesta quando se compara o conceito de ação comunicativa com o de ação estratégica. Se nesta os fins são tomados como dados, na outra, a determinação dos fins põe-se como principal problema; se na primeira impera a atitude monologal de quem sabe o que quer, na segunda vem prevalecer a reflexão dialógica daqueles que querem saber querer.

Em resumo, se o fim da ação estratégica é a satisfação de um propósito egocêntrico, o da ação regulada por normas é responder a um estado de expectativas vigentes na sociedade, o da ação dramatúrgica é a auto-expressão, o da ação comunicativa é o entendimento e o consenso. Agora é preciso mostrar o que cada um desses quatro conceitos de ação implica em termos de relações ator/mundo. Como destas relações emergem questões de validade, desse modo é explicitado também o que requerem em termos do uso da razão.

Relação Ator/Mundo e Racionalidade

Conforme a idéia de ação teleológica, o agente enfrenta um único mundo, o mundo objetivo. O conceito está construído, portanto, em torno da relação entre um agente e o seu entorno natural social, ou seja, a esfera dos estados de coisas que já existem ou que podem vir a existir, seja por ocorrência de eventos naturais seja por intervenção humana. Nesta ótica, atuar praticamente significa esforçar-se, física e mentalmente, para transformar o estado existente em outro desejado. Para tanto, o agente é descrito como um ser dotado de vontade decisória que se encontra informado por saber cognitivo; como alguém que avalia o existente, traça dele um quadro explicativo e que, a partir daí, desenvolve projetos de transformação. Para mudar algo no mundo objetivo é preciso antes de tudo querer fazê-lo; para mudá-lo com eficiência é preciso, ademais, conhecer o seu modo de funcionamento adequadamente, por meio de proposições e de teorias.

Sob essa perspectiva, as relações que a ação teleológica estabelece podem ser julgadas objetivamente sob dois aspectos. Em primeiro lugar, é possível questionar se o quadro analítico que o agente traça é ou não adequado para apresentar o estado do mundo em consideração. Se põe em julgamento, em outras palavras, a adequação do seu conhecimento empírico. Em segundo lugar, é possível questionar o modo com que o agente alça os objetos que escolhera como alvo, sob o acidente de seus próprios desejos e motivações. Assim se põe em julgamento a sua competência de realização técnico-prática. Ajuda que a ação teleológica seja monologal: ela pode ser objeto de avaliação de fora nestes dois aspectos. Por um lado, o saber cognitivo do agente pode se mostrar verdadeiro ou falso. Por outro, a sua própria intervenção no mundo pode se afigurar como um sucesso ou como um fracasso. Por isso, a ação teleológica é inerentemente julgada sob os critérios de verdade e de eficácia.

Examinando o conceito de ação por normas, descobre-se que o agente estabelece relação com duas esferas de atuação antes mencionadas, o mundo objetivo e o mundo social. Aquele que orienta o seu comportamento num contexto normativo, válido para um conjunto de sujeitos sociais, tem de tomar seguidamente posição frente às normas sociais. Ele tem de decidir se as aceita ou as recusa. Freqüentemente, aliás, isto é feito sem indagações maiores, espontaneamente. Mas, de qualquer modo, só pode fazê-lo se, ao mesmo tempo, é capaz de distinguir no contexto de ação que enfrenta o que está dado como facticidade (condições e meios) e o que são os componentes normativos (valores livremente flutuantes ou normas). Combina, portanto, num mesmo agir duas atitudes: além de se pôr de conformidade, ou não, aos conteúdos do mundo social, põe-se também em atitude objetivante diante do mundo objetivo.

A ação regulada por normas pressupõe, portanto, um contexto normativo que fixa quais formas de interação são legítimas. Isto significa que as normas são encaradas como regras de conduta obrigatórias em princípio, no círculo daqueles afetados por elas. Isto é o mesmo que dizer que gozam de reconhecimento intersubjetivo ou que têm validez social geral. Isto permite pensar a relação do agente com o contexto normativo sob a perspectiva da racionalidade. De um lado, cabe julgar se o comportamento do ator e seus motivos estão de acordo com as normas vigentes ou se se desviam delas. De outro, cabe indagar se as próprias normas são efetivamente benéficas para o grupo ou se verdadeiramente expressam valores universalizáveis, isto é, valores que podem ser aceitos em condições reflexivas por todos os envolvidos. No primeiro caso, avaliam-se as ações pelo ângulo de sua correção em relação aos padrões vigentes; no segundo, avalia-se a justeza das próprias normas para saber se se justificam, se merecem continuar sendo aceitas como legítimas ou se devem ser modificadas ou substituídas.

O conceito de ação dramatúrgica é derivado exagerando-se as interações da vida cotidiana sob o visor da representação teatral. O encontro dos indivíduos é traçado como se se resumisse a atos de encenação em que uns apresentam para os outros algo da própria subjetividade, buscando serem vistos, aceitos e entendidos de determinados modos. Para tanto, o ator tem de se relacionar com o seu próprio mundo subjetivo, fortemente definido "como a totalidade das vivências subjetivas a que os agentes têm, frente aos demais, um acesso privilegiado" (1987:132)

De qualquer sorte, os desejos e sentimentos emergem por meio de expressões valorativas, as quais refletem uma tomada de posição do ator frente a uma determinada situação do mundo exterior. Isto já permite mostrar que a noção de ação dramatúrgica pressupõe dois mundos, um interno da subjetividade e um externo dos estados de coisas naturais e sociais – assim como capacidade de distinguí-los. Assim, os juízos de valor que esse tipo de ação manifesta têm sempre uma dupla referência: de um lado, dizem respeito ao objeto da volição, à situação que supre carências, àquilo que satisfaz necessidades; de outro, remetem-se ao universo subjetivo que os suscita. Ora, uma tomada de posição como essa, veiculada num processo interativo social, envolve necessariamente pretensões de validade. Como o ator dramatúrgico pretende sempre e necessariamente, mostrar-se de modo verdadeiro, o seu comportamento pode ser apreciado quanto à autenticidade. Há adequação entre o modo de expressão e as vivências expressivas? Esta vem a ser a questão racional que sempre pode ser levantada frente a uma ação dessa espécie.

Entre os conceitos antes mencionados, o de ação comunicativa é o mais complexo, já que envolve um uso pleno de linguagem e um emprego interno das pretensões de validade. Se nos três conceitos de ação previamente discutidos, a problemática da racionalidade era posta de fora, da perspectiva do observador científico por exemplo, agora ela se impõe de dentro, da perspectiva do próprio agente social.

Conforme a concepção de ação estratégica, a linguagem é apenas um meio com o qual os agentes, governados por interesses egocêntricos, procuram influir em seus oponentes. No modelo de ação normativa, a linguagem é concebida como um meio de transmissão da herança cultural, que possibilita a formação de consensos. No modelo de ação dramatúrgica, a linguagem é tomada como um meio expressivo por excelência, ressaltando-se assim, os seus aspectos estilísticos e estéticos. "Só o conceito de ação comunicativa" – diz Habermas – "pressupõe a linguagem como um meio de entendimento sem maiores restrições, em que falantes e ouvintes se referem, dentro do horizonte pré-interpretado de seus mundos da vida, simultaneamente a algo no mundo objetivo, no mundo social e no mundo subjetivo, para negociar definições da situação que possam ser compartilhadas por todos" (1987:138). Em conseqüência, os atos de fala, sob o visor da ação comunicativa, expressam tanto conteúdos proposicionais quanto propostas de relações interpessoais, assim como materiais subjetivos.

Segundo o modelo de ação voltada para o entendimento comunicativo, os atores não apenas se referem ao existente nos mundos objetivo, social e subjetivo, mas, mais do que isso, fazem-no de um modo aberto e reflexivo. Primeiro, porque admitem serem os conteúdos desses mundos passíveis de conhecimento, em princípio, por todos os participantes do processo interativo. Segundo, porque assumem e apenas podem assumir uma atitude falibilista, que implica admitir desde o início que suas manifestações possam vir a ser contestadas e mesmo corrigidas pelos outros, no transcorrer do processo. Supor que os atores possam chegar a um entendimento verdadeiro é o mesmo que supor que podem entrar – e mesmo que se esforçam para conseguí-lo – em acordo a respeito da validade das suas emissões simbólicas. Se a linguagem é entendida aqui como meio de coordenação, tem de ser compreendida como veículo para o reconhecimento intersubjetivo de pretensões de validez. "O conceito de ação comunicativa" – assevera Habermas – "pressupõe a linguagem como um meio dentro do qual tem lugar espécies de processos de entendimento em cujo transcurso os participantes, ao relacionar-se com um mundo (pelo menos), apresentam-se uns frente aos outros com pretensões de validez que podem ser reconhecidas ou postas em questão" (1987: 143).

No processo de busca de acordo por meio da comunicação, segundo esse modelo, os atores, na medida em que estabelecem relação com os três mundos, mobilizam por si mesmos todos os potenciais de racionalidade que essas relações envolvem. Um ator comprometido com um processo de entendimento, ao manifestar-se, envolve-se necessariamente com quatro pretensões de validez, das quais três se referem a conteúdos semânticos e uma se refere à forma sintática. Se se dá por garantia a correção formal da expressão simbólica, põe-se como questão se os enunciados formulados pelo falante são verdadeiros, se o ator de fala é correto em relação ao contexto normativo vigente e se a intenção subjetiva manifesta coincide com o que realmente pensa o emissor do ato.

Há algo que precisa ser dito com ênfase. "Não é difícil reconhecer aqui" – assevera Habermas, explicando alguns desdobramentos da noção de ação comunicativa –

"as três relações ator/mundo supostas pelos cientistas sociais nos conceitos de ação previamente analisados e que, no conceito de ação comunicativa, ficam adstritas à perspectiva dos próprios falantes e ouvintes. São os próprios atores os que buscam um consenso e o submetem aos critérios de verdade, de retidão e de veracidade, isto é, a critérios de ajustamento ou desajustamento entre o ato de fala, por um lado, e os três mundos com que o ator contrai relações com suas manifestações, por outro" (1987: 144). As relações estabelecidas pelo ator são relações entre as suas manifestações simbólicas e os mundos objetivo, social e subjetivo, assim definidos numa perspectiva pragmática:

a) mundo objetivo – conjunto de todas as entidades sobre as quais são passíveis enunciados verdadeiros;

b) mundo social – conjunto de todas as relações interpessoais legitimamente reguladas;

c) mundo subjetivo – totalidade das vivências a que aquele que fala tem acesso privilegiado.

Antes de encerrar esta explanação, é preciso registrar aqui uma advertência de Habermas sobre um ponto cuja eventual incompreensão bloqueia o entendimento do que vem a ser mais relevante no que foi dito: segundo as suas próprias palavras, "o modelo comunicativo de ação não equipara ação e comunicação... (pois) a estrutura teleológica é fundamental para todos os conceitos de ação" (1987: 146). Se este é o caso, então o que efetivamente define a diferença entre eles? Ora, na medida em que todos os atores perseguem fins e fazem planos para alcançá-los, apenas podem ser diferençados pela especificidade dos fins e de como eles se articulam socialmente, é claro: "os conceitos de ação social se distinguem pela forma como se dá a coordenação das ações teleológicas dos diversos participantes na interação: como engrenagem de cálculos egocêntricos de utilidade, como um acordo sobre valores e normas regulado pela tradição e pela socialização, que assegura integração social, como relação consensual entre um público e alguns intérpretes, ou, e este é o caso da ação comunicativa, como entendimento no sentido de um processo cooperativo de interpretação" (1987: 146)

Referências bibliográficas

HABERMAS, Jürgen. *Teoría de la acción comunicativa – Tomo I.* Madrid: Taurus, 1987.

————. Jürgen. *Pensamento Pós-Metafísico.* Rio de Janeiro: Tempo Brasileiro, 1990.

5

A epistemologia de Michael Polanyi

Cláudio Saiani

Uma nova epistemologia

Michael Polanyi nasceu na Hungria, em 1891. Era apaixonado pela Química, mas temendo não ser aceito na Universidade pelo fato de ser judeu, acabou por formar-se em Medicina, tendo servido como médico no exército austro-húngaro durante a I Guerra Mundial. Enquanto isso, estudava Físico-Química. Em 1916, internado em um hospital, terminou um trabalho nessa disciplina, que apresentou como tese de doutorado na Universidade de Budapeste, tendo sido aprovado. Em 1920, mudou-se para Berlim, onde trabalhou no Instituto de Física e Química Elétrica. Foram anos de pesquisa e descoberta, anos nos quais se associou a nomes como Schrödinger, Planck e Einstein. Em 1933, contudo, renunciou a seu cargo, em protesto pela demissão de professores judeus (Hitler estava assumindo o poder). Aceitou a cátedra de Físico-Química na Universidade de Manchester, mudando-se para a Inglaterra com esposa e dois filhos. Polanyi trabalhou nesse ramo por treze anos, tendo estabelecido uma sólida reputação, tornando-se um cientista plenamente reconhecido. Seu último trabalho científico data de 1949, mas desde 1935 vinha publicando sobre temas como Economia e Filosofia. Em 1946 publica uma série de palestras denominada *Science, Faith and Society* (Ciência, Fé e Sociedade), após o que a Universidade de Manchester criou para ele uma nova cátedra, sem a obrigatoriedade de dar aulas. As conferências proferidas nas *Gifford Lectures* (1951-2) tornaram-se sua obra magna, *Personal Knowledge* (Conhecimento Pessoal), publicada em 1958.

Polanyi propõe-se a construir uma nova epistemologia por entender que o ideal de objetividade absoluta herdada da Revolução Científica do século XVIII contribuía, juntamente com o que chamava de legado messiânico do Cristianismo, para fornecer um terreno fértil ao florescimento de totalitarismos. Intrigava-o sobremaneira o fato de que os intelectuais, seduzidos pelo Marxismo, pareciam não perceber que a centralização da economia traria consigo a centralização da própria cultura.

Admitindo sua impotência quanto ao legado do Cristianismo, Polanyi volta-se contra os ideais da Revolução Científica, procurando fundar uma epistemologia que não estivesse por eles "contaminada". Tais ideais, segundo Prosch (1986), consistiam de:

(I)   rejeição de toda autoridade;
(II)   existência de estados objetivos ("algo independen te de nossa mente, que cabe a nós conhecer");
(III)   o observador mantém uma postura distanciada, não participativa;
(IV)   o árbitro final de uma teoria é um experimento crucial (algo, portanto, distante do observador).

Ora, o ideal de objetividade científica acarreta a necessidade de só aceitar o que pode ser provado. Como nenhuma doutrina moral é demonstrável, qualquer uma delas pode ser abraçada, gerando o niilismo que Polanyi identificava nas primeiras décadas do século XX. Mas não basta que o indivíduo se confesse amoral para que passe a sê-lo. Polanyi achava que, nesse caso, a paixão moral passava a atuar de modo tácito, sub-reptício. Esse processo, que ele denominava "inversão moral" achava-se presente no marxismo, extremamente atraente à *inteligentsia* no primeiro pós-guerra. Inversão moral, ideal messiânico, fanatismo: eis as raízes dos totalitarismos, conforme Polanyi.

Como se poderia, então, construir um epistemologia independente da objetividade científica, de tão nefastas conseqüências? Polanyi decide encetar tal tarefa baseado no que ele mesmo pode observar, sem fundamentação na tradição ocidental. Baseia-se, dessa forma, na psicologia da *Gestalt*: não percebemos os objetos por inferência de suas partes já conhecidas. Utilizando a visão como exemplo: vemos objetos completos, mesmo na ausência de suas partes. Reconhecemos objetos em movimento, com todas as modificações na imagem que tal movimento acarreta. Na percepção executamos uma ação, criamos uma integração tácita de sensações num objeto percebido, a qual lhes confere um significado que elas não possuíam anteriormente.

Assim sendo, deve haver um mecanismo perceptivo que permite ao sujeito captar um objeto de seu campo visual e retê-lo como uma totalidade integrada mesmo quando suas qualidades sensoriais mudam. Por outro lado, não é necessário que ele esteja ciente de todos os indícios que integra: eles operam de modo tácito. Somos incapazes de controlá-los, ou mesmo de senti-los.

Com efeito, no ato visual, quando focalizamos um objeto ocorrem dois tipos de indícios:

– subliminares, eventos corporais que não podemos perceber diretamente;

– marginais, que podem ser percebidos se assim o quisermos, mas que não são focalizados diretamente quando vemos um objeto. Também são considerados marginais os indícios que são influenciados pelo que nos acostumamos a ver no passado. A própria integração de indícios que já ocorreram no passado – significados previamente atingidos – funciona como parte dos indícios subsidiários, formando o fundo para a integração de novos indícios.

Vemos assim que os mecanismos fisiológicos de percepção sensorial são **teleologicamente orientados** para uma coerência intelectual. Eventos corporais dos quais não podemos tomar consciência focalmente por meio da introspecção são utilizados de modo subsidiário na estruturação de um objeto integrado na percepção focal. Portanto, quando vemos um objeto contra um fundo executamos um ato mental, em termo do qual o todo funciona de modo subsidiário. Alguns dos indícios que utilizamos na percepção não são notados, e não podem sê-lo. No entanto, uma vez que participam, de modo subsidiário, na estruturação de um objeto integrado, podemos dizer que "sabemos mais do que podemos relatar"[1].

Os termos do conhecimento tácito

Tomando emprestados termos da anatomia, Polanyi postula que o conhecimento tem duas componentes, ou termos: proximal (subsidiário) e distal (focal). A relação entre eles é funcional. Podemos ver como operam no modo como reconhecemos um rosto, confiando em diversas características (cor dos olhos, formato do nariz etc.). No entanto, o que queremos perceber (distal), o que focalizamos, é o rosto, e não as características, percebidas de modo subsidiário (proximal). O mesmo se pode dizer das pinceladas (proximal) que constroem um quadro (focal). Além de funcional, a relação entre os dois termos é semântica, uma vez que o distal é que confere significado ao proximal. Dessa forma, podemos dizer que a percepção é sempre significativa. O que é integrado num ato

---

[1] We know more than we can tell.

perceptivo são certos particulares que fazem sentido inteligente numa forma ou padrão abrangente, sendo assim também significantes por serem importantes para uma inteligência. Assim, o significado não é uma mera equilibração de forças que possa ocorrer numa máquina. É algo que pode ser captado, ou criado, ou visto por uma mente. Polanyi também denomina esse conhecimento **de-para**[2], uma vez que sua estrutura funcional incorpora um "de" subsidiário e um "para" (ou "em") focal. A relação de um pormenor subsidiário para um foco é determinada pelo **ato de uma pessoa** que integra um ao outro. Podemos comparar a situação a uma tríade, cujos componentes são a pessoa que conhece, o foco e os pormenores subsidiários. A relação de-para, bem como a tríade, desaparece quando o conhecedor muda seu foco de atenção para os indícios subsidiários. A esse respeito, Polanyi e Prosch (1977) assinalam que *...qualquer coisa servindo como subsidiária deixa de fazê-lo quando a ela é dirigida atenção focal. Ela se torna outra coisa, desprovida do significado que tinha enquanto funcionava como subsidiária. Assim, os subsidiários são, por essa razão, e não por não podermos encontrá-los, essencialmente não especificáveis. Podemos então distinguir dois tipos de não especificabilidade dos subsidiários. Um tipo é devido à dificuldade em reconstituir os subsidiários, uma dificuldade comum mas não universal; o outro tipo se deve a um senso de privação que é logicamente necessário e, em princípio, absoluto* (p. 39).

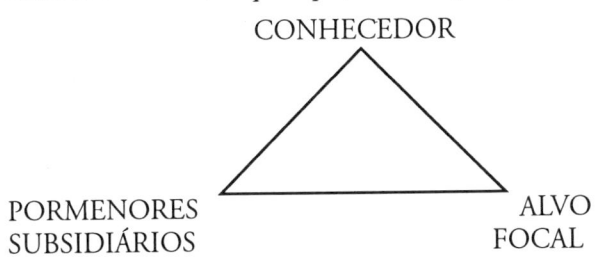

CONHECEDOR

PORMENORES
SUBSIDIÁRIOS

ALVO
FOCAL

---

[2] From-to.

Podemos, então, identificar o conhecimento tácito com **a apreensão da entidade abrangente constituída pelo termo proximal e pelo distal** (Polanyi, 1983, p.13). Exemplificando mais uma vez com a face humana: ela não existe sem suas características que, por sua vez, perdem o significado fora do contexto da face. Na verdade, se focalizarmos os particulares, perderemos o todo. Devemos "habitar" esses particulares para que a percepção se verifique. Polanyi utiliza o termo *indwell* (habitar em) para indicar a forma como percebemos o significado conjunto dos dois termos na percepção de um objeto através de suas características particulares, sem que elas sejam objeto de nossa atenção de uma maneira focal. Nessa acepção, um cego habita sua bengala quando parece sentir de modo focal o que está em sua ponta, e não em seu cabo. Da mesma forma, habitamos uma sonda para determinar a posição e o tamanho de um objeto situado em uma cavidade, bem como as ferramentas intelectuais oferecidas por um referencial interpretativo, particularmente um livro-texto de ciência. Na verdade, nossos mecanismos perceptivos e as experiências contidas em nossa história pessoal influenciam-se mutuamente, sendo que a posição final *só pode ter um caráter pessoal, e não um que seja intersubjetivamente (ou objetivamente) correto* (Prosch, 1986, p. 75). Com efeito, para Polanyi, o caráter pessoal do conhecimento impossibilita a posição olímpica do cientista, que observa os fenômenos de modo imparcial e objetivo, o que nos leva à sua posição em relação à ciência, e ao papel da participação pessoal do cientista. Na verdade, a atividade do cientista pode ser vista como uma generalização do que ocorre com os processos perceptivos. Sempre que um cientista estrutura um todo a partir de suas partes ocorrem processos inefáveis, que não podem ser explicitados.

Polanyi tira exemplos de sua prática médica: anatomicamente, podemos evidenciar uma região e seus órgãos, removendo as partes que o cercam, mas isso só revela um aspecto da região. Nada pode ser feito sem o uso da imaginação que reconstrói a área como existia no corpo e explora suas conexões com outras áreas (Polanyi, 1983, p. 12). Num cirurgião experiente, portanto, ela funciona como um "conhecimento tácito", no sentido acima descrito.

Por outro lado, uma operação tão comezinha como classificar uma espécie não pode ser realizada sem um conhecimento tácito: podemos reconhecer um gato, um homem ou uma rosa, mas é impossível estabelecer regras para classificar um espécime, para saber que, apesar de inúmeras diferenças individuais, ele merece ser colocado num tipo, e não em outro. Prosch comenta que *de acordo com Polanyi, a concepção de uma classe real é construída mediante a integração de instâncias tacitamente conhecidas dessa classe, e continua a ser construída e modificada ao notarmos essas instâncias* (Prosch, p. 83) . Dessa forma, identificar os membros de uma espécie e reconhecer a espécie (o indivíduo e a categoria a que pertence) são entendidos por Polanyi como atos tácitos, afetando-se reciprocamente enquanto a experiência se desenrola. No entanto, não há como normatizá-los por meio de máximas e regras, que prescindam de uma apreciação pessoal. Polanyi é enfático: "*O conhecimento de traços característicos é valiosíssimo como máxima para a identificação de espécimes, mas como todas as máximas só é útil para aquele que possui a arte de aplicá-la*" (Polanyi, 1998, p. 351). Não podendo ser explicitada por regras e máximas, a classificação taxonômica é um ato de conhecimento tácito: *Nessa identificação todos os indícios provenientes de uma certa instância, quando habitados por uma pessoa, são por ela integrados num significado focal, no qual todas as instâncias por ela conhecidas se tornam integradas, uma vez habitadas por ela como indícios subsidiários na formação de um conceito focal de classe.* (Prosch, p. 84)

Se o conhecimento tácito funciona dessa forma numa ciência como a Biologia, poderia ser argumentado que o mesmo não ocorre em ciências que dependem altamente de medidas, como a Física e a Química. Tais medidas, contudo, dependem de instrumentos, e o emprego de instrumentos é uma habilidade adquirida tacitamente. Prosch comenta que tal habilidade *é também o produto de habilidades não especificáveis, e não é a "informação" objetiva e desprendida que geralmente se pensa.* Polanyi chama a atenção para o fato de os estudantes de ciências deverem aprender como usar os instrumentos científicos. A simples destreza em lê-los "corretamente" requer *muita prática supervisionada e, quando aprendida, não pode ser simplesmente repassada a outros. Nesse sentido, o uso de instrumentos científicos puramente quantitativos é também uma habilidade – em alguns aspectos, chega a ser uma arte para 'connoisseurs'.* (Prosch, p. 89)

Além da destreza exigida na leitura de instrumentos, devemos considerar que as medições ditas "exatas" só fazem sentido no contexto de uma teoria, e de noções gerais acerca da natureza das coisas. Pois bem. A teoria e a maneira de ver as coisas acabam funcionando como indícios subsidiários, habitados pelos cientistas ao fazer uso dos resultados. Polanyi cita uma observação de Einstein a Heisenberg : *O fato de poder observar ou não alguma coisa depende da teoria que se usa. É a teoria que decide o que pode ser observado* (apud Prosch, p.89).

Dessa forma, Polanyi generaliza para a ciência o que já afirmara para a percepção:

Resumindo: a ciência é o resultado de uma integração semelhante à da percepção comum. Ela estabelece coerências até então desconhecidas na natureza. Nosso reconhecimento dessas coerências é largamente baseado, assim como a percepção, em indícios dos quais não estamos focalmente conscientes sendo, na verdade, raramente identificáveis. As concepções correntes da ciência sobre a natureza das coisas sempre afetam nosso reconhecimento da coerência na natureza. Da visualização de um problema à decisão última sobre que dúvidas rejeitar, sempre temos em mente fatores de plausibilidade. É isso o que significa dizer que, estritamente falando, qualquer ciência natural é uma expressão de julgamento pessoal." (apud Prosch, 1986, p. 90). Assim, certos aspectos do conhecimento científico podem ser reduzidos a *"integrações focais de indícios subsidiários habitados[3]"*, não muito diferentes daquelas que ocorrem na percepção e em performances que requerem destreza, como nadar ou andar de bicicleta: *De fato, o que o cientista adquire, de acordo com Polanyi, é um tipo muito sofisticado de percepção que utiliza – habita – muitos indícios subsidiários. Estes baseiam-se na visão geral em voga acerca da natureza das coisas, aceita implícita ou explicitamente pela comunidade de pesquisadores à qual pertence o particular cientista, bem como em suas teorias específicas, instrumentos especiais e habilidades tácitas* (Prosch, p. 93).

O papel da descoberta

Do que já foi dito até aqui, podemos suspeitar que Polanyi se preocupa principalmente com o particular ser humano empenhado na peculiar atividade de fazer ciência, no que poderíamos chamar de "psicologia do cientista", embora Polanyi talvez não concordasse com essa classificação, já que via a "negociação" entre conhecimento tácito e explícito como inerente à própria lógica da descoberta.

É aqui que ele claramente se separa da corrente predominante em filosofia da ciência, uma corrente que, segundo Prosch (p. 94), começa com Bacon e Hume, passa por Stuart Mill e continua, no século XX, com os filósofos da ciência "obcecados pela lógica". Não podemos dizer que Polanyi tenha procurado "regras lógicas" para os processos criativos, mas certamente aquilo que foi desprezado por Popper é precisamente o que mais o preocupa, o que ele

---

[3] Dwelt in

considera o verdadeiro centro de uma filosofia da ciência. Para ele, os grandes cientistas sempre buscaram descobrir novos aspectos da realidade, e não simplesmente correlações lógicas mais elegantes entre os dados fenomênicos. A obssessão pela verificação e falseabilidade não aparece na epistemologia de Polanyi, mais preocupado em investigar a origem das hipóteses. É claro que as regras de verificação e refutação existem, mas Polanyi era de opinião que elas não eram grande coisa em que se confiar, já que *as hipóteses (particularmente as criadas por bons cientistas) provaram estar no caminho certo com muita freqüência para serem o resultado de mera tentativa e erro, ou de fatores não heuristicamente orientados* ... (Prosch, p. 94)

Para Polanyi, os cientistas sempre procuraram pela descoberta. Ele dá o exemplo de Copernico, que:

*... não estava tentando encontrar uma forma logicamente mais simples de descrever os fenômenos apresentados pelos céus. Sua teoria, na verdade, não era melhor do que a de Ptolomeu para descrever os fenômenos, nem mesmo os mais simples. Por todo um século depois de sua morte não foram encontradas diferenças entre as duas teorias, em termos de credibilidade. Copérnico entendia que sua descoberta acarretava uma nova e mais verdadeira visão da **realidade**. Ele e seus seguidores rejeitaram continuamente a noção de que suas teorias eram somente novos dispositivos matemáticos para calcular as posições aparentes dos corpos celestes. Eles entendiam suas teorias como descrições reais de corpos reais* (Prosch, p. 95).

O que foi dito acima sobre Copérnico pode ser estendido para Kepler, Newton, Heisenberg, Einstein. Todos procuraram descobrir aspectos ocultos da realidade, e "não simplesmente correlações lógicas mais elegantes acerca dos dados fenomênicos" (idem). Para Polanyi, o principal requisito de um bom cientista é a capacidade de descobrir bons problemas, que não estejam além de sua capacidade para resolvê-los, entendendo-se "bons problemas" por problemas que levem a grandes e originais descobertas.

Ora, aqui parece residir um paradoxo, já apontado por Platão (Prosch, p. 96). Com efeito, procurar pela solução de um problema constituiria um absurdo: se sabemos o que buscar, então não há problema algum. Por outro lado, se não sabemos o que estamos procurando, então não há como saber se encontramos o que buscávamos. Apesar dessa aparente contradição, presente na habilidade de ver um problema, a humanidade tem visualizado e resolvido problemas. Na verdade, não se trata de afirmar que conhecer um problema é impossível, mas que *se todo conhecimento fosse explícito, isto é, capaz de ser claramente enunciado, então não podemos conhecer um problema ou buscar sua solução* (apud Prosch, p. 96). Portanto, o conhecimento de um problema deve ser uma forma de conhecimento tácito, a exemplo do conhecimento de uma face ou uma categoria numa classificação. Ao vislumbrar um problema, o cientista tem uma espécie de "apreensão antecipatória", uma antecipação de sua riqueza ainda oculta, da mesma forma que um artista prefigura um tema. E, então, Polanyi afirma, ele estabelece um **compromisso**[4] com sua visão. Trata-se de um compromisso proveniente de um ato de conhecimento tácito, isto é, *de uma visão projetada, adquirida mediante o ato de habitar os indícios subsidiários (alguns dos quais explicitamente desconhecidos ou mesmo inalcançáveis)* (Prosch, p. 97). Essa visão é pessoal, por *envolver a convicção profunda e toda a personalidade da pessoa que a detém (idem)*, mas também possui o que Polanyi chama de "intenção universal": O cientista acredita que qualquer um que possua o mesmo equipamento, olhando na mesma direção, deve ver aquilo que ele vê. Essa intenção é uma decorrência de nossa crença em uma visão que acreditamos ter estabelecido

---

[4] *Commitment.*

contato com a realidade. Não há garantia, é claro, de que alguém veja aquilo que vemos, mas não existem regras que assegurem, explicitamente, que fizemos contato com a realidade: *nossa convicção de que esse contato ocorreu é fiduciária, assim como o são as convicções de outras pessoas procurando avaliar nossa visão* (Prosch, p.97). É importante ressaltar que essa intenção genuinamente universal é que faz com que qualquer convicção que tenhamos em relação a um contato com a realidade, sendo sustentada com responsabilidade e honestidade, possa ser chamada de **conhecimento**, *pois aquilo que sustentamos com a intenção universal de que seja verdadeiro, sustentamos que seja conhecimento* (-Prosch, p. 98).

Dessa forma, o conhecimento é sempre pessoal. Não existe conhecimento puramente objetivo, já que nada que não possa ser acreditado por alguém como conhecimento pode ser chamado de conhecimento: *os fatos não se nos apresentam, não forçam sua presença. Aquilo que denominamos "fatos" sempre envolve nosso julgamento (com algum grau de risco) de que alguma coisa é um fato. O que é reconhecido como um fato é, evidentemente, algo em que devemos acreditar. Mas um tal reconhecimento só é possível por que nós, primeiro, acreditamos* (Prosch, p. 98).

Por outro lado, não podemos confundir "conhecimento pessoal" com "conhecimento subjetivo". Esse último diz respeito somente à pessoa envolvida, não possuindo intenção de universalidade. De fato, quando digo que aprecio frutos do mar não pretendo com isso estabelecer um enunciado sobre as qualidades intrínsecas desses seres, passíveis de serem verificadas por quem quer que seja, uma vez que a verificação daquilo que os torna tão agradáveis ao meu equipamento sensório exigiria que o eventual verificador possuísse o mesmo equipamento que eu. Mais especificamente, o que distingue o conhecimento pessoal do subjetivo é o compromisso, *uma escolha pessoal procurando, e finalmente aceitando, alguma coisa que se acredita (tanto a pessoa que se compromete quanto o autor que descreve o compromisso) ser dada impessoalmente, enquanto o subjetivo é totalmente da natureza de uma condição à qual a pessoa em questão está sujeita* (Polanyi, 1998, p. 302). O conhecimento pessoal, portanto, não é objetivo nem subjetivo: *Na medida em que o pessoal se submete a requisitos por ele reconhecidos como independentes de si mesmo, ele não é subjetivo nem objetivo. Ele transcende a disjunção entre subjetivo e objetivo* (idem, p. 300).

A comparação que Polanyi faz entre "pessoal" e "subjetivo" sublinha o fato de que a ciência, ao fim e ao cabo, é feita por um ser humano que se compromete com uma visão da realidade, na qual suspeita existirem riquezas ocultas. Ele aponta – uma vez que se preocupa com o ser humano que faz ciência – as possíveis fontes de energia para o impulso de sua imaginação criativa: a beleza de uma descoberta prefigurada, a emoção da conquista solitária, a ambição do sucesso profissional. São motivações humanas, devemos concordar, assim como é humano o apaixonado compromisso do cientista com suas conjecturas.

Intuição e imaginação

Na construção e aperfeiçoamento de uma teoria – que o cientista procura sempre demonstrar, e não negar – é fundamental o papel da intuição, entendida por Polanyi como *uma certa habilidade para adivinhar, com razoável possibilidade de acerto, guiada por uma sensibilidade inata para a coerência.* Se a intuição enxerga possibilidades, a imaginação procura preencher as lacunas entre intenção e performance. O reconhecimento da validez do resultado final cabe, novamente, à intuição. É essa interação entre intuição e imaginação a responsável pelo processo de descoberta. Mais especificamente, Polanyi afirma que *as conjecturas de um*

*cientista em ação nascem da imaginação em busca da desco-
berta* (Polanyi, 1983, p.79).

É importante destacar como funcionam essas duas
faculdades, que Polanyi via como capacidades naturais do
ser humano, operando *no contexto da atenção* [5] *focal e subsidiária* (Prosch, p. 98). A intuição é um processo espontâneo, fora de nosso controle consciente. É ela que *pressente os
recursos ocultos para resolver um problema e lança a imaginação em seu encalço. A intuição também forma nossas conjecturas e finalmente seleciona, do material mobilizado pela imaginação, as evidências relevantes, integrando-as então em
soluções* (Prosch, p. 101). De uma certa forma, a intuição,
conforme a vê Polanyi, esclarece o "paradoxo do problema"
(recordando: se sabemos o que buscar, então não há problema algum; se não sabemos o que estamos procurando, então
não há como saber se encontramos o que buscávamos). Para
ilustrar seu funcionamento, Polanyi utiliza uma analogia
com a Mecânica, na qual falamos de energia potencial quando um corpo desliza por um plano inclinado. Da mesma
forma, para ele a intuição é capaz de se guiar por um potencial de "aprofundamento da coerência". Assim, é possível
buscar a descoberta científica sem saber explicitamente o
que procurar, já que o ponto de partida, as mudanças de
rumo e o ponto de chegada, *onde finalmente devemos parar e
reclamar uma descoberta* (Prosch, p.102), são ditados pelo
gradiente de aprofundamento da coerência.

Embora fundamental para a descoberta científica, a
intuição não faz o trabalho sozinha. Sendo espontânea e
fora de nosso controle consciente, ela necessita da ajuda da
imaginação, que é o uso consciente e deliberado de nossa
mente para preencher as lacunas entre nossa intenção e
nosso desempenho. Sobre a imaginação, Prosch comenta:
(Polanyi) disse que ela se lança adiante a cada etapa de uma

---

[5] *awareness*

investigação, guiada por um senso de recursos potenciais. Ela "bate" seu caminho mobilizando esses recursos, ocasionalmente consolidando-os em conjecturas específicas. Essas conjecturas, então, estabelecem tentativas de preencher a forma até então vazia do problema (Prosch, p.99).

Toda descoberta é feita em duas etapas ou, no dizer de Polanyi, em dois movimentos *um deliberado, e o outro espontâneo – o movimento espontâneo sendo evocado em nós pela ação de nosso esforço deliberado. O deliberado é o ato focal da imaginação, enquanto a resposta espontânea a ele, que faz a descoberta, pertence à mesma classe de coordenação espontânea de músculos respondendo a nossa intenção de levantar nosso braço, ou à coordenação espontânea de indícios visuais em resposta a nosso ato de olhar para alguma coisa. Esse ato espontâneo de descoberta merece ser reconhecido preeminentemente como a intuição criativ* (apud Prosch, p. 103)

Vemos assim que Polanyi vê a descoberta científica como outra instância de interação entre o focal e o subsidiário, entre o tácito e o explícito. Não é pequeno o papel desempenhado pela dimensão tácita, representada pela intuição, sobre a qual vale a pena tecer alguns comentários. Inicialmente, não falamos aqui de alguma capacidade mística ou de *um conhecimento supremo imediato, à la Leibniz ou Spinoza ou Husserl* (Prosch, p. 102), mas de uma habilidade presente em todo ser humano. É ela que fornece indícios subsidiários para que a imaginação possa focalizar-se em um ponto a ser atingido, para que não tenhamos um fantasiar ocioso. Finalmente, é a intuição que nos diz quando parar, quando o resultado alcançado é válido (o que freqüentemente nos surpreende e nos faz emitir um "Aha!" triunfal ...). Tal ponto final é, digamos, apenas provisório, pois já a imaginação recomeça o trabalho, *apontando para as inexauríveis futuras manifestações desses resultados. Começa então um novo ciclo de problemas e descobertas* (Prosch, p. 103).

A interação entre imaginação e intuição, levando-nos sempre a "imaginar mais adiante", é que leva às revoluções científicas, que ocorrem não porque os cientistas adotem deliberadamente um novo modelo (um novo paradigma, na visão de Kuhn), mas por chegar às últimas conseqüências de uma teoria aceita, acreditando nelas *mais concreta e literalmente do que ninguém mais* (Prosch, p. 104). Polanyi nega que seja necessário supor que se possa mudar deliberadamente um paradigma, uma vez que a intuição atua de modo subsidiário, e *nem os indícios que utiliza, nem os princípios pelos quais ela os integra são plenamente identificáveis* (Prosch, p. 104). Seja como for, Polanyi recusa-se a reconhecer uma ciência desencarnada. O embate entre intuição e imaginação se dá num indivíduo concreto, num cientista. Os saltos da imaginação não são hipóteses bem definidas", que ele tratará de uma forma metódica, neutra e crítica. O cientista *acredita neles, e eles absorvem toda sua energia. São palpites que com freqüência estreitam o programa original* (Prosch, p. 99). O que Polanyi enfatiza incansavelmente é que não existe o cientista distante, frio e objetivo, que dispõe alegremente de sua teoria quando ocorre algum fracasso, como se sua atividade não passasse de um frívolo jogo de salão. Um cientista tenta provar sua teoria, não contestá-la. O esforço que o leva a cada conjectura o envolve totalmente como pessoa, sendo o depósito de todas as suas esperanças. Cada um de seus passos é definitivo, na medida em que consome recursos, tempo, esforços, com implicações para sua vida profissional e, em última análise, ditando seu sucesso ou fracasso.

Referências bibliográficas

POLANYI, Michael

_____. The Tacit Dimension. Gloucester, Peter Smith, 1983/1966

_____. Personal Knowledge: Towards a Post-critical Philosophy. Chicago, The University of Chicago Press, 1998/1958.

POLANYI, Michael e PROSCH, Harry. Meaning. The University of Chicago Press, 1977/1975.

PROSCH, Harry. Michael Polanyi: a Critical Exposition. State University of New York Press, 1986.

SCOTT, Drusilla. Everyman Revived: the Common Sense of Michael Polanyi. William B. Eerdmans. Cambridge, UK. 1995/1985.

6

Cassirer: a filosofia das formas simbólicas [1]

Vladimir Fernandes

Ponto de partida: a "revolução copernicana" de Kant

Para se compreender os problemas tratados na "Filosofia das formas simbólicas" de Ernst Cassirer deve-se iniciar pela chamada "revolução copernicana" realizada por Immanuel Kant. Por "revolução copernicana" deve-se entender a transformação realizada por Kant na epistemologia, semelhante à transformação realizada por Nicolau Copérnico na concepção do universo. A teoria proposta por Copérnico no século XVI provoca uma verdadeira revolução no modelo tradicional geocêntrico aceito até então. Na teoria heliocêntrica de Copérnico, a Terra perde seu lugar privilegiado na hierarquia do sistema e o Sol passa a ocupar o seu lugar. Kant autodenominou o que realizou um tipo de "revolução

---

[1] Este texto é um resumo do capítulo 1 da dissertação de Mestrado em Filosofia – *Ernst Cassirer: o mito político como técnica de poder no nazismo* – defendida na PUC SP em 2000, sob orientação do Prof. Dr. Mário Ariel Gonzáles Porta.

copernicana" no campo epistemológico. O problema sobre a origem do conhecimento era respondido até o século XVIII por duas principais teorias: a do racionalismo e a do empirismo. Os racionalistas, de um modo geral, priorizam a razão no processo do conhecimento e aceitam a existência de idéias inatas, independentes da experiência. Já os empiristas, de um modo geral, enfatizam o papel da experiência sensível para aquisição do conhecimento. O conhecimento depende e resulta da soma e associação das sensações exteriores na percepção, ou seja, o sujeito na aquisição do conhecimento tem uma relação passiva com o mundo. Porém, segundo Kant, as investigações sobre o conhecimento não devem partir dos objetos do conhecimento, mas sim da própria razão que produz o conhecimento. Assim como Copérnico colocou o Sol no centro do sistema, Kant coloca a razão no centro das investigações, para que primeiramente fosse examinado como se processa e se fundamenta o conhecimento e o que é possível conhecer.

Kant irá concluir nos seus estudos que não são os sujeitos que se conformam aos objetos, mas sim que são os objetos que se conformam às faculdades do sujeito. Para ele, a razão é uma estrutura a priori, isto é, anterior à experiência e independente dela. Já os seus conteúdos são empíricos, isto é, dependem da experiência. Nossa percepção do mundo ocorre no espaço tempo, e estas são categorias a priori. Essas duas formas existem em nossa consciência antes de qualquer experiência. O mundo é percebido segundo as características da razão humana. Por isso sabemos como o mundo se "mostra para nós" (fenômenos), mas não somos capazes de conhecer a "coisa em si" (noumeno). Portanto, conhecimento para Kant é o conhecimento dos fenômenos. E só na ciência (mecânica newtoniana) é possível conhecimento universal e necessário. Para Kant a objetividade da ciência encontra-se na possibilidade de fundar leis. E as leis científicas são possíveis graças às relações causais que existem entre os fenômenos.

A ampliação da "revolução copernicana"

No segundo volume de sua *Filosofia das Formas Simbólicas*, Cassirer afirma ter realizado em sua filosofia uma ampliação da inversão kantiana. "A 'filosofia das formas simbólicas' adota esta idéia crítica fundamental, este princípio em que se apóia a 'inversão copernicana' de Kant, a fim de ampliá-lo" (1925a, p.51)[2]. Cassirer concorda com a "revolução copernicana" de Kant, mas vê nela um limite: restringir a esfera do conhecimento ao físico-matemático.

Se para Kant a ciência era concebida como um conhecimento universal e necessário, a esfera da objetividade por excelência, em Cassirer a ciência passa a ser compreendida como um conhecimento simbólico, uma "construção" simbólica em meio a outras. Nessa perspectiva, perde seu caráter universal e necessário e se coloca no mesmo patamar de outros conhecimentos simbólicos, de outras formas simbólicas.

A epistemologia kantiana é diferente da cassireriana porque a situação da ciência também é diferente. Enquanto em Kant sua epistemologia tem sua reflexão orientada na mecânica newtoniana, considerada como modelo de ciência, em Cassirer sua epistemologia tem sua reflexão orientada na teoria do eletromagnetismo de Maxwell. Foi a impossibilidade de dar uma interpretação mecânica às teorias de Maxwell, na segunda metade do século XIX, que marca o fim da hegemonia da mecânica como teoria científica. Com a superação do mecanicismo supera-se a condição de intuitividade das teorias científicas, ou seja, as teorias científicas não têm mais uma correspondência imediata com a realidade sensível. Por exemplo, conceitos como átomo, massa, força etc., não existem

---

[2] Na verdade, segundo González Porta, o que a *Filosofia das Formas Simbólicas* de Cassirer realiza não é propriamente uma ampliação de Kant, mas sim ambos estão diante de problemas diferentes colocados pela ciência e suas respostas também apontam soluções distintas.

de fato na realidade, mas são construções conceituais que visam interpretar o real. Para Cassirer, isso significa que objetividade não pode mais ser identificada com o conceito de substância, com um ser sensível existente, mas sim como uma forma de construir, de interpretar o mundo simbolicamente, ou seja, como uma função simbólica.

Assim, se a ciência é uma construção simbólica, tal característica não é exclusiva da ciência, mas também de outras esferas da produção cultural. Dessa forma, enquanto que Kant só admite a ciência como forma de conhecimento objetivo, Cassirer amplia essa característica para outras formas. Considerando que a "realidade" é uma construção simbólica e que existem várias formas de construir simbolicamente a realidade, daí se segue que existem várias formas de objetividade. O giro copernicano de Kant não exige necessariamente o pluralismo que defende Cassirer, mas o faz certamente possível. Se em Kant o problema fundamental era garantir a validade universal, em Cassirer passa a ser garantir a autonomia universal.[3] Assim, a tese geral de Cassirer é que: 1) existem várias formas de objetivação da "realidade", o que ele chama de "formas simbólicas", e 2) todas elas têm o mesmo grau de validade. O problema da primeira tese é definir o que é uma forma simbólica e quais são elas. O da segunda tese, aparentemente fácil de expor pelas premissas, mas difícil de fundamentar, é explicar como todas as formas simbólicas possuem o mesmo grau de validade.

Dessa forma, diante de uma situação diferente da ciência contemporânea a Cassirer, ele buscará também dar uma resposta diferente ao problema epistemológico. Cassirer irá conceber o conhecimento científico como conhecimento simbólico. Analisemos então quais são os pressupostos dessa concepção.

---

[3] Cf. González Porta. Curso de História da Filosofia II.- PUC.SP. 1o sem. 1998.

As formas simbólicas

Retomando o que foi afirmado, Cassirer defende a tese que não só o conhecimento científico é um conhecimento simbólico, mas todo conhecimento e toda relação do homem com o mundo se dá no âmbito das diversas "formas simbólicas". E o que Cassirer entende como uma "forma simbólica"? Um dos problemas que surgem ao estudar Cassirer é buscar uma definição precisa do que ele entende por formas simbólicas e quais são estas. No seu trabalho *Essência e efeito do conceito de símbolo*, resultado das conferências realizadas em 1921, encontra-se sua definição mais explícita:

> por "*forma simbólica*" há de entender-se aqui toda a energia do espírito em cuja virtude um conteúdo espiritual de significado é vinculado a um signo sensível concreto e lhe é atribuído interiormente. Neste sentido, a linguagem, o mundo mítico-religioso e a arte se nos apresentam como outras tantas formas simbólicas particulares. (1956, p.163)

Para Cassirer, *energia espiritual (Energie des Geistes)* deve ser compreendida como aquilo que o sujeito efetua espontaneamente, ou seja, o sujeito não recebe passivamente as sensações exteriores, mas sim as enlaça com signos sensíveis significativos. Daí que toda relação do ser humano com a "realidade" não é imediata, mas mediata através das várias construções simbólicas. A produção do simbólico, não somente a linguagem, é espontânea, todavia é também condição imprescindível para captação do sensível. Segundo Cassirer, esses signos ou imagens não devem ser vistos como um obstáculo, mas sim como a condição que possibilita a relação do homem com o mundo, do espiritual com o sensível. Através de signos e imagens pode-se "fixar" determinados pontos do fluxo temporal das experiências. (1956, p.164)

O ser humano não tem um papel passivo de apenas receber as impressões sensíveis se conformando a elas, mas antes são estas que são conformadas pelas faculdades humanas. Através da capacidade de produzir imagens e signos o homem consegue determinar e fixar o particular na sua consciência, em meio à sucessão de fenômenos que se seguem no tempo. Os conteúdos sensíveis não são apenas recebidos pela consciência, mas antes são engendrados e transformados em conteúdos simbólicos. (1956, p.165)

Segundo Cassirer, o material sensível é o ponto de partida comum das distintas formas simbólicas a partir do qual vão transformar a mera expressão sensível num conteúdo significativo dotado de sentido simbólico. Cada forma simbólica configura os conteúdos sensíveis na sua forma particular e específica. Ao se designar um algo exterior por meio de um signo sonoro se diferencia e se fixa um sentido determinado a um objeto específico. O signo sonoro não é apenas uma expressão da diversidade do exterior, mas sim a própria condição de possibilidade da organização interna das representações. Cassirer afirma explicitamente como formas simbólicas o mito, a linguagem, a religião, a arte e a ciência.[4]

Signo e símbolo

Assim, conforme o que foi exposto, ficam estabelecidos os seguintes pontos: 1) não se tem acesso imediato à "realidade"; 2) a "realidade" é construída simbolicamente por diferentes perspectivas, diferentes formas simbólicas; 3) signos e símbolos são produzidos espontaneamente pelo sujeito na sua captação do sensível. E o que vem a ser um signo e um símbolo? Cassirer também pouco tematizou a

---

[4] O problema de incluir outras formas simbólicas nessa lista demandaria uma longa abordagem que não é o objetivo central deste estudo.

esse respeito, mas pode se dizer que, embora os dois sejam produtos da atividade do sujeito, pertencem a esferas diferentes. Para Cassirer, um signo é uma entidade sensível dotada de significado e que permite um acesso intersubjetivo, como, por exemplo, as palavras. Entidade sensível, porque possui uma existência empírica, enquanto signo sonoro ou escrito. É dotada de significado pois representa algo e permite um acesso intersubjetivo, enquanto convenção comum daquilo que representa, como, por exemplo, a palavra livro. Já um símbolo consiste num dado sensível que possui significado, seja ele signo ou não. Segundo Cassirer, todo dado sensível é carregado de sentido pela percepção que é impregnada simbolicamente. Ou seja, toda percepção do mundo é simbólica, isto é, não existe um dado sensível puro ao qual seja atribuído sentido posterior, mas sim dados sensíveis já concebidos com sentido, como símbolos.[5]

A tese principal de Cassirer é que toda relação do homem com o mundo é mediada por um sistema de signos. Esses sistemas de signos não são necessariamente lingüísticos, podem ser artísticos, matemáticos etc. Mas a linguagem, enquanto sistema de signos, participa também de várias formas simbólicas, como mito, religião, ciência. Dessa tese da mediação sígnica entre o sujeito e o objeto desprendem-se várias outras.[6] Embora o sujeito produza o mundo através da sua espontaneidade, é necessário um sistema de signos para fixar os significados. O idealismo de Cassirer funda a espontaneidade na dependência do signo. O signo é quem possibilita a intuitividade, que permite fixar os significados em meio ao fluxo temporal dos eventos. Assim, o sujeito depende dos signos para significar, para objetivar o mundo. Ordenar o mundo significa

---

[5] Essa tese será analisada no próximo item
[6] Cf. González Porta. Curso de História da Filosofia II.- PUC.SP. 1o sem. 1998.

atribuir-lhe sentido através dos signos. Daí que para pensar o mundo é necessário um sistema de signos, como, por exemplo, os da linguagem. O pensamento então depende da linguagem e, logo, segundo Cassirer, para diferentes estruturas de linguagem correspondem diferentes estruturas de pensamento. Embora a linguagem e o pensamento não sejam a mesma coisa, eles caminham juntos. A linguagem estrutura o que percebemos e o que pensamos. A capacidade de ver coisas diferentes depende da capacidade de fazer distinções lingüísticas. Aquilo que não se pode nomear é como se não existisse. Por exemplo, os habitantes dos pólos distinguem muito mais gradações do branco do que os de outras regiões. Para Cassirer, o signo é a própria condição de possibilidade da organização interna das representações.

Cassirer, no seu *Ensaio sobre o Homem*, busca fundamentar sua tese do homem como *animal symbolicum*, argumentando que é só o ser humano que atinge o estágio de uma linguagem proposicional, enquanto mesmo os animais mais evoluídos atingem apenas uma linguagem emocional e uma *inteligência prática*, susceptíveis de aprender a identificar sinais por reflexos condicionados, o que os coloca muito distante de uma linguagem simbólica.[7]

Para Cassirer, só o ser humano desenvolve por si mesmo uma linguagem e uma inteligência simbólica. Dessa forma, a questão sobre o que é o homem e qual sua diferença mais primária e específica em relação aos outros seres ganha novo enfoque. No *Ensaio sobre o homem*, Cassirer defende que é mais adequado definir o homem como *animal symbolicum* do que como um *animal rationale*, pois esta última definição contempla apenas uma faceta do homem, uma capacidade que não se faz presente em todas

---

[7] Como por exemplo nas experiências de Pavlov (Cassirer, 1944, p.60).

as suas produções, já que não se pode dizer que a linguagem primária, o mito ou a religião sejam puramente racionais. Mas ao defini-lo como um *animal symbolicum* se caracteriza sua diferença fundamental, de ser um produtor de signos e símbolos na sua relação com o mundo (1944, p.50). Pode-se comparar essa definição de Cassirer a duas outras concepções clássicas do homem. Aristóteles definiu o homem como *animal político* e Marx, em *A Ideologia Alemã*, o caracterizou como um *homo faber*, homem construtor de coisas. Na realidade, essas definições não são excludentes, mas estão relacionadas, sendo que a de Cassirer enfatiza uma característica mais primária. O que garante que o ser humano seja racional, construtor de coisas, e político é a sua condição de criar símbolos. O sistema de símbolos e a condição para ordenação do pensamento e da ação, seja essa ação desencadeada pela vontade ou pela necessidade.[8]

Pregnância simbólica e simbólica natural

Segundo Cassirer, o sujeito não tem acesso a um "dado sensível puro", como propõe o sensualismo. O dado sensível sempre é carregado de sentido pela percepção que já é originariamente simbólica. Ou seja, a tese da pregnância simbólica de Cassirer nega a tese do sensualismo que afirma que o dado sensível é um dado fenomenológico puro. Na experiência sensível, por mais elementar que seja, nunca existe um mero dado sensível, mas toda experiência contém sempre um dado sensível com significado. Para Cassirer, os sujeitos não recebem os puros dados sensíveis e os transformam, mas antes os mesmos já aparecem impregnados de sentido; ou seja, o dado sensível surge já fundido com o significado. Sua definição é que

---

[8] Ver à frente item: características da produção simbólica.

> *por "pregnância simbólica" há de entender-se o modo como uma vivência perceptual, isto é, considerada como vivência "sensível" entranha ao mesmo tempo um determinado "significado" não intuitivo que é representado concreta e imediatamente por ela.* (1929a, p.238)

A pregnância simbólica é a condição de possibilidade de toda forma simbólica, pois ela evidencia o caráter simbólico originário da nossa percepção. Isso remete a outra tese de Cassirer que é a simbólica natural, ou seja, que a capacidade da consciência representar simbolicamente é um fenômeno originário próprio da sua essência.

Assim, tem-se que: 1) A capacidade de representar é originária no ser humano; representação simbólica só existe porque existe a capacidade inata de representar, ou seja, a simbólica natural. 2) Desse modo, toda simbólica artificial pressupõe a simbólica natural, pois esta é sua "condição de possibilidade". 3) Toda percepção já é constituída simbolicamente, isto é, através de símbolos, pela pregnância simbólica. 4) Quando se perde a capacidade de representar o mundo simbolicamente se perde também a capacidade de ordená-lo.

Dessa forma, Cassirer fundamenta sua tese e sua crítica ao sensualismo. A percepção não recebe o dado sensível puro, antes o constrói simbolicamente e significativamente. Assim, um mesmo dado sensível pode ser "visto" por perspectivas diferentes. Cassirer, no seu trabalho *Essência e efeito do conceito de símbolo*, dá como exemplo um traçado de linhas que formam um desenho. Este pode ser concebido como uma obra de arte para o pensamento estético, como uma figura mágica para o pensamento mítico, como uma função lógica para a matemática.

Classificação das formas simbólicas

Para Cassirer, em toda forma simbólica há uma relação entre o signo e o significado, mas essa relação não se dá da mesma maneira entre as formas simbólicas, mas sim numa tripla graduação: expressividade, representação e significado. Vejamos cada uma delas. a) A relação de expressividade é típica do mito. Nessa relação, há uma identidade entre o signo e o significado. O signo se confunde com o significado, ambos estão fundidos. Os símbolos não representam a coisa, mas se confundem com ela; o nome, a imagem, toma o lugar e os atributos da própria coisa que designa. Esse fato está na base da experiência mágica com o mundo. b) A relação de representação é característica da linguagem. Há uma separação entre o signo e o significado. O nome está no lugar da coisa de forma convencional e serve para representá-la. c) Já a relação de significado é típica da ciência. Há uma independência entre o signo e o significado. Embora na relação de significado se utilizem signos, estes não permitem uma retradução em termos de elementos sensíveis. Existe uma autonomia do signo em relação ao mundo sensível; os signos se tornam uma espécie de "ficções".

Os três tipos básicos de relação entre o signo e o significado estabelecidos por Cassirer resolvem o problema de se classificar três formas simbólicas que ele aborda explicitamente. A relação de expressividade é típica do mito, a de representação é típica da linguagem e a de significado, da ciência. Já com respeito à religião e à arte, com base nas afirmações de Cassirer, pode-se tentar posicioná-las nessa relação.

Características da produção simbólica

Retomando, em linhas gerais, o percurso desenvolvido até então, Cassirer parte da "revolução copernicana" de

Kant, ou seja, da tese epistemológica que afirma que não são os sujeitos que se conformam aos objetos, mas que são estes que se conformam às faculdades do sujeito. Porém, Cassirer não aceita a limitação da objetividade à esfera da ciência. Argumenta ele que a ciência, enquanto uma produção espontânea do sujeito, é apenas uma forma de objetivação em meio a outras. Assim, para Cassirer, a ciência não é concebida como uma forma de conhecimento privilegiada, que estaria acima de outras, mas sim no mesmo patamar de outras formas de objetivação produzidas pelos sujeitos. A ciência, juntamente com essas outras formas de objetivação, Cassirer denomina como formas simbólicas. Para ficar mais claro, pode-se resumir as principais características de uma forma simbólica como: 1) São construções simbólicas realizadas pelos sujeitos, ou seja, conforme já foi visto, toda relação dos sujeitos com o mundo se dá no âmbito simbólico. Daí que uma forma simbólica é uma construção simbólica espontânea efetuada pelos sujeitos. 2) Têm em comum o fato de serem todas produções simbólicas, isto é, todas possuem uma origem simbólica comum e um modo de significação embasado nos mesmos pressupostos. 3) A diferença reside no fato de cada uma construir sua própria "realidade" de forma específica, ou seja, não existe uma "realidade" que seja interpretada de diferentes formas, mas sim uma "realidade" que é construída de formas diferentes, com diferentes perspectivas e valores. 4) Portanto, são irredutíveis umas às outras, isto é, cada forma simbólica constrói sua própria realidade de modo particular, não se coincidindo e, portanto, não se confundindo uma com outra. 5) São criadoras de totalidade ordenada, ou seja, cada uma cria seu próprio cosmos explicativo para suas interrogações. 6) Cada qual pretende possuir validade universal, isto é, essas totalidades ordenadas não se concebem como uma forma de interpretação em meio a outras, mas sim como a única válida. 7) Das características 3, 4, 5 e 6 resultam as antinomias da cultura. Como cada forma simbólica não se concebe a si mesma como apenas uma forma particular em meio a outras, mas sim almejam uma validade universal, isso leva ao permanente conflito entre as formas simbólicas. Cada uma quer se afirmar como a única verdadeira e para isso deve combater as demais.

Assim, a conclusão geral desse item, até então, é que as diferentes formas simbólicas não convivem de forma harmônica; pelo contrário, já que são visões totalizantes da realidade, cabe a cada uma se intitular como a única verdadeira e para isso deve combater as demais. Mas para Cassirer as formas simbólicas não podem se julgar umas às outras, já que todas, enquanto construção simbólica, têm o mesmo grau de validade.[9] Cassirer também alerta que a reflexão filosófica poderia escapar de uma posição restrita semelhante se conseguisse encontrar uma visão de conjunto que possibilitasse abarcar todas as formas simbólicas nas suas relações imanentes entre si.

Processo da cultura humana

Conforme foi exposto, Cassirer diferencia e define o homem como um *animal simbólico*, um ser que cria signos e símbolos e dessa forma "interpreta" (constrói) a realidade, mesmo que nos estágios mais primitivos não tenha consciência dessa produção, a produção sígnica é a sua condição de possibilidade para captação da realidade. Cassirer denomina as várias "construções ordenadoras do mundo" como formas simbólicas e afirma que todas são iguais em valor, já que entende que todas têm o mesmo grau de objetividade. Não é óbvia essa tese de Cassirer, já que implica que, por exemplo, o mito e a ciência são objetivos na mesma proporção. A resposta para tal questão encontra-se na concepção de

---

[9] Essa questão será analisada no próximo item

objetividade de Cassirer que, diferentemente de Kant, não concebe objetividade como intersubjetividade universal, mas sim como construção da realidade. Nesse sentido, todas as formas simbólicas são objetivas na mesma proporção, já que todas constroem espontaneamente sua realidade.

Krois considera que a idéia de liberação do homem é um elemento básico na *Filosofia das Formas Simbólicas* de Cassirer. Pois o ser humano, enquanto animal simbólico, se liberta da estreiteza de uma existência orgânica e consegue conservar e transmitir os conteúdos da cultura para outras gerações. Mas Krois adverte que a idéia de liberação de Cassirer não deve ser entendida como uma idéia de progresso. Pois esta, tal como entendia o *esclarecimento*, concebia que mediante a utilização dos métodos racionais e científicos aplicados em vários aspectos da vida humana se alcançaria uma melhoria geral, tanto social quanto moral. O que Cassirer enfatiza na sua perspectiva de liberação do homem é a sua atividade, a sua possibilidade de autonomia de ação. A sua *Filosofia das Formas Simbólicas*, embora se encontre no espírito do *esclarecimento*, não defende um princípio de progresso, em que as formas simbólicas se sobreporiam umas às outras e o próprio mito seria superado e eliminado. Não se atinge um estágio de pura organização racional: o que existe é um constante conflito entre as formas simbólicas e, principalmente, entre a concepção mítica e não mítica do mundo. Para Krois, esta concepção se confirma em *O Mito do Estado*, obra em que Cassirer mostra que o mito nunca é eliminado totalmente da vida social, porque o homem não é exclusivamente um ser racional, tem potencial racional, mas é primariamente simbólico. O homem, enquanto *animal simbólico*, está sujeito a várias forças, emocionais, morais, artísticas etc., mas também tem potencialmente a capacidade de interagir com elas. Daí que para Krois a concepção de história de Cassirer assume um caráter heróico, pois o homem não é passivo, ele pode provar sua liberdade."O homem só pode 'testar e provar sua liberdade' empenhando-se em uma constante luta para liberar-se a si mesmo da própria ignorância, barbarismo e medo. A concepção de Cassirer de história é heróica." (1987, p.186)

A liberdade do ser humano pressupõe ele reconhecer-se como criador de seu próprio mundo. À medida que se reconhece como criador é consciente da sua liberdade de agir e da sua responsabilidade; mas acontece que, adverte Cassirer, a liberdade não é simplesmente uma dádiva do céu concedida gratuitamente ou algo que pertença intrinsecamente à natureza humana. A liberdade deve ser conquistada, exercitada e mantida, o que para muitos se torna um fardo e não um privilégio. Esse é um dos problemas do nosso século: a renúncia à própria liberdade em meio à crise do conhecimento.[10]

[10] Essa questão foi analisada no capítulo 3 da referida dissertação de Mestrado (vide nota 1).

Referências bibliográficas

Obras de Ernst Cassirer

1918. *Kant, vida y doctrina.* Trad. Wenceslao Roces. México: Fondo de Cultura Económica, 1993. Capítulo III.

1923. *Filosofia de las Formas Simbólicas I: el lenguaje.* Trad. Armando Morones. México: Fondo de Cultura Económica, 1998.

1925a. *Filosofia de las Formas Simbólicas II: el pensamiento mitico.* Trad. Armando Morones. México: Fondo de Cultura Económica, 1998.

1925b. *Linguagem, mito e religião.* Trad. Rui Reininho. Porto-Portugal: Rés-Editora Lt, [199-].

1929a. *Filosofia de las Formas Simbólicas III: Fenomenología del reconocimiento.* Trad. Armando Morones. México: Fondo de Cultura Económica, 1998.

1929b. "Disputación de Davos entre Ernst Cassirer y Martin Heidegger". In: HEIDDEGER, Martin. *Kant y el problema de la metafisica.* México: Fondo de Cultura Económica, 1996. p. 211 a 226. (obs. 1929: realização do debate).

1932. *La Filosofia de la ilustração.* Trad. Eúgenio Imaz. México: Fondo de Cultura Económica, 1997. Cap. VI.

1942. *Las ciencias de la cultura.* Trad. Wenceslao Roces. México: Fondo de Cultura Económica, 1993.

1944. *An Essay on Man: An introduction to a philosophy of human culture.* New Haven and London: Yale Universiy Press, 1992.

1944. *Ensaio sobre o Homem: introdução a uma filosofia da cultura humana*. Trad. Tomas Rosa Bueno. São Paulo: Martins Fontes, 1994.

1946. *The Myth of the State*. New Haven London: Yale University Press, 1973.

1946. *O Mito do Estado*. Trad. Álvaro Cabral. Rio de Janeiro: Zahar, 1976.

1956. *Esencia y efecto del concepto de símbolo*. México: Fondo de Cultura Económica, 1975.

1979. *Symbol, Myth and Culture: Essays and lectures of Ernst Cassirer 1935 - 1945*. Ed. VERENE, Donald Phillip. New Haven London: Yale University Press, 1979.

1996. *The philosophy of symbolic forms IV: the metaphysics of symbolic forms*. Trad. John M. Krois. Ed. By John M. Krois e Donald P. Verene. New Haven And London: Yale Univ. Press, 1996.

Obras sobre Ernst Cassirer

FERNANDES, Vladimir. *Ernst Cassirer: o mito político como técnica de poder no nazismo*. 2000. (Tese de Mestrado em Filosofia. Pontifícia Universidade Católica de São Paulo)

GONZÁLEZ PORTA, Mário A. La teoría do número en Natorp y Cassirer (1898-1910): (Una contribución histórica al estructuralismo matemático y a los orígenes del "semantic turn") *Thémata. Revista de filosofia*, n.17, Espanha, 1996. p.1-34.

_____. De Newton a Maxwell: Una comparacion del tratamiento del tema de la objetividad en la filosofia de la ciencia kantiana y neokantiana con referencia particular al proyecto cassireriano de una filosofia de las formas simbolicas. (Trad. para o espanhol do próprio autor de

Von Newton bis Maxwell. Objektivität in der Kantischen und Neukantianischen Wissenschaftstheorie mit besonderer Berücksichtigung von Cassirers Projekt einer "Philosophie der symbolischen Formen".) In: ENGSTLER, Achim e DIETER KLEIN, Hans (Eds.). Perspektiven und Probleme systematischer Philosophie. Bern, Peter Lang, 1996. p. 77-94.

ITZKOFF, Seymour W. *Ernst Cassirer: philosofer of culture.* USA: Tawayne Publishers, 1997.

_____. *Ernst Cassirer: scientific knowledge and the concept of man.* London: Univ. of Notre Dame Press, 1971.

KROIS, J. M. *Symbolic forms and history.* New Haven and London: Yale Univ. Press, 1987.

_____. Review of Lipton's *Dilemma of a liberal intellectual* – G 14. Journal of the history of philosophy, 20. 1982. p.209-13.

LIPTON, D.R. Ernst Cassirer: *The dilemma of a liberal intellectual in Germany. 1914-1933.* Toronto: Univ. of Toronto Press, 1978.

A construção da realidade: uma visão não-dualista

Roger T. Soares

É vã a esperança de encontrar as fontes da ação livre nos altos reinos da mente ou nas profundezas do cérebro. A abordagem idealista dos fenomenologistas é tão pobre de esperança quanto a visão positiva dos naturalistas. Para descobrir as fontes da ação livre é necessário ir para fora dos limites do organismo, não na direção da esfera da mente, mas nas formas objetivas da vida social; é necessário procurar as origens da consciência humana e da liberdade na história social da humanidade. Para encontrar a alma é necessário perdê-la.

A.R. Luria

Introdução

Procurar o significado da vida e da consciência, a finalidade da existência humana e a maneira de tornar essa experiência plena explorando todo o potencial inerente ao ser humano não é uma atividade que se restringe aos adeptos da investigação científica ou filosófica. De forma mais ou menos consciente, todas as pessoas realizam essas inquisições e reflexões diariamente, utilizando as respostas para ordenar, coordenar e planejar seus atos, dos mais corriqueiros aos mais transcendentes. O resultado do balanço dessas reflexões é que dá a sensação de felicidade, que é então um processo, não um objeto.

Em todas as épocas e nas várias culturas o conhecimento humano tem-se desenvolvido na expectativa de dar conta do universo tangível ou intangível (mas ainda existente) e das nossas relações com o mesmo. O desenvolvimento da ciência também procura contribuir para esse conhecimento e tem sido eficaz em transformar o intangível em tangível, através de instrumentos e aparelhos que ampliam a capacidade de percepção do ser humano. Todavia, permanece o homem com uma sensação de algo intangível interno para o qual ainda não se encontram explicações e entendimento pleno e que, no entanto, parece encerrar os enigmas da essência da ser e da realidade absoluta.

O método científico cartesiano, herdeiro de uma postura dualista de mente e corpo como entidades distintas e separáveis, tende a reduzir a realidade aos fenômenos tangíveis e à compreensão objetivista do mundo. Não é a única forma de conceber-se a realidade.

A seguir apresentam-se as concepções da construção da realidade a partir de esquemas mentais e questiona-se o papel do contexto religioso, com predomínio da concepção dualista, no estabelecimento do paradigma científico ainda vigente e as possíveis contribuições de filosofias não-dualistas, em particular o budismo, para uma revisão dos princípios que devem anteceder os métodos.

Realidade dada e realidade construída

"Nossa cultura nos leva a crer em uma realidade natural relacionada ao espaço-tempo que é explorada e crescentemente descoberta para nós pela ciência natural" (ARBIB e HESSE, 1986). Esse parece ser o paradigma contra o qual outras formas de objetividade devem ser medidas, segundo o modelo empirista dominante. Da mesma forma acreditamos em pessoas com as quais nos juntamos em grupos e sociedades que constroem uma realidade humanamente criada, mas que também é passível da aplicação dos mesmos métodos que são utilizados na ciência natural. Para os religiosos que participam de uma forma particular de realidade humanamente criada, qual seja a das crenças, mitos, religiões e igrejas, além da realidade dimensional e temporal existe também uma realidade transcendente que independe dessas coordenadas e que se refere ao âmbito do divino.

Em *A construção da realidade* Arbib e Hesse pretendem desafiar a postura verificacionista em seus fundamentos, considerando que toda a realidade é construída e consubstanciada a partir de esquemas mentais, tanto no que se refere aos objetos da ciência natural como no que tange a realidade religiosa.

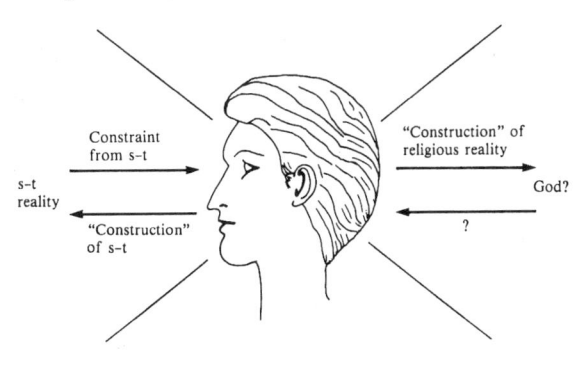

Figure 1.1. A thinking head

Figura 1 – Extraída de ARBIB e HESSE, 1986.

Na figura acima, Arbib descreve como a construção da realidade acontece quando nos relacionamos com objetos do mundo físico, dimensional, ou com os postulados religiosos. Enquanto na realidade espaço-tempo podemos submeter nossos esquemas mentais, derivados da percepção ao crivo da realidade fenomênica, recebendo do mundo objetivo um *feed-back* que nos permite reajustar nossos esquemas mentais, na realidade teológica é difícil determinar um algo externo que possa nos prover informações que propiciem uma reavaliação. Deve-se notar que no modelo acima, trata-se do transcendente como externo ao ser ou, pelo menos, como um objeto com o qual um sujeito possa se relacionar.

Para ampliar o conceito de construção da realidade, o autor considera não apenas o indivíduo isolado, fruto da concepção iluminista de que cada indivíduo é uma alma com características únicas que se relaciona com a Divindade, mas que a realidade é construída socialmente, sendo que na composição dos "fatos sociais" incluem-se as realidades religiosas, assim como as realidades científicas cuja fundamentação extrapola os métodos clássicos de comprovabilidade e reprodutibilidade.

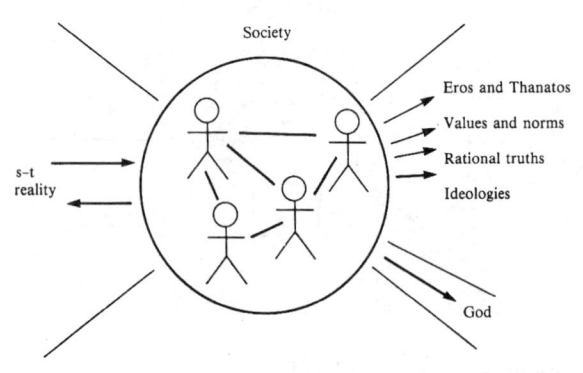

Figura 2 – Extraída de ARBIB e HESSE, 1986.

De fato, podemos considerar que em vários aspectos o empirismo ultrapassa o *critério pragmático* que opera para consolidar o caráter de verdade ou de aceitabilidade no campo da ciência natural. Como regra, as teorias científicas se desenvolvem sobre fatos científicos, descritos por uma linguagem observacional e por testagem, sendo que com o progresso novas teorias que explicam realidade surgem e se fixam desde que consigam resolver as questões que as teorias anteriores respondiam com igual ou maior eficácia e, possivelmente, ampliam o conhecimento provendo soluções para questões antes sem resposta.

Entretanto, esse cenário ideal não pode ser admitido de maneira acrítica. Ainda segundo Arbib, os contrapontos desse paradigma são:

a. A ciência é construtora de novos fatos. Não há um corpo fixo de fatos a serem estudados, eles são continuamente ampliados e revistos em função da observação.

b. Os próprios fatos são comprometidos com as teorias, já que não há linguagem observacional sem uma teoria que a sustente.

c. As teorias, de certo modo, são mais ricas que os dados, ou seja, as teorias nem sempre são dedutíveis dos dados, mas construídas no plano das idéias a partir de outras teorias e mesmo sem que haja a possibilidade de comprovação por falta de aparato tecnológico para mensuração dos fenômenos a que se referem.

d. O realismo científico deve ser tomado com restrições, já que não se pode considerar uma teoria aceitável como verdadeira ou o mais próximo da verdade apenas baseada no sucesso pragmático, com pena de se ter que considerar a realidade como intensamente dependente do contexto histórico e cultural que permite a formação das linguagens e das observações dos fenômenos.

No campo das realidades teológicas, as teorias vão sempre além dos dados observáveis e o critério de sucesso pragmático não se aplica satisfatoriamente, dada a inconsistência dos fatos e a impossibilidade de testagem de questões que se situam além do espaço-tempo.

Por outro lado, os critérios do empirismo e do positivismo, bem como o sucesso pragmático não podem ser considerados como condição *sine qua non* para a aceitação do que seja científico. Um exemplo são as ciências cognitivas, que apresentam implicações para a epistemologia, para o problema mente-corpo e para o entendimento do humano, que vão muito além do seu limitado sucesso pragmático como grupo de ciências. O que parece ser importante é desfazer a visão de uma ciência unidirecional, totalmente independente da perspectiva histórica e social em que se encontra, mas sim considerar que a ciência influencia e é influenciada pela realidade social.

Neurociências e ciências cognitivas

Existe um esforço bidirecional para a aproximação das neurociências e das ciências cognitivas. Entretanto, os dados obtidos pelo estudo da fisiologia e da anatomia, nos níveis histológico, celular, genético e biomolecular não são suficientes para a compreensão de processos cerebrais ou mentais complexos e integrados. A principal dificuldade é a de obter dados para uma avaliação de funções cerebrais ou mentais nos níveis mencionados em indivíduos vivos. Boa parte dos conhecimentos neurofisiológicos que serviram de base para o desenvolvimento das teorias das ciências cognitivas, como nos estudos de Eccles e Popper, advinham de dados obtidos a partir de sintomas apresentados em indivíduos lesionados em determinadas áreas, como nos trabalhos de Luria.

Atualmente com o desenvolvimento de técnicas que possibilitam o estudo acoplado da anatomia e da fisiologia em indivíduos sadios, como a magnetoencefalografia, a magnetoestimulação transcraniana, o PET(pósitron emission tomography), o SPECT(single photon emission computed tomography) e suas associações com tomografia computadorizada e ressonância magnética, podemos esperar grandes avanços no conhecimento dos mecanismos cerebrais, no que se refere a processos complexos como o pensamento, as emoções e mesmo estados não-ordinários de consciência.

Não acreditamos que seja necessário manter a visão dualista de um algo a mais além do cérebro para explicar eventos como a consciência, o conhecimento e a construção da realidade. Todavia, devemos manter a ressalva de que as teorias das ciências cognitivas, até o momento, fundamentam-se nas teorias epistemológicas para extrapolar os dados obtidos pelas neurociências.

Teoria do Esquema

Desenvolvida por Michael Arbib a partir da década de 60, a Teoria do Esquema desenvolve-se sobre teorias de inteligência artificial e ciências cognitivas com a proposta fundamental de que o conhecimento e a realidade são construídos a partir de uma rede de esquemas cognitivos dinâmicos que se constituem como blocos com os quais são formados os esquemas complexos que determinam as funções cognitivas superiores. Para o autor, a realidade social e a realidade teológica também são esquemas, da mesma forma articulados a partir de esquemas simples, porém concebidos coletivamente.

A idéia de esquema mental surge no início do século XX, na neurologia, com a introdução da idéia de esquema corporal que permite o reconhecimento do próprio corpo no espaço, naquilo que se denomina propriocepção. Esse esquema corporal recebe aferências de fibras sensitivas localizadas nos nervos periféricos e com terminações em articulações, tendões, músculos e pele compondo a sensibilidade profunda que, em conjunção com as aferências dos órgãos vestibulares e a integração do cerebelo e das regiões parietais do córtex cerebral nos dão a sensação de saber nossa posição no espaço e nossa relação com a gravidade.

Posteriormente, o termo *esquema* foi utilizado por Piaget na Teoria Construtivista, definindo *esquemas de ação* como "as características generalizáveis dessa ação, quer dizer, aqueles que permitem a repetição da mesma ação ou sua aplicação em um novo conteúdo." Nessa concepção a criança constrói um repertório de esquemas simples que se desenvolvem ao longo do tempo até a possibilidade de esquemas para a abstração que independem das aferências sensoriais.

Também a idéia de *hábito* desenvolvida por Peirce compara-se à de esquema, incluindo as conexões entre o indivíduo e a sociedade. A questão da evolução é bem abordada pelas duas características fundamentais de estabilidade e adaptabilidade contidas na idéia de hábito de Peirce.

Na Teoria do Esquema de Arbib, o esquema é a peça fundamental e primária, que antecede mesmo a relação com o mundo exterior, apenas se desenvolvendo a partir dos estímulos sensoriais e, em nível mais complexo, a partir da comunicação e da linguagem que também são tidas como secundárias.

Assim, a criança nasce com esquemas básicos para os mecanismos de homeostase, incluindo a respiração, alimentação, digestão etc. Através de assimilação e acomodação, surge uma rede, uma trama de esquemas que dão conta da realidade, primeiro da criança e depois da realidade do adulto.

O que deve ser ressaltado na Teoria do Esquema é que cada esquema simples compreende um ciclo de percepção e ação integrados e que não se constitui em uma entidade

estática, mas um processo em contínua reavaliação e rea-
daptação em função direta da experiência.

A dimensão social dos esquemas

Os esquemas não devem ser considerados como mônadas isoladas, mas como entidades que interagem entre si para modelar situações complexas, mediar o aprendizado e determinar a direção de ação do organismo.

Da mesma maneira que a realidade social constitui-se da associação das redes de esquemas individuais, cada pessoa contém uma representação holística da realidade social dentro de si. O modo como cada um escolhe a realidade que tomará para si a partir do contato social é determinado pelas experiências geradas por esse contato, de tal forma que os esquemas traduzem, ao mesmo tempo, o conhecimento e o aprendizado. À medida que agimos, percebemos; à medida que percebemos, nós agimos. Importante também é ter em mente que a percepção não é passiva, já que os esquemas também determinam o que recebemos do ambiente.

Nossas teorias científicas, assim como os esquemas individuais são sujeitas a mudanças e o surgimento de um esquema mais complexo não desqualifica, necessariamente um mais simples que pode responder por questões mais cotidianas. De qualquer maneira, a teoria de Arbib sustenta a existência de uma realidade puramente objetiva, restrita ao espaço-tempo, independente da construção humana, com a qual os indivíduos se relacionam. Há ainda realidades puramente humanas, derivadas de convenções sociais sem um substrato no mundo dimensional-temporal.

Convém notar que esses esquemas constituídos por uma realidade puramente humana, sem uma fundamentação no mundo objetivo, entendidos como um subproduto da relação do indivíduo e da sociedade com a realidade natural, quase como um efeito colateral da consciência é que parecem formar o que nós temos de mais humano e também de mais desumano.

Considerando-se que esses esquemas baseados na realidade humana formam princípios como os da ética, os valores das sociedades, as crenças, mitos, religiões e tantas manifestações artísticas, podemos imaginar que somos senhores do nosso destino nesse aspecto, já que não há fronteiras materiais ou naturais que nos impeçam de realizar qualquer utopia. Então, que mundo queremos construir para nós?

Uma visão não-dualista

O método científico se desenvolveu a partir de Descartes, que tomou como pressuposto a dualidade entre alma e corpo e a existência de uma realidade metafísica divina da qual vivemos destacados. Podemos imaginar que Descartes não inventou o dualismo mente-cérebro ou espírito-corpo, mas que tomou como base a filosofia católica da época, predominantemente dualista, que colocava o Sagrado fora do indivíduo e até longe dele, com a necessidade de pontífices que estabelecessem uma relação entre sujeito (Deus-criador) e objeto (mundo-criatura).

Embora essa seja a visão predominante no mundo ocidental, há várias filosofias religiosas que têm uma visão não-dualista da realidade, como o budismo, o vedanta-advaita e o taoísmo. Para esses sistemas, o Sagrado encontra-se em todos os lugares e no vazio, ao mesmo tempo. A realidade objetiva é dependente da consciência e a consciência é dependente da realidade objetiva, ou seja, só existe uma consciência porque se separa, arbitrariamente, o que é *self* do que é *non-self*. No Mulamadhyamakakarika, Nagarjuna, no segundo século de nossa era, discorre sobre a visão distorcida da realidade decorrente do dualismo:

O Self

Fosse eu mente e matéria,
Eu viria e iria como eles.
Se eu fosse algo além,
Eles não diriam nada a meu respeito.

O que é meu
Quando não há um eu?
Fosse o egocentrismo apaziguado,
Eu não pensaria em eu e meu –
Não haveria ninguém lá
Para pensá-los.
O que está dentro de mim,
O que está fora de mim –
Quando esses pensamentos cedem,
A compulsão pára,
A repetição cessa,
A liberdade alvorece.

Fixações germinam pensamentos
Que provocam atos compulsivos –
A vacuidade cessa as fixações

Buda fala de "self"
E também ensina "não-self"
E também diz "não há nada
Que seja ou não self"

Quando as coisas se dissolvem,
Há nada mais para falar.
O que não nasce e não morre
Já é livre.

Buda disse: "isso é real",
E "isso é irreal",
E "isso é tanto real como irreal",
E "isso não é real nem irreal".

Tudo está calmo,
Não-fixável pelas fixações,
Incomunicável,
Inconcebível,
Indivisível.

Você não é o mesmo que ou diferente das
Condições das quais você depende;
Você não é arrancado delas
Nem para sempre fundido com elas.

Esse é o ensinamento imortal
Dos budas que se importam com o mundo.

Quando os budas não aparecem
E seus seguidores estão ausentes,
A sabedoria do despertar
Ressurge por si mesma

Na evolução da espécie humana desenvolvemos progressivamente a consciência, buscamos insistentemente a individuação. Hoje a individualidade excessiva parece ser causa de distorções da ética e da moral, com reflexos sociais violentos. Os grandes santos, profetas, iluminados e patriarcas de todos os tempos foram grandes porque viveram suas vidas para os outros, sem sequer considerá-los à parte de si. Talvez a descoberta da realidade da mente esteja justamente em ver a realidade da interdependência de todos nós.

Referências bibliográficas

ARBIB, Michael e HESSE, Mary – *The Construction of Reality* Cambridge Cambridge Univ. Press, 1986

BATCHELOR, Stephen – *Verses from the Center* New York Riverhead Books, 2000

KANDEL, Eric – *Essentials of neural science and behavior* U.S.A. Prentice Hall, 1995

MACHADO, Nilson J. – *Epistemologia e Didática* São Paulo Cortez Editora, 2000

POPPER, K.R. e ECCLES, J.C. – *O cérebro e o pensamento* Brasília Ed. UnB, 1992

SCHMIDT, Marcia B. – *Advice from the Lotus Born* Kathmandu Rangjung Yeshe, 1994

TSONGKAPA – *The principal teachings of Buddhism* Howell Mahayana Sutra and Tantra Press, 1988

8

A névoa cotidiana sob o olhar de Adélia Prado

Cecília Canalle Fornazieri

Arte como vocação divina

> *Teodoro falou uma coisa alinhada de perfeita:*
> *'a vocação é um afeto'.*
>
> Adélia Prado [1]

Muitos escritores apresentam fases. Fases temáticas, fases relativas à forma, fases relativas à época. Adélia Prado, interessantemente, parece não tê-las. Sua obra é uma. Sabe a que vem, em que reside sua qualidade e qual seu tema. Desde o primeiro livro, Adélia tem assinatura.

De um leitor ou crítico desatento, poderiam surgir frases indicando uma possível repetição. Ledo engano. Há que se discernir entre o que se apresenta em formatos estapafúrdios com brilho plástico propondo uma pseudo inovação e o texto oriundo de temas fincados nas circunstâncias cotidianas cuja

[1] *Manuscritos de Felipa,* p.104.

novidade é a revelação permanente da *ordo*, sua estrutura interna. Aliás, o permanente na obra desta escritora é o cotidiano como expressão aguda de um mundo de eloqüente significado. De outra maneira jamais poderia afirmar como o fez em uma conferência no Rio de Janeiro: "O mundo está certo! Graças a Deus, dá pra continuar."[2]

Não é, portanto, pela inovação formal que esta escritora nos surpreenderá. Sua estrutura é fluente, seus versos quase diretos, seu tema prosaico. E é, exatamente, nesse campo minado da falta de novidade que a força literária surge de maneira quase abrupta. Certa vez, empregou a expressão "essa vidinha besta"[3] para indicar a matéria de toda a poesia.

Sua escrita é caracterizada pelo fluxo da consciência unido a uma espécie de medo de chegar muito perto daquilo que o momento poético vai revelar quase à sua revelia. Quase porque o momento poético lhe é concedido divinamente como ela afirma, ainda que não se manifeste sem sua anuência e estilo próprio como vemos em Oráculos de Maio.

Direitos humanos
Sei que Deus mora em mim
como sua melhor casa.
sou sua paisagem,
sua retorta alquímica
e para sua alegria
seus dois olhos.
Mas esta letra é minha.
(*Oráculos de Maio*, p.73)

---

2 Encontro com escritores: "Minas além das Gerais, Rio de Janeiro," 03 de junho de 1995.

3 Entrevista concedida por Adélia Prado a Luiz Jean Lauand in http://www.hottopos.com.br/videtur9/renlaoan.htm

Dessa forma, cinco anos sem publicar e já tendo se distanciado de seu público outras vezes, Adélia Prado faz confirmar aquilo que sempre declara: *Artista nenhum gera sua própria luz.* [4], mas esse dom é perpassado pela observação humana única e própria daquele ser. A arte como revelação divina não é psicografia, mas é carne do poeta humano transpassada pelo chamado divino.

Na obra poética da escritora mineira, tudo corrobora à concepção de arte como vocação. Ritmo e a precisão vocabular: cada palavra surge precisamente posta naquele desejado lugar. Algo de fazer inveja aos parnasianos, "poetas cerebrais" que ela mesma ironiza no poema "A formalística" e reafirma nos de *Oráculos de Maio*:

Salve Rainha
(...)
isto é um poema – tem ritmo,
 obedece à ordem mais alta
e parece me ignorar.
(*Oráculos de Maio,* p.17)

A formalística
O poeta cerebral tomou café sem açúcar
e foi pro gabinete concentrar-se.
Seu lápis é um bisturi
que ele afia na pedra,
na pedra calcinada das palavras,
imagem que elegeu porque ama a dificuldade,
o efeito respeitoso que produz
seu trato com o dicionário. (...)
(*Poesia Reunida*, p. 376)

---

[4] *Cacos para um Vitral*, p.123.

Em inúmeros poemas, a escritora afirma a escrita como dom por perceber que não o tem sob seu domínio. Ora se fosse uma habilidade exclusivamente técnica, aquele que tivesse escrito bons poemas poderia continuar a fazê-lo indefinidamente. No entanto, descreve reiteradas vezes quando não reconhece mais "a poesia pousada nas coisas". Nesses momentos, a capacidade humana do *mirandum* desaparece e por isso não consegue escrever.

Paixão
De vez em quando Deus me tira a poesia.
Olho pedra, vejo pedra mesmo.
O mundo, cheio de departamentos,
não é a bola bonita caminhando
solta no espaço.
(*Poesia Reunida*, p.199.)

Ausência de poesia
Aquele que me fez me tirou da abastança,
Há quarenta dias me oprime do deserto. (...)
Ó Deus de Bilac, Abrãao e Jacó,
Esta hora cruel não passa?
Me tira desta areia, ó Espírito,
Redime estas palavras do seu pó.
(*Poesia Reunida*, p.189.)

Nem um verso em dezembro
Nem um verso em dezembro,
Eu que para isso nasci e vim ao mundo. (...)
(*Poesia Reunida*, p.157.)

É interessante observar no meio da aridez, do não fascínio, da ausência de palavras, o dom é retomado: os três poemas são literários. A dor que atinge o eu-lírico e o torna um suplicante por sentido advém de uma constatação: percebia algo que, ao perder, tornou tudo árido. Além dessa súplica, no reconhecimento da miserabilidade humana, esse conjunto de poemas provoca o leitor na busca das razões últimas daquilo que sua vida intercepta: *o desiderium sciendi.*

Mirandum:

o olhar admirado que não se impõe sobre o objeto

> *O filósofo e o poeta têm algo em comum:*
> *ambos se ocupam do mirandum.*
>
> Tomás de Aquino [5]

Adélia Prado é a escritora da observação. É um ser posto no mundo sentado à porta de seu quintal, sob aqueles degraus em que se costumam descascar e comer laranjas.

Dali, olha atentamente para aquela parte do mundo que a circunstância da hora ilumina. E para nós, leitores, que só a lemos em seus claros momentos poéticos, afirmamos que Adélia sempre se maravilhará com o que vê: seja dor, seja alegria. Entendamos que a escritora mineira não é um estado poético permanente porque isso não seria humano. Mas aquilo que nos é dado ler, ou seja, a arte de que ela é instrumento, são flagrantes desses instantes de lucidez.

Esses momentos de grande clareza costumam nascer pelo susto provocado pela observação de algo, normalmente,

---

[5] Comentário à Metafísica de Aristóteles 1,3. Index Tomisticus de Roberto Busa, Milano, Editoria Elettronica Edite, 1992.

óbvio e que é descoberto em sua genialidade. O conceito que melhor expressa esse processo criativo adeliano é o *mirandum*. Este adjetivo participial latino neutro significa admirável, aquilo, seja o lá que for, que suscita admiração. Mas esclarece o filósofo alemão Josef Pieper que tal admiração não é oriunda do estapafúrdio, mas de *perceber no comum e no diário aquilo que é incomum e não-diário.*[6]

Adélia Prado traduz, perfeitamente, esse conceito milenar na maioria de seus poemas, recuperando, para o leitor, o bom assentado sobre a simplicidade.

> *Você da janela contempla, contempla,*
> *porque é um não-ver com os olhos,*
> *folhas brilhando coroadas de gotas...*
> (*Manuscritos de Felipa*, p.42.)

O *mirandum* de Tomás-Adélia não é nada daquilo que, para o homem de hoje, pode suscitar admiração. Ao contrário, o *mirandum* se dá em redescobrir o que sempre esteve ao nosso lado. Tal qual a tarefa que cumprem as fotografias sobre nossas memórias, ou obras-primas pictóricas nos mostrando velhos limões, cadeiras e animais. Que sentido há representá-los depois da precisão e rapidez das fotografias? Tirar o homem da opacidade dos sentidos, da razão embotada para que veja a realidade como no início de sua vida: com estupor. Por isso, os poemas adelianos ao versar sobre o *simples* reordenam a alma do homem.

Clareira
Seria tão bom, como já foi,
as comadres se visitarem nos domingos.
Os compadres ficarem na sala, cordiosos
pitando e rapando a goela. Os meninos,

---

[6] *Que é filosofar? Que é acadêmico?*, p. 27

farejando e mijando com os cachorros.
Houve esta vida ou inventei?
Eu gosto de metafísica, só pra depois
pegar meu bastidor e bordar ponto de cruz,
falar as falas certas: a de Lurdes casou,
a das Dores se forma, a vaca fez, aconteceu,
as santas missões vêm aí, vigiai e orai
que a vida é breve.
Agora que o destino do mundo pende do meu palpite,
quero um casal de compadres, molécula de sanidade,
pra eu sobreviver.
(*Poesia Reunida*, p.35.)

Observe-se que, em "Clareira", o mote do poema é fortemente marcado pelo tempo que passa. No entanto em nada lembra o *carpe diem* neoclássico, a angústia do tempo que se esvai e que, portanto, precisa ser desesperadamente contido, represado, intensificado porque a morte nos espreita. De fato o homem simples extrai do "casal de compadres" – com sua relação de amizade – da repetição do ritual dominical com pitadas, cachorros e ponto de cruz, uma ordem para o tempo. Colocam passo em seu caminhar movido por "falas certas". Que o tempo passa é indubitável, mas... "a de Lurdes casou, a das Dores se forma e a vaca fez, aconteceu", não há que se ter medo.

Como tão bem apontou Heidegger em *O caminho do campo*: "O dom que o simples dispensa na inaparência do que é sempre o mesmo...".

Solar
Minha mãe cozinhava exatamente:
Arroz, feijão-roxinho, molho de batatinhas
Mas cantava.
(*Poesia Reunida*, p.151.)

Sob uma simplicidade que nos faz duvidar da relevância do que foi escrito, Adélia Prado enfrenta, em três linhas, uma das buscas mais desesperadas do homem: o desejo de se libertar das ações pequenas, repetitivas e inextirpáveis da vida. Ações inglórias, sem nenhum tom aventuresco e que – nos tomando a maior parte do tempo – parecem impedir a verdadeira realização existencial. No entanto, a poetisa mineira parece conseguir o impossível.

O tema escolhido é a ação de produzir alimentos. A seleção vocabular inclui: minha mãe, arroz, feijão-roxinho, batatinhas e cantar. Trata-se, portanto, do cozinhar não apenas doméstico, mas do relacionamento humano estabelecido na própria casa de quem narra o poema. Isso indica que é um lar, que possui rotina, mas essa rotina é transcendida pelo cantar. A história contada, pois, oferece uma visão positiva, alentadora, a despeito das implicações contidas em cozinhar arroz e feijão diariamente.

Observemos como é trazido à tona a "transcendência que mora, pousa nas coisas" sem que para isso tenha que abstrair, escapar da realidade. Ao contrário, a escritora revela sua transcendência imanente da própria ação interminável.

Análise vocabular

1. Minha mãe
   - minha: adjunto adnominal, determinante, particulariza o substantivo mãe, conferindo-lhe particularidade existencial;
   - mãe: substantivo simples, imagem direta e universal.
2. Cozinhava
   - ação diária e diariamente plural
   - vital;
   - não passiva de ser eliminada;
   - geradora de vida;

- verbo de significado incompleto (transitivo direto);
- tempo: pretérito imperfeito (ação não concluída).
Neste caso, completa em si; mas repetida ad *infinitum*.

3. Exatamente
   - adjunto adverbial de modo, indicador de precisão, o que reforça o caráter rotineiro da ação.

4. Arroz, feijão-roxinho, molho de batatinhas
   - tríade seletiva de alimentos básicos, reiterando o trivial.

5. Mas
   - conjunção adversativa responsável por unir, estabelecendo oposição entre a repetitiva ação cotidiana e a transcendência pousada no cantar.

6. Cantava
   - no mesmo tempo e modo do verbo cozinhar, "cantava" indica ação no passado inconclusa estabelecendo paralelo entre os dois únicos verbos do poema. Cozinhar e cantar, portanto, primeiro se opõem pela adversativa, depois se equivalem pelo tempo verbal e, por fim, se misturam uma vez que a ação de cozinhar é permeada, invadida pelo cantar.

Quanto ao seu título, o poema oferece ao leitor jogos semânticos como: Só-lar, sol-lar, sol-ar, solar: relativo a sol e solar: relativo a casa. É um poema de exemplar síntese entre prosaico e transcendente dentro do mundo do trabalho, através dele, sem "escapar" dele. A existência una: real e transcendente simultaneamente.

Temos, aqui, uma verdadeira pedagogia poética, isto é, o lirismo com sua capacidade de sensibilizar o homem para aspectos decisivamente importantes do ponto de vista da Antropologia Filosófica – como o despertar os gestos simples e plenos de admiração.

Boa parte da poesia de Adélia Prado volta-se para os "óbvios esquecidos", dentre eles o respeito às palavras, ou no dizer de Adélia, "os nomes das coisas/a mágica das palavras". A escritora reeduca o homem que vê na linguagem apenas um código, instrumento artificial de informações e não como portadora de significado profundo:

Antes do nome
Não me importa a palavra, esta corriqueira.
Quero é o esplêndido caos de onde emerge a sintaxe,
os sítios escuros onde nasce o 'de', o 'aliás',
o 'o', o 'porém' e o 'que', esta incompreensível
muleta que me apóia.
Quem entender a linguagem entende Deus
cujo filho é Verbo. Morre quem não entender.
A palavra é disfarce de uma coisa mais grave, surda-muda,
foi inventada para ser calada.
Em momentos de graça, infreqüentíssimos,
se poderá apanhá-la: um peixe vivo com a mão.
Puro susto e terror.
(*Poesia Reunida*, p.151.)

Em Cacos para um Vitral, um de seus livros em prosa, que é pura poesia horizontal e contínua, Adélia Prado retoma o tema da língua como com expressão divina portadora do *mirandum* provocado pela beleza.

Qualquer língua ao final é Deus falando, por isso nos escapa tanto, só se mostra ao desfocado olhar da poesia, à sua densa névoa, quando tudo suspende-se ao juízo e apenas cintila, em vapores d'água, orvalho, vultos movendo-

se em neblina. Você pressente e teme porque a beleza é
viva e te olha. Chama pelo nome ao que a procura.
(*Cacos para um Vitral*, p.123.)

A beleza é uma das faces de Deus que, estranhamente, se submete ao homem para que seja revelada. O escultor Auguste Rodin confirma a escritora mineira ao explicar que a força da expressão artística encontra-se no verdadeiro empregando a palavra beleza como sinônima da verdade revelada e não construída: *não há , na realidade, nem estilo belo, nem desenho belo, nem cor bela. Existe apenas uma única beleza, a beleza da verdade que se revela. Quando uma verdade, uma idéia profunda, ou um sentimento forte explode numa obra literária ou artística, é óbvio que o estilo, a cor e o desenho são excelentes. Mas eles só possuem essa qualidade pelo reflexo da verdade.* [7] Talvez isso explique parte desses dois versos:

O céu estrelado
vale a dor do mundo.
(Mitigação da pena in *Oráculos de Maio*, p. 73)

Circunstância: onde o humano e o transcendente se encontram

Tudo que existe conta.
Adélia Prado[8]

A circunstância

Se o transcendente se manifesta encarnadamente, como afirma a escritora: *a transcendência mora, pousa*

---

[7] Cit. por Gabriel Perissé in "Beleza" http://www.hottopos.com.br/mirandum5.htm

[8] *Manuscritos de Felipa*, p.107.

nas coisas... está pousada ou está encarnada nas coisas.[9] então a matéria-prima da arte, porquê da vida, é o cotidiano na sua circunstância mais prosaica. O afastamento da realidade coincide, portanto, com o afastamento da essência da vida. Essa afirmação poderia dar um viés de Realismo/Naturalismo da literatura. Ao contrário, a negação das circunstâncias em que a vida se desenrola tem por objetivo revelar que toda a realidade transcende, isto é, porta em si, mais do que ser agradável ou desagradável. A realidade é boa porque existe e guarda em si a ordenação do universo mesmo que nos seja oferecida de modo desordenado ou com ordenações incompreensíveis para nós.

É importante ressaltar que observação e circunstância são dois alicerces da poética adeliana, seu material, seu tijolo. Sem elas, dificilmente, surgiria o momento poético uma vez que, como diz a própria escritora: *Eu vejo as coisas como manifestação – até uma cadeira de plástico – ela manifesta.*[10]

Portanto a circunstância é o cruzamento entre o momento e o espaço precisos em que a vida acontece. A escritora se depara com a circunstância e a contempla. Essa experiência de estupor gera outra necessidade completamente humana: a busca das razões, ou seja, compreender aquilo que vê. Adélia Prado reconhece o que Agostinho afirmara há 1600 anos: *O tempo é um vestígio da eternidade.*[11] Esse vestígio é a força motriz de sua obra.

Adélia vislumbra a eternidade à espreita no jogo das aparências cotidianas. Sua obra é um convite a mergulhar nas circunstâncias, na certeza de encontrar nelas o significado da vida.

---

[9] Entrevista in http://www.hottopos.com.br/videtur9/renlaoan.htm
[10] Entrevista in http://www.hottopos.com.br/videtur9/renlaoan.htm
[11] De Genesi, lib. Iperf. XXII, 38.

Estação de maio
A salvação opera nos abismos.
Na estação indescritível,
o gênio mau da noite me forçava
com saudade e desgosto pelo mundo.
A relva estremecia
mas não era pra mim,
nem os pássaros da tarde.
Cães, crianças, ladridos,
despossuíam-me.
Então rezei: salva-me, Mãe de Deus,
antes do tentador com seus enganos.
A senhora está perdida?
Disse o menino,
é por aqui.
Voltei-me
e reconheci as pedras da manhã.
(*Oráculos de Maio*, p.127.)

A busca de razões

> *"Havia uma ordem no mundo,*
> *de onde vinha?"*
> Adélia Prado [12]

Por que o homem contempla? Porque a realidade o afeta (*affectus* – afetado por). Movido pela realidade, o homem segue perguntando as razões. Platão, por exemplo, em Crátilo, ou "Sobre a justeza dos nomes", afirma que "o nome *anthropos* significa que, ao contrário dos

---

[12] *Poesia Reunida*, p.314.

outros animais que não examinam o que vêem, nem o analisam, nem contemplam, o homem, ao mesmo tempo que vê – pois é isso, justamente, que quer dizer *opôpe* – contempla e analisa o que viu. Por isso, dentre todos os animais é o homem o único justamente denominado *Anthropos*, ou seja, *anathrôn ha ópôpe*, o que contempla o que vê". [13]

O segundo passo, portanto, da contemplação será o "analisar", o reconhecer, ou seja, conhecer novamente, agora, extraindo do que vê algo que lhe está além. Adélia Prado reconhece a *ratio* e a *ordo* no mundo descritas por Tomás de Aquino. Ou seja, a inteligência criadora nas coisas. Dessa forma, necessariamente, o *corpus* adeliano afirma um mundo que não é caos, mas ordem e sentido, um mundo cujas coisas estão *marcadas por um caráter verbal, não sendo meras realidades ou significações privadas de sentido num espaço mudo* como atesta Romano Guardini.[14]

> *Teodoro quis saber. Disse que não posso esquecer da revoada. Será que um dia saberemos a razão das coisas? Por que um bando de passarinhos resolve, sem ser por comida, defesa do ninho, ameaça externa, sobrevoar um lote vago que só tem capim alto e alicerce abandonado, produzindo felicidade em nós?*
> (*Manuscritos de Felipa*, p.51.)

Aqui, estamos nos referindo ao conceito de *quidditas. A natureza da razão (que é a de compreender a existência), define o teólogo italiano Luigi Giussani, obriga por coerência, a razão mesma a admitir a existência de um incompreensível, isto é, a existência de Algo (de um quid)*

---

[13] PLATÃO. *Crátilo*, 399c.
[14] Cit. por LAUAND. *O que é uma Universidade?*, p.29.

constitucionalmente além de toda a possibilidade de compreensão e de medida.[15] Num tempo em que reificamos as pessoas, a poesia de Adélia Prado com suas agudas perguntas que nos aproximam de respostas, trata de personificar as coisas, como aquele vaqueiro Mariano de Guimarães Rosa que saiu pelo mundo atrás da única coisa importante: descobrir o Quem das coisas!

O tema da rotina: a expressão da ordem do mundo

Se há um Quem nas coisas, então a vitalidade não se encontra no novo, mas no aprofundamento da percepção da realidade.

Mural
Recolhe do ninho os ovos
a mulher
nem jovem nem velha,
em estado de perfeito uso.
Não vem do sol indeciso
a claridade expandindo-se,
é dela que nasce a luz
de natureza velada,
é seu próprio gosto
em ter uma família,
amar a aprazível rotina.
Ela não sabe que sabe,
a rotina perfeita é Deus:
as galinhas porão seus ovos,
ela porá a sua saia,
a árvore a seu tempo
dará suas flores rosadas.

---

[15] *O Senso Religioso*, p. 169.

A mulher não sabe que reza:
que nada mude, Senhor.
(*Oráculos de Maio*, p.39.)

Esta escritora de versos aparentemente pacatos e piedosos estraçalha, com meia dúzia de versos, a sociedade moderna. Faz uso de certas palavras como se elas não fossem inimigas atrozes deste tempo. Observemos, por exemplo, *a rotina perfeita é Deus*. Adélia Prado coloca lado a lado, feito sinônimos os conceitos de : rotina, perfeição e divino. Ora, execramos a rotina. Todas as propagandas e filmes são um convite incontrolável a que nossas vidas – sempre vistas como algo insosso – ganhem sabor pelo Hollywood de nossos cigarros e que, por fim, gozemos de nossa merecida liberdade seguindo o promissor horizonte da ponta de nosso próprio nariz.

A sociedade moderna identifica no cheiro do plástico a possibilidade de ser feliz novamente. Não encontrando sentido nas atividades simples e repetitivas do cotidiano, o homem - aquele ser da natureza que busca sentido permanentemente - vê na substituição dos elementos que já perderam seu fator de inusitado, de inesperado, a possibilidade de sentir-se feliz novamente. Por isso a expressão "rotina perfeita" apresenta-se como um paradoxo, só quem tem a chave de seu sentido pode decifrá-lo.

Em um mundo conturbado e tecnológico caracterizado pelo clamor por melhores condições materiais de toda a espécie, o que faz com que o eu-lírico de *Oráculos de Maio* seja razoável ao afirmar: "Que nada mude, Senhor."? O fio condutor de sua obra: o mundo é *ordo*, escondida, maquiada, misteriosa; mas *ordo*.

Em um de seus melhores poemas – A Rosa Mística – pergunta: "Havia uma ordem no mundo?" Adélia Prado responderá em cada linha de toda sua obra: Sim, há ordem, há sentido, há procedência no mundo mesmo diante da dor. Aqui está grande parte de sua força poética, expressa com clareza constrangedora em Fibrilações: *Tanto faz funeral ou festim/tudo é desejo/ o que percute em mim*[16]. O sentido não se origina da oscilação entre estabilidade e quebra de rotina, não se dá pela possibilidade de se ter um mundo pessoal organizado social e financeiramente com momentos de aventura arejando o cotidiano. Para esta escritora de raízes filosóficas profundas, a felicidade tem sua existência independente de "condições climáticas" favoráveis. Ela reside em um mundo, a cada instante, sustentado pelo permanente sopro divino desenhado no Gênesis.

Por isso e portanto: "que nada mude, Senhor."

---

[16] *Poesia Reunida*, p.310.

Referências bibliográficas

FRANKL, Victor E. *Sede de Sentido*, São Paulo, Quadrante, 1989.

GIUSSANI, Luigi. *O Senso Religioso*, São Paulo, Companhia Ilimitada, 1988.

GUARDINI, Romano. *O Mundo e a Pessoa*. São Paulo, Duas Cidades, 1963.

HEIDEGGER, Martin *Qu'est-ce que la philosophie?* 1ªed., Col. Pensadores (vol. XLV. Sartre-Heidegger), São Paulo, Abril, 1973, pp 211 a 222.

LAUAND, Luiz Jean. *Linguagem e Ética*, 1ªed., Paraná, Ed.PUC, 1989.

PIEPER, Josef. *O que é Filosofar? O que é Acadêmico?*, 1ª ed., São Paulo, EPU, 1981.

PLATÃO. *Crátilo*. Trad. de Carlos Alberto Nunes. Belém, Universidade Federal do Pará, 1980.

PRADO, Adélia. Entrevista a Luiz Jean Lauand in http://www.hottopos.com.br/videtur9/renlaoan.htm

_____. *Poesia Reunida*, 2ª ed., São Paulo, Ed. Siciliano, 1992.

_____. *Solte os Cachorros*, 1ª ed., São Paulo, Ed. Siciliano, 1979.

_____. *Cacos para um Vitral*, 4ª ed., São Paulo, Ed. Siciliano,1981.

_____. *Componentes da Banda*, 5ª ed., São Paulo, Ed. Siciliano, 1992.

_____. *Oráculos de Maio*. 3ª ed., São Paulo, Ed. Siciliano, 1999.

_____. *Manuscritos de Felipa*. 3ª ed., São Paulo, Ed. Siciliano, 1999.

TOMÁS DE AQUINO. Thomae Aquinatis Opera Omnia cum hypertextibus in CD-ROM ed. Roberto Busa, Milano, Editoria Elettronica, Editel, 1992.

9

Bits e infons:
a matemática da informação

Nílson J. Machado/Marisa O. Cunha

Cibernética/Informática/Computação

Ainda que, atualmente, a associação direta entre bits e computadores possa parecer natural, nem sempre foi assim. Em sua origem, os bits surgem associados ao tratamento matemático dado a uma mensagem, transmitida de um emissor a um receptor, não importando o meio.

De fato, na segunda metade da década de 1940, houve o surgimento praticamente simultâneo, e de modo independente, de três áreas do conhecimento: Cibernética, Informática e Computação (aqui compreendida como computação eletrônica).

A Cibernética (do grego *Kybernetiké* = arte de pilotar) buscava caracterizar-se como o estudo das comunicações e dos sistemas de controle, tanto nos organismos vivos como nas máquinas. O livro pioneiro de Norbert Wiener (*Cibernética: A comunicação e o controle no animal e na máquina*, 1948) procurou dotar a Teoria dos Sistemas de uma base matemática consistente e inspirou diversos outros autores e trabalhos.

A Informática, por sua vez, nasce diretamente associada ao trabalho de Shannon e Weaver (*A Teoria Matemática da Comunicação*, 1949) e estuda o tratamento e a transmissão de informação. Para a medida da quantidade de informação de uma mensagem, o bit surgiu como um padrão conveniente, representando a diversidade presente em um repertório que inclui apenas duas mensagens igualmente prováveis, que podem ser identificadas a partir de uma única pergunta do tipo "sim ou não?"

Já a Computação, que em sua origem está associada à realização de cálculos, desloca progressivamente seu centro de gravidade para o processamento de dados que, inicialmente, eram apenas numéricos; tal processamento produzia uma mensagem, traduzida em números e transformada por meio de operações básicas em outra mensagem, também traduzida em números. Com o advento do computador eletrônico, esses dados revestiram-se de múltiplas formas, constituindo-se efetivamente em mensagens em sentido *lato* – em informações, a serem tratadas, transformadas e transmitidas.

Naturalmente, em pouco tempo, Cibernética, Informática e Computação imbricaram-se e entrelaçaram-se intimamente enquanto temas: hoje, o computador pode ser caracterizado como uma máquina transformadora de mensagens, decompostas de bit em bit e encadeadas em algoritmos e programas, tendo se transformado no principal instrumento de controle de diferentes tipos de sistema.

Matéria/Energia/Informação

A vida humana se viabiliza pela troca/consumo/produção de matéria, energia e informação. A medida da quantidade de matéria, ou da massa, não apresenta, hoje, qualquer dificuldade de natureza conceitual; o mesmo se poderia dizer sobre a medida da quantidade de energia envolvida em diferentes processos, avaliada pela capacidade de produzir-se movimento. Entretanto, a problemática associada à medida da quantidade de informação de uma mensagem é relativamente recente, comparada com a da matéria ou a da energia, apresentando dificuldades conceituais desafiadoras. Na verdade, o próprio conceito de informação encontra-se em vias de construção.

No que se refere aos processos de produção e transformação de energia, diversas leis parecem consolidadas, como a que estabelece que *em um sistema de massa constante, a energia não pode ser criada nem destruída.* Uma outra lei esclarece as condições segundo as quais a energia disponível em certo sistema pode ser efetivamente aproveitada para produzir movimento, descontando-se certa degradação inerente aos processos naturais de transformação. Uma medida de tal possibilidade de aproveitamento é propiciada pela entropia do sistema: quanto maior a entropia, menor a possibilidade de aproveitamento. Tal resultado costuma ser expresso pela lei que afirma que *em um sistema isolado, não há transformação de energia sem diminuição no montante aproveitável, ou seja, sem aumento da entropia.* Em outras palavras, a entropia de um sistema isolado só pode aumentar, nunca diminuir.

Quanto à informação, que, diferentemente da energia ou da entropia, tanto pode ser criada como destruída, a questão da medida apresenta dificuldades peculiares, ainda não explicitamente solucionadas.

O quadro abaixo resume as possibilidades de criação e destruição da energia, da entropia e da informação:

É possível...	criar	destruir
ENERGIA	não	não
ENTROPIA	sim	não
INFORMAÇÃO	sim	sim

Uma analogia interessante pode ser estabelecida entre os procedimentos aristotélicos para a tematização da Lógica e os utilizados por Shannon para a quantificação da informação. Recordemos que Aristóteles baseou-se na estrutura da língua grega, partindo de algumas dicotomias básicas, para constituir o que chamou de *proposições categóricas*: Uma primeira dicotomia partia do fato de que todas as sentenças declarativas – frases que podem ser caracterizadas sem ambigüidade como verdadeiras (**V**) ou falsas (**F**) – podem ser classificadas em universais (**U**) ou particulares (**P**); assim, "Todo homem é mortal" é uma proposição universal, enquanto que "Alguns homens são cretinos" é uma proposição particular. Uma segunda dicotomia no universo das proposições decorre do fato de que, qualquer uma delas, ou é afirmativa (**A**) ou é negativa (**N**). Assim, qualquer sentença declarativa que pode ser caracterizada sem margem de dúvidas em V ou F, pertence a um dos quatro tipos básicos de proposição: as universais afirmativas, as universais negativas, as particulares afirmativas e as particulares negativas, reduzindo-se as frases de um discurso logicamente aceitável a quatro tipos básicos (**UA, UN, PA, PN**), que podiam ser identificados a partir de apenas duas perguntas do tipo "sim ou não".

Analogamente, para determinar e medir a quantidade de informação presente em uma mensagem extraída de certo repertório, Shannon teve por base a quantidade de perguntas do tipo "sim ou não" necessárias para identificá-la. Assim, em um repertório formado por apenas duas mensagens, A e B, que têm, além disso, as mesmas chances de ocorrência, para identificar qualquer uma delas, escolhida ao acaso, basta uma única pergunta do tipo "sim ou não", "é ou não é"; em conseqüência, diz-se que cada uma dela tem uma quantidade de informação igual a 1 bit. Já em um repertório mais variado, formado, digamos, por 4 mensagens eqüiprováveis, A, B, C, D, procedendo por dicotomias sucessivas, é possível identificar uma mensagem, escolhida ao acaso, com base em duas perguntas do tipo "é ou não é": basta separar o conjunto {A, B, C, D} em duas metades, e identificar com uma pergunta em qual delas se encontra a mensagem escolhida; recorrendo a outra pergunta do mesmo tipo, será possível descobrir exatamente qual a mensagem referida. Nesse caso, diz-se que cada uma das mensagens tem 2 bits de informação. Raciocinando de modo semelhante, em um repertório de 8 mensagens que podem ocorrer com chances iguais, três dicotomias sucessivas conduzem à identificação de qualquer uma das mensagens, o que significa que a quantidade de informação de cada uma delas é igual a 3 bits; se forem 16 as mensagens eqüiprováveis, cada uma terá 4 bits, e assim por diante... pelo menos para repertórios com um número de mensagens igual a uma potência inteira de 2 (2, 4, 8, 16, 32, 64, 128, ...), sendo todas igualmente prováveis.

Quando o número n de mensagens não é igual a uma potência inteira de 2, ainda assim é possível continuar a medir a quantidade de informação por meio do expoente de 2, procurando-se o número k tal que 2^k = n; esse número k é chamado de logaritmo de n na base 2, e representado por $\log_2 n$. Assim, considerando-se como repertório um baralho com 52 cartas, por exemplo, a quantidade de informação de cada uma delas é cerca de 5,7 bits, uma vez que 52 situa-se entre 32 e 64 , sendo aproximadamente igual a $2^{5,7}$. Em outras palavras, a quantidade de informação de cada uma das 52 cartas é $\log_2 52$ = 5,7 Neste caso, o resultado pode ser interpretado do seguinte modo: o número de perguntas do tipo "é ou não é" necessárias para identificar-se uma carta escolhida ao acaso depende do tipo de carta (figura? número?...). O valor 5,7 expressa algo como um número médio de perguntas necessárias; na prática, o número de perguntas poderá ser igual a 6, ou mesmo a 4, numa boa estratégia.

Quando as mensagens que compõem o repertório não são eqüiprováveis – que é o caso mais freqüente – um raciocínio semelhante conduz a um resultado interessante: quanto maior a variedade do repertório, menor a probabilidade de ocorrência de cada mensagem (no caso de chances iguais para todas); assim, uma mensagem tem tanto mais informação quanto mais rara, menos freqüente, ou seja, menos provável ela é. Partindo-se dessa pressuposição básica, a quantidade de informação de uma mensagem é definida como o logaritmo na base 2 do inverso da probabilidade de sua ocorrência. As tabelas a seguir traduzem o que se afirmou anteriormente:

repertório	A_1	A_2	A_3	...	A_k	...	A_n
probabilidade	$1/n$	$1/n$	$1/n$	...	$1/n$	...	$1/n$
informação	$\log_2 n$	$\log_2 n$	$\log_2 n$	...	$\log_2 n$	...	$\log_2 n$

[notar que $\log_2 n = \log_2 1/(1/n)$]

repertório	A_1	A_2	A_3	...	A_k	...	A_n
probabilidade	p_1	p_2	p_3	...	p_k	...	p_n
informação	$\log_2(1/p_1)$	$\log_2(1/p_2)$	$\log_2(1/p_3)$	...	$\log_2(1/p_k)$	...	$\log_2(1/p_n)$

No caso de um repertório não-eqüiprovável, uma espécie de quantidade de informação média das mensagens componentes é obtida por meio do seguinte cálculo:
$$E = p_1.\log_2(1/p_1) + p_2.\log_2(1/p_2) + p_3.\log_2(1/p_3) + ... + p_k.\log_2(1/p_k) + ...$$
$$+ p_n.\log_2(1/p_n)$$

O valor E costuma ser chamado de entropia do repertório; ele reflete a variedade do mesmo. De modo geral, *na teoria matemática da informação, quanto maior a variedade, maior a entropia.*

Informação e termodinâmica

A estratégia de Shannon para medir a quantidade de informação de uma mensagem, ou a entropia de um repertório, é análoga à utilizada pelo físico Boltzmann, em 1886, no cálculo da entropia em sentido termodinâmico. No caso da física, a comparação levada a efeito era entre os indicadores de macroestados e os de microestados de um sistema. Por exemplo, em um gás contido em certo reservatório, a temperatura T é um indicador de macroestado; já as velocidades das moléculas que compõem o gás são indicadores de microestados. O cálculo da entropia resulta da determinação do número de microestados de um sistema: *em sentido termodinâmico, tem-se, então, que, quanto maior a variedade possível, menor a entropia do sistema.* Assim, a entropia em sentido termodinâmico é o simétrico da entropia na teoria da informação; em razão deste fato, também costuma ser chamada, nesse último caso, de neguentropia.

A aproximação entre conceitos de áreas aparentemente tão distintas não deve, no entanto, parecer estranha: na verdade, em ambos os casos, os pressupostos básicos que orientam a contabilidade realizada são de natureza estatística. Na termodinâmica, as moléculas caminham aleatoriamente, sem rumo ou projeto, sem desejos ou consciência; analogamente, na matemática da informação, contabilizam-se mensagens como se elas fossem emitidas de modo aleatório, como se os emissores fossem desprovidos de intenções, de vontades, como se tivessem o comportamento de moléculas. De fato, uma característica fundamental da estratégia de Shannon para a medida da quantidade de informação de uma mensagem é o fato de que ela tem o caráter estritamente sintático, ou meramente estatístico: o número de bits revela a variedade do repertório, ou a freqüência relativa de ocorrência de cada mensagem, independentemente de seu significado, ou de seu conteúdo semântico. Não se pode, no entanto, minimizar a importância desse princípio fundador, que orienta toda a produção da mídia: quanto mais rara é a mensagem, quanto mais insólito é o evento, mais informação ele contém. Quanto à dimensão ética, isso é outro departamento.

Infons, situação, contexto

Já há algum tempo foi detectada a insuficiência da caracterização apenas sintática das mensagens, no caminho para a medida da informação que contêm. Sobretudo a partir do início da década de 1990, com os trabalhos de Barwise e Perry, e posteriormente, de Devlin, algumas tentativas interessantes de quantificação da informação levando em consideração o conteúdo da mensagem estão em curso. Algumas delas, sobretudo a que considera o contexto em que a mensagem se insere ou de que emerge, orlando o "sim ou não" com uma teia de relações entre os elementos constitutivos da mesma e o resto do mundo, trocam a singeleza dos bits pela trama complexa dos infons, que será aqui apenas anunciada e será examinada com mais pormenores no ensaio seguinte, desta coletânea.

Em seu livro – *Situations and Attitudes* (1983) –, Barwise e Perry estudam a quantificação da informação de maneira contextuada, levando em consideração seu entorno, desenvolvendo os elementos conceituais de uma "semântica situada" (situation semantic). De fato, em muitas situações, não parece suficiente afirmar-se que "ocorre" ou "não ocorre" tal fato, sendo mais razoável o registro de que *tal evento ocorre ou não ocorre em tais ou quais circunstâncias*. Essa semântica é retomada por Devlin (1991), que define a unidade de quantidade de informação com sendo o *infon*. De uma maneira sintética, um infon consiste em um par de elementos: o elemento um (ou zero), que traduz simplesmente a ocorrência (ou não) de determinado fato referente a certos objetos; e uma relação, ou um feixe de relações entre os elementos constitutivos do contexto em que tais objetos se inserem. Não se afirma apenas "Choveu", ou então, "Não choveu"; afirma-se "Choveu depois do vendaval, inundando a região central da cidade, fazendo com que o trânsito se tornasse lento e muitos semáforos deixassem de funcionar".

Mais formalmente, um infon é representado pelo par $[P(a_1, a_2, ..., a_n); i]$, onde P é uma propriedade, ou uma relação entre objetos de determinado conjunto; $a_1, a_2, ..., a_n$ são os argumentos de P, referentes aos objetos observáveis na situação determinada, constituindo um conjunto discreto de itens de informação, e i é a polaridade do infon, podendo ser igual a 1 ou 0, indicando, respectivamente, a ocorrência ou não de P para os objetos em questão. O infon representa, pois, uma informação a respeito de uma situação, considerando-se um certo contexto. A situação (abstrata) é a parte estruturada da realidade que o indivíduo reconhece e destaca. É a parte invariante da realidade, na análise que se intenta. O contexto é caracterizado tanto pela situação quanto pelas condições internas (psicológicas e emocionais) do indivíduo. O contexto representa a visão que o indivíduo tem do mundo, em determinado tempo e lugar, incluindo informações lógicas, como o reconhecimento de regras válidas, ou outras, de caráter conceitual (enciclopédicas) sobre os objetos da situação, além de informações léxicas, que permitem interpretar a linguagem natural e traduzi-la em linguagem lógica.

Dados, informações, conhecimento, sabedoria: como medir?

De modo geral, o problema da quantificação da informação é precedido por outro, mais simples, referente à quantificação de dados, e sucedido por outros muito mais complexos, relativos à expectativa de medida do conhecimento, da inteligência, ou da sabedoria. Como um dado constitui um mero registro, em geral numérico, sobre a realidade, passível de acumulação e de armazenamento em bancos, sua medida resulta relativamente simples, e o bit parece uma unidade inteiramente adequada. Já a informação, que é mais do que o mero dado, que é um dado com significado, com relevância para alguém, já pressupõe a existência de uma pessoa, a se debruçar sobre um banco de dados, com propósitos e intencionalidades; nesse caso, os infons parecem uma unidade muito mais pertinente, ainda que estejam em uma etapa muito incipiente de formulação e desenvolvimento.

Quanto ao conhecimento, que não se resume à mera reunião de informações, grandes expectativas são depositadas sobre a possibilidade efetiva de quantificá-lo, de medi-lo. No entanto, a identificação do conhecimento com uma grandeza em sentido físico ou matemático, ou com uma mercadoria em sentido industrial, tem conduzido freqüentemente a situações paradoxais. De fato, como lidar com um "bem", com um "ativo" que se pode dar, vender ou trocar sem abdicar de sua posse? Como quantificar um produto que não se coaduna com a idéia de estoque? Que em certo sentido, quanto mais se usa, mais novo fica? Herbert Simon propôs, no caso do conhecimento, uma unidade chamada de "chunk", que expressaria um mapeamento das informações relevantes sobre determinado tema, constituindo uma "visão" do mesmo. É interessante recordar-se aqui que a palavra "teoria", tão umbilicalmente relacionada com a idéia de conhecimento, significa precisamente "visão" (theoros) em grego. Um filme, por exemplo, poderia constituir um chunk de conhecimento sobre determinado conteúdo.

No que se refere à inteligência, que envolve a capacidade de projetar, ou à sabedoria, que relaciona saberes e valores, outras unidades têm sido sugeridas, timidamente, aqui e ali, por diferentes autores, sem que exista ainda um consenso mínimo que possa servir de base a uma exploração introdutória. O quadro a seguir sintetiza o que se registrou anteriormente.

Resumo: unidades de medida

Nível	Unidade	Palavras-chave
Sabedoria	maxim	valor / reflexão
Inteligência	wit	projeto / ação
Conhecimento	chunk	visão / construção
Informação	infon	comunicação / contexto
Dado	bit	banco / acumulação

(Adaptado de William Sheridan, em http://www3.sympatico.ca/cypher2/PRINCIPIA.htm,)

O tema é fecundo e desafiador. A única conclusão possível, por enquanto, é que a exploração do mesmo apenas acabou de começar.

Referências bibliográficas

AKMAN, Varol & SURAV, Mehmet. *Contexts, Oracles, and Relevance*. Em: http://cogprints.ecs.soton.cc.uk/archive/00000473.

BARWISE, Jon & PERRY, John. *Situations and Attitudes*. Cambridge: MIT Press , 1983.

DEVLIN, Keith. *Logic and Information*. New York: Cambridge University Press, 1991.

GOERTZEL, Ben. *Chaotic Logic*. Em: http://www.goertzel.org/books/logic/contents.html.

SHANNON, Claude & WEAVER, Warren. *The Mathematical Theory of Communication*. Urbana: University of Illinois Press, 1959 (1949).

SHERIDAN, William. Sensible Signage. Em: http://www3.sympatico.ca/cypher2/PRINCIPIA.htm.

SINGH, Jagjit. Teoria de la información, del lenguaje y de la cibernética. Marid: Alianza, 1972.

WHITEHEAD, A. N. *A função da razão*. Brasília: Editora da UnB, 1988.

WIENER, Norbert. *Cibernética e Sociedade: o uso humano de seres humanos*. São Paulo: Cultrix, 1954.

_____. *Cibernética: A comunicação e o controle no animal e na máquina*. Barcelona: Tusquets, 1985 (1948).

10

Matemática e informação:
as visões de Barwise e Devlin

Antônio Sales da Silva

Tão logo a linguagem agiu como veículo para transmitir informação à mente (tanto a própria quanto a de outra pessoa) levando consigo pedacinhos de informação não-social, teve início uma mudança. (Steven Mithen, em *A pré-história da mente*, p. 338).

... o maquinário combinatório necessário para iniciar e manter o pensamento no modo "off-line" nada mais é do que a sintaxe. Ao se alcançar o pensamento "off-line", atingir-se-á a linguagem plena, e vice-versa. (Keith Devlin, em The Math Gene, p. 244).

Acima estão vozes de um arqueólogo e um matemático, respectivamente. Foram aqui apresentadas propositadamente como uma mostra do espectro em que fervilham as conexões entre *linguagem, informação* e o *senso matemático*.

Ao tentar seguir o percurso apontado por Jon Barwise, John Perry e Keith Devlin para explorar a natureza da informação à luz da Teoria da Situação, descobrimos que precisávamos compreender melhor as razões que levaram Noam Chomsky a centrar seus estudos lingüísticos na sintaxe, entendimento este necessário para nos possibilitar ao menos um vislumbre do alcance das suas contribuições para a lingüística moderna.

Nesse sentido, fomos encontrar em Devlin (Devlin, 2000) uma síntese da pujança dos trabalhos que têm sido feitos com o objetivo de examinar a evolução e o papel da linguagem na história das sociedades humanas. Ali está, por exemplo, o conceito-chave de pensamento "off-line", apresentado por Derek Bickerton para caracterizar a manifestação da linguagem, mostrando aspectos significativos em que esta se diferencia de um simples sistema de comunicação.

A partir daí, foi possível construir uma ponte que nos leva a identificar e compreender as estruturas que subjazem à criação, transmissão, processamento e uso da informação. Nesse contexto, os chamados "dispositivos de confirmação" concorrem decisivamente para o entendimento da dinâmica presente na "geometria da conversação".

Partindo dos pressupostos de que a informação não se realiza sem o concurso da linguagem e que esta se encontra em associação intrínseca com a noção de representação, veremos que, para explorar uma situação foco de modo colaborativo, ou seja, para o estabelecimento de uma comunicação, os níveis de representação utilizados pelos participantes devem integrar a parte que é comum aos seus repertórios interpretativos do mundo.

Breve viagem arqueológica

Para falar a respeito da linguagem e de informação, seguiremos a trilha de alguns estudiosos, tais como Steven Mithen (Mithen, 2002), e consideraremos a mente como um conceito primitivo. Tomando-a como uma abstração-mor da espécie humana, partiremos desta premissa para tratar a linguagem e informação como abstrações de uma outra ordem criadas pela mente, assumindo o *status* de portais indispensáveis para o estudo do comportamento humano em sociedades.

Parece consensual no meio científico que a compreensão dos perfis de sociabilidade e cognição do homem moderno passa necessariamente pelo empreendimento de uma viagem arqueológica aos mundos de seus ancestrais mais marcantes. Podemos encontrar em Mithen (Mithen, 2002) e em Devlin (Devlin, 2000) uma síntese de tais marcos:

Australopithecus ramidus: viveu há quatro milhões e meio de anos;
Homo habilis: viveu há dois milhões de anos;
Homo erectus: viveu há um milhão e oitocentos mil anos;
Homo sapiens: surgiu por volta de trezentos mil anos atrás;
Homo neanderthalensis: viveu até cerca de trinta mil anos atrás;
Homo sapiens sapiens: surgiu há cem mil anos.

É examinando-lhes as alterações corporais (anatômicas, fisiológicas etc.) e os modos como seus integrantes se relacionam entre si e com o mundo, que essas categorias nos têm fornecido pistas para chegarmos aos "comos" e "porquês" de estarmos no atual estágio de desenvolvimento lingüístico.

Tidos como os primeiros hominídeos, o gênero *Australopithecus* reúne mudanças físicas significativas em relação aos primatas que os antecederam. Ao longo do tempo, foram adquirindo uma postura predominantemente bípede, locomovendo-se sobre os até então membros posteriores. Desse modo, seus membros anteriores puderam assumir novas funções. Certamente, essa novidade associa-se direta e intensamente a alterações surgidas nos seus cérebros, assim como nos de seus descendentes.

De acordo com Devlin (Devlin, 2000, p. 180-181), é no gênero *Homo erectus* que ocorre uma das mais abruptas quebras de continuidade no que se refere ao ferramental lingüístico. Sua postura totalmente ereta mantém a cabeça apoiada de modo co-axial com a coluna vertebral, fazendo com que a língua juntamente com os ligamentos de sua base à laringe sejam impelidos pescoço abaixo, e isso cria uma acentuada angulosidade no trato vocal.

Uma conseqüência direta desse novo modo com que a língua passa a ser atraída gravitacionalmente é uma diminuição no tamanho da boca. Além disso, registra Devlin (Devlin, 2000, p. 181), a angulosidade acima referida possibilita a produção de sons que só são gerados sob atrito oclusivo: os chamados sons consonantais. Este pode ser considerado um ponto catastrófico, a partir do qual tem início a riqueza de nossas articulações fonéticas.

Isso significa que sem tal recurso as nossas possibilidades comunicativas se esgotariam num pobre conjunto de grunhidos. É pelo modo como juntamos os poucos sons vocálicos aos abundantes sons consonantais que somos bem sucedidos na tarefa de discriminar ou identificar nomeadamente indivíduos, transmitir informações de alta complexidade e discorrer sobre os mais variados tipos de situações. Em suma, sem essa conjugação de fatores não existiria linguagem; mas por causa dessa mesma conjugação, "nascemos para falar". Falar uns com os outros.

O peso da contribuição das consoantes para a realização da linguagem pode ser ilustrado pela seguinte situação, inspirada em um exercício que aparece em Mithen (Mithen, p. 239). Como falantes de português, tentemos captar a informação contida na frase "vomos fozor osto corooso tosto". Apesar de parecer expressar uma dispensabilidade dos sons vocálicos, este é antes de tudo um exemplo afirmativo de que a construção de significados lingüísticos se materializa através dessa imensa possibilidade composicional.

Estudos científicos dão conta de que fatores de natureza essencialmente biológica e cultural, de variados níveis de complexidade, acham-se lastreados em uma espécie de rede de influências recíprocas. Isso significando que, por exemplo, alterações ocorridas no corpo podem ser conseqüência de – ou podem desencadear – modificações comportamentais manifestadas no âmbito da cultura, e vice-versa.

Esse movimento de múltiplas idas e voltas torna mais sofisticadas as relações que estabelecemos com a realidade; ela e nós, como parte dela, experimentamos algo como um permanente complexificar. É como se desse processo nascessem (ou passassem a ser percebidos) eventos e idéias dotados de complexidade mais elevada, exigindo para sua socialização uma comunicação cada vez mais sofisticada.

Teorias a esse respeito sustentam que os primeiros hominídeos possuíam um vocabulário que só lhes permitia nomear objetos e expressar, com o auxílio de um repertório gestual e entonações convenientes, ações de curto alcance temporal e espacial. Coisas do tipo: "Veja!", "Coma!", "Colar meu", "Mim cansado". Protolíngua é o nome dado pelos lingüistas a esse limitado sistema de comunicação.

Devlin (Devlin, 2000, p. 179) sugere que esse sistema seja representado através de um diagrama lembrando uma árvore de dois ramos apenas. Tal representação dispensa a associação de cada um dos ramos a uma determinada categoria gramatical, pois expressa, assim, fidelidade a um estágio comunicacional em que não havia sintaxe.

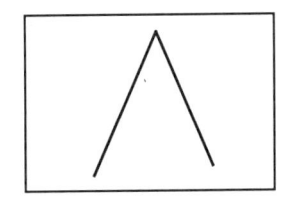

Figura 1. A árvore da Protolíngua.

A simplicidade comunicativa guardava estreita correspondência com as necessidades individuais e coletivas. Estas, por sua vez, vinculavam-se intimamente às atividades físicas e mentais. Daí que a pequenez do mundo achava-se fortemente relacionada à capacidade de que dispunham nossos ancestrais para explorar as porções estruturadas deste, a ponto de se lançarem radicalmente em intervenções na morfologia e na fisiologia do ambiente.

O cenário descrito acima, longe de representar uma estagnação, era portador de uma dinâmica determinada por uma gama de novas necessidades e pelo desenvolvimento de habilidades que se multiplicavam sem parar. Essa profusão tem implicação direta na protolíngua, que passa a incorporar recursos que a tornam mais pródiga no sentido da eficiência e da versatilidade. É nesse contexto que, por volta de algo entre setenta e cinco mil e duzentos mil anos atrás, dá-se a aquisição da sintaxe.

Teóricos do assunto concordam que, naquele período, a evolução sofrida pela protolíngua foi de uma dimensão tal que nossos ancestrais adquiriram uma capacidade lingüística que incluía aspectos sintáticos ainda hoje presentes na linguagem. Concordam também que as necessidades por si sozinhas não seriam suficientes para desencadear tamanha mudança. O atendimento só foi possível naquela época porque, segundo Mithen (Mithen, 2002, p. 217-218), o volume cerebral, e as configurações neural e do trato vocal sofreram alterações capazes de se articular de modo a gerar uma comunicação de pensamentos mais complexos.

Talvez esteja nessa fascinante trajetória histórica percorrida pela linguagem uma das razões pelas quais ela segue sendo despertadora do interesse de estudiosos das mais variadas áreas do conhecimento. Entre estes, Noam Chomsky assumiu uma posição destacada escolhendo os aspectos sintáticos como foco de suas preocupações lingüísticas. Uma de suas mais importantes contribuições foi a descoberta de que dadas duas quaisquer línguas humanas, elas são estruturalmente uma só. Em outros termos, do ponto de vista sintático, as línguas humanas constituem "variações em torno de um mesmo tema".

Para representar este fato, Devlin (Devlin, 2000, p. 160) propõe um modelo a que deu o nome de "árvore fundamental da linguagem". Seu formato representativo de uma oração substantiva é o seguinte:

Chomsky, partindo do que considera um isomorfismo estrutural entre as línguas humanas, apresentou uma classificação que inclui as frases declarativas, imperativas e interrogativas. Estas estruturas ele chamou de "invariantes universais sintáticos".

Barwise e os invariantes universais semânticos

Foi também Chomsky quem observou que gramaticalidade e sentido não são indissociáveis, isto é, podemos, por exemplo, construir frases gramaticalmente corretas mas totalmente desprovidas de sentido. Sentido, talvez seja esta a palavra-chave para uma exploração genuína dos universos da linguagem. Movemo-nos no mundo ao sabor dos nossos juízos e das nossas decisões. Juízos são construídos, decisões são tomadas, a partir de um repertório de valores que consideramos dotados de sentido. Tais valores são transmitidos e assimilados através da linguagem.

Mas, o sentido, por causa de sua destinação e de seu uso, é algo que só se realiza no curso de uma ação interativa. Foi esta a premissa de que valeram-se Jon Barwise e John Perry para seu enfoque sobre a linguagem. Para eles, o ambiente apropriado para a busca do sentido não poderia se restringir a um conjunto de frases, consideradas em si mesmas. O contexto, a situação em que se dá a conversação, estes sim são inseparáveis do sentido.

Inspirados nessa observação, Barwise e Perry denominaram *teoria da situação* a sistematização em que estudam a linguagem no seu modo ativo. Para eles, a linguagem é vista como um fenômeno que é parte da realidade, sendo portanto afetada também por fatores de natureza extralinguística. Por esta razão, o termo 'ativo' está aqui sendo usado para denotar contraposição a uma espécie de modo *stand by*, que parece caracterizar o estado em que é tomada a linguagem para uma abordagem sintática.

Entre as contribuições mais importantes que Barwise e Perry têm dado está a proposta segundo a qual as línguas humanas comungam, de modo universal e invariável, traços semânticos muito especiais. São os seguintes os *invariantes universais semânticos* apresentados por esses pesquisadores (Barwise, 199, p. 27-41):

• *Significância externa*: o modo ímpar como a linguagem parece conferir ao mundo físico deslumbrante representabilidade chega a sugerir que transmitir informação acerca dele é o seu único papel.

• *Produtividade*: refere-se ao nosso imenso potencial para usar e compreender expressões que não integravam o nosso vocabulário.

• *Eficiência*: uma mesma expressão pode ser usada repetidamente em diferentes situações para expressar coisas diferentes. Sua interpretação é determinada pela situação em que é proferida. 'Interpretação' é aqui entendida no sentido da classe de situações descritas pela expressão.

• *Relatividade de perspectivas*: devido ao modo singular como cada interlocutor se relaciona com a realidade (sua história, suas perspectivas etc.), cada participante engajado em um processo informacional mobiliza seu próprio repertório de tipos de situações ao emitir/receber uma informação.

• *Ambigüidade*: este seria um aspecto da *eficiência*, no sentido de que expressões das linguagens naturais podem ter mais de um significado. Para tanto, contribuem a entonação, os gestos, o ambiente onde são proferidas. Mais uma vez, é a situação que se encarrega de buscar na interpretação o significado.

• *Significância mental*: ao reportarmo-nos a uma porção estruturada da realidade, junto com a informação que transmitimos tornamos perceptível o estado mental em que nos encontramos. Desse modo, o receptor da informação apreende também, a partir de conexões com a realidade, as sensações prevalecentes em nós naquela situação.

Um novo conceito de informação: tipos, dispositivos de confirmação e a geometria da conversação

O conceito de informação, por causa de sua imbricação com o de linguagem, recebe de Barwise e Perry, à luz da teoria da situação, um novo enfoque. Para Barwise e Perry (Barwise, 1999, p. 94), o significado é construído através de relações especiais estabelecidas entre diferentes tipos de situações, e, além disso, sustentam que esta é a única forma pela qual se constitui o significado lingüístico.

Vivemos permanentemente atualizando a nossa constelação de tipos de situações. Essa atualização se processa de variadas formas permitindo, por exemplo, que verifiquemos se uma situação contém uma outra, assim como possibilita a obtenção de informação sobre uma situação a partir de informação extraída de uma outra.

Procurando manter-se fiel aos pressupostos da teoria da situação para explorar os processos comunicativos, Devlin (Devlin, 2001, p. 84) descreve alguns itens de que se valem os participantes de uma troca de informação a fim de assegurar o fluxo da conversa. Os referidos itens, chamados dispositivos de confirmação, são os seguintes: *atenção contínua, acatamento, expressão facial, início de um próxima contribuição relevante, demonstração, complementação, repetição ipsis litteris*.

De acordo com Devlin, uma conversa entre duas pessoas acerca de uma situação foco, além dos itens apresentados acima, inclui seus *backgrounds* individuais, assumindo uma configuração em que estes se entrelaçam de modo a gerar uma região de domínio comum. Nesta região, se situam os elementos (informações) de mediação das informações retiradas das porções dos *backgrounds* exclusivas de cada um dos participantes, que vão sendo utilizadas na exploração da situação foco. À medida que a conversa flui, a configuração vai se alterando, especialmente no que diz respeito ao conteúdo da área de domínio comum. Essa dinâmica dá origem ao que Devlin denomina *geometria da conversação*.

Acreditando na existência de uma lógica que contempla também a dimensão semântica dos processos de comunicação, Devlin, inspirado nos princípios da teoria da situação, propõe um tratamento matemático à noção de informação e introduz o conceito de *infon*, que seria uma porção significativa e unitária de informação. Tal conceito leva em conta a natureza mesma da informação, cuja ocorrência se dá no âmbito de determinada situação em que alguma outra situação está em foco.

Desse modo, toda troca de informação envolve relações entre porções de tempo e lugar, indivíduos, objetos, ações e estados mentais dos participantes da conversa. Esses elementos são portanto imprescindíveis à ontologia da referida lógica. Em Devlin (Devlin, 1996, p. 56), vamos encontrar uma descrição sucinta de tais constituintes:

• *Indivíduos* – pessoas, quaisquer outros animais, plantas, máquinas etc. que um sujeito identifica (sabe o que é) e/ou discrimina (sabe o que não é) como itens singulares. Serão aqui representados por $a, b, c, \dots$.

• *Relações* – uniformidades que um sujeito identifica como pertinente ou não a ele e a outros sujeitos. Serão denotadas por $R, R_1, R_2, \dots$.

• *Locais do espaço* – diferentemente do modo como os consideramos nos espaços matemáticos, aqui esses locais não são necessariamente pontos. Receberão as representações $l, l', l'', l_0, l_1, \dots$

• *Locais do tempo* – de modo análogo ao caso anterior, aqui serão também considerados intervalos de tempo. A notação adotada para eles será $t, t', t_0, t_1, \dots$

• *Situações* – porções estruturadas da realidade que um sujeito identifica ou discrimina. Ganharão a seguinte representação: $s, s', s'', s_0, \dots$

• *Tipos* – uniformidades de ordem superior; serão denotados por: $T, T_1, T_2, \dots$.

• *Parâmetros* – indeterminadas que abrangem objetos de vários tipos; sua representação será: $\dot{a}, \dot{R}, \dot{l}, \dot{t}, \dot{s}, \dots$.

No presente contexto, se f é uma frase então a unidade de informação contida em f, o *infon* referente a f será representado por $<<f>>$. Se s representa uma situação e σ um *infon*, então:

• a notação $s \models \sigma$ será usada para significar que a informação **é válida** na situação s

• $s \not\models \sigma$ significará que a informação σ **não é válida** na situação s

Formalmente, *infons* podem ser definidos da seguinte maneira:

Definição 1. Consideremos uma relação R aplicável a, no máximo, n objetos. Se $m \leq n$ e a_1, a_2, a_3 ..., a_m representam objetos apropriados para assumir as posições i_1, i_2, i_3 ..., i_m compatíveis com a relação R então, para $j=0$ ou $j=1$ o ente $<<R, a_1, a_2, a_3 ..., a_m, j>>$ é um *infon*.

Caso os objetos a_1, a_2, a_3 ..., a_m satisfaçam a relação R, o *infon* torna-se $<<R, a_1, a_2, a_3 ..., a_m, 1>>$. Quando não a satisfazem, tal fato é representado por $<<R, a_1, a_2, a_3 ..., a_m, 0>>$.

Exemplo 1. Se R_1 representa a relação "maior do que" no conjunto dos números inteiros Z, R_2 a relação "menor do que" neste mesmo conjunto, e s representa uma situação da qual Z faz parte, temos:

$$s \models = <<R_1, -32, -17, 0>> \text{ e } s \models \neq <<R_2, 4, -9, 1>> \, .$$

É interessante observar que a relação de satisfatoriedade entre *infons* e situações permite, de modo preciso, algumas comparações entre situações. A título de ilustração, vejamos alguns exemplos.

• Duas situações s_1 e s_2 são distintas entre si se existe um *infon* σ tal que $[\, s_1 \models = \sigma \text{ e } s_2 \models \neq \sigma \,]$ ou $[s_1 \models \neq \sigma \text{ e } s_2 \models = \sigma \,]$. Ou seja, duas situações são distintas entre si se existe um *infon* que satisfaz uma delas mas não a outra.

• Se s_1 e s_2 representam situações, temos:

$s_1 \subseteq s_2$ se, e somente se, $(\forall \sigma)[s_1 \models = \sigma \Rightarrow s_2 \models = \sigma]$. Com isso, queremos dizer que uma situação s_1 é parte de uma outra, s_2 se todo *infon* que satisfaz s_1 também satisfaz s_2

• Se s_1 e s_2 representam situações, temos:

$s_1 = s_2$ se, e somente se, $(\forall \sigma)[s_1 \models = \sigma \Leftrightarrow s_2 \models = \sigma]$. Aqui está expresso o caso da igualdade entre duas situações, isto é, para que duas situações sejam iguais é necessário, e basta, que cada uma seja parte da outra, no sentido visto acima.

Com inspiração em outras lógicas, é possível realizar operações entre *infons*. Assim, temos:

• Se s representa uma situação, a conjunção, $\sigma \wedge \tau$, de dois *infons* σ e τ, satisfaz: $s \models = \sigma \wedge \tau$ se, e somente se, $s \models = \sigma$ e $s \models = \tau$.

• Se *s* representa uma situação, a disjunção, σ V τ , de dois *infons* σ e τ, satisfaz: *s* |= σ V τ se, e somente se, ou *s* |= σ ou *s* |= τ, ou quando se verificam ambas as proposições.

Vale salientar que a negação de um *infon* pode ser obtida recorrendo-se à polaridade, isto é, a negação de <<*R, a_1, a_2, ..., a_n*, 0>> é <<*R, a_1, a_2, ..., a_n*, 1>>, e vice-versa. Uma outra observação que merece ser feita é o fato de que essa teoria possibilita o uso intencional dos conectivos Λ e V, algo não contemplado pela lógica de predicados, para citar um exemplo. Ali, o uso destes é sempre feito no sentido extensional. Assim, os valores de verdade das proposições $p Λ q$ e $q Λ p$ são iguais e dependem unicamente dos valores de verdade de p e q.

Já, no modo intencional, a relação temporal entre p e q é também determinante na atribuição do valor de verdade da proposição $p Λ q$. Quando se tem por objetivo a análise da linguagem em ação, o uso extensional de conectivos pode ocultar alguns aspectos significativos da informação. Para exemplificar, basta ver o que acontece com informações tais como "Fui à praia e adoeci", e "Adoeci e fui à praia".

Considerações finais

Reconhecemos como decisivas as contribuições que Devlin tem dado ao estudo das marcantes relações entre linguagem e informação à luz da *teoria da situação*, uma criação de Barwise e Perry. A partir de uma livre comparação, diríamos que em Barwise & Perry o rigor filosófico está em um nível superior ao rigor matemático. Em Devlin, dá-se uma inversão. Portanto, achamos que para um aprofundamento nessa área, a postura mais indicada é a busca da complementaridade possível entre os trabalhos desses autores.

As abordagens por eles adotadas parecem indicar que uma adequada apreensão dos vínculos orgânicos entre as línguas naturais e a matemática não pode prescindir da identificação de feixes de relações entre os diversos tipos de "situações matemáticas" curriculares. Ainda, para a finalidade aqui aludida, parece essencial o discernimento das estruturas sintáticas e semânticas de cada um desses dois universos.

Não seria na negligência em relação a esses aspectos que reside boa parte dos motivos que levam um aprendiz de matemática a propor, de modo insistente, a realização de operações entre objetos que habitam estruturas incompatíveis? Suspeitamos que falta algo a ser clarificado a respeito das características ontológicas das entidades que integram as estruturas matemáticas. Talvez precisemos contribuir para que o aprendiz tome consciência de que os elementos universais de natureza semântica, que são uma marca das línguas naturais, não são encontráveis na matemática com a mesma extensão e densidade.

Estamos nutrindo a expectativa de que a exploração das idéias de Barwise & Perry e Devlin possa viabilizar o desenvolvimento de recursos metodológicos que favoreçam o processo de ensino-aprendizagem de matemática, tão marcado por aquilo a que Nílson (1990, p.127) chama de ausência endógena de uma oralidade nas linguagens formais. Talvez as possibilidades de representação oferecidas por essa teoria possam servir à causa da superação dos referidos obstáculos.

Vale salientar que o percurso escolhido por Devlin permite que identifiquemos em que medida a sua lógica dos *infons* se aproxima ou se afasta da lógica de predicados. Para além dessa possibilidade, Devlin apóia-se decisivamente nos estudos conduzidos por Maturana, Pinker e Bickerton sobre cognição, mente e linguagem. Ele explicita a consciência que tem das limitações ainda enfrentadas pela sua teoria, assim como enfatiza que os resultados obtidos por esse seu projeto científico assumem uma configuração que se junta legitimamente a outras, constituídas a partir de outros pressupostos.

Referências bibliográficas

BARWISE, Jon., PERRY, John. *Situations and attitudes*. Stanford: CSLI Publications, 1999.

BICKERTON, Derek. *Language and human behavior*. Seattle: University of Washington Press, 1995.

CHOMSKY, Noam. *Aspects of the theory of syntax*. Cambridge, MA: MIT Press, 1965.

DEVLIN, Keith. *Logic and information*. New York: Cambridge University Press, 1991.

DEVLIN, Keith., ROSENBERG, Duska. *Language at work*. Stanford: CSLI Publications, 1996.

DEVLIN, Keith. *The math gene*: how mathematical thinking evolved and why numbers are like gossip. Great Britain: Basic Books, 2000.

DEVLIN, Keith. *Infosense*: turning information into knowledge. New York: W. H. Freeman and Company, 2001.

MACHADO, Nílson J. *Matemática e língua materna*: análise de uma impregnação mútua. São Paulo: Cortez, 1990.

MACHADO, Nílson J. *Matemática e realidade*. 5. ed. São Paulo: Cortez, 2001.

MITHEN, Steven. *A pré-história da mente*: uma busca das origens da arte, da religião e da ciência. Trad. Laura Cardellini Barbosa de Oliveira. São Paulo: Editora UNESP, 2002.

PINKER, Steven. *How the mind works*. New York: W. W. Norton & Company, 1997.

PINKER, Steven. *O instinto da linguagem*: como a mente cria a linguagem. Trad. Claudia Berliner. São Paulo: Martins Fontes, 2002.

ROTMAN, Brian. *Mathematics as sign*: writing, imaging, counting. Stanford: Stanford University Press, 2000.

11

Imagens mentais e compreensão de conceitos científicos

Mônica Fogaça

Primeiras reflexões

É bem significativa a motivação demonstrada pelos alunos de diferentes idades por temas pertencentes à ciência atual. Múltiplas questões e comentários chegam à sala de aula, decorrentes, principalmente, do bombardeio de informações e imagens apresentadas por meio das linguagens sedutoras da mídia. Esses temas versam sobre: transgênicos, clonagem, molécula de DNA, drogas que atuam no comportamento humano, biotecnologia dos seres pós-humanos, reações bioquímicas envolvidas em doenças (AIDS , câncer, estresse) ou até mesmo sobre os mistérios do Universo. São, portanto, prioritariamente temas referentes aos conceitos que não possuem atributos perceptíveis diretamente.

Dificuldades específicas quanto à compreensão deste tipo de conceito são freqüentemente apontadas na literatura (Lodgen,1982). Para ilustrar, o artigo de Silveira et al (2002) analisa alunos de ensino médio e de graduação que expressam sérios obstáculos à aprendizagem do código genético, da síntese de proteínas e de vários outros modelos citológicos. Para alguns autores, estes conteúdos não devem ser estudados na escola, pois não são adequados ao nível de desenvolvimento cognitivo dos alunos, já que sua assimilação depende do raciocínio hipotético-dedutivo, isto é, de uma relação entre coisas que faz conclusões a partir de hipóteses e não somente através de uma observação do real. Esta capacidade, no entanto, só está plenamente desenvolvida em estudantes com respostas pertinentes ao nível operatório-formal de Piaget. Estudantes com respostas do nível operatório concreto geralmente recorrem apenas à memorização destes conteúdos por não conseguir assimilá-los. (Cantu & Herron, 1978).

Bastos (1991), no entanto, argumenta a favor da inclusão destas temáticas na escola pela forte contribuição que elas podem trazer à formação dos estudantes. Nesse sentido, o estudo dos modelos biológicos referentes ao mundo microscópico pode fornecer uma nova perspectiva de interpretação da realidade. Este estudo é imprescindível também pela possibilidade de aplicar estes conhecimentos em situações do quotidiano, permitindo que os alunos se posicionem de forma crítica em relação às questões polêmicas do uso da biotecnologia, como consumidores potenciais. São decisões relacionadas a campos bem distintos referentes a diversos problemas da sociedade, como a na saúde física e mental, o tipo de produção de alimentos, a preservação ambiental, as políticas de saúde pública ou o saneamento básico.

Bastos aponta ainda que diversos autores sugerem que seja possível superar os obstáculos referentes ao estudo dos modelos científicos por intermédio de uma metodologia de ensino contextualizada, em oposição à metodologia predominantemente descritiva. Neste sentido, Posner, Stike, Gertzog e Hewson (1982) sugerem uma metodologia fundamentada na idéia de aprendizagem por mudança conceitual que se baseia na analogia entre o processo de evolução do pensamento científico e o processo de aprendizagem dos conceitos pelos alunos. Entres as várias estratégias propostas para produzir a mudança conceitual, alguns destes autores propõem a criação de atividades que gerem o conflito cognitivo, de tal forma que leve os alunos a perceber incoerências e inconsistências em suas concepções prévias e a reconstruir o modelo inicial (Scott et al, 1992 apud Freitas, 1998).

Ainda assim tenho me deparado com as dificuldades de aprendizagem dos modelos científicos em diversas circunstâncias. Por sorte, alguns alunos conseguem explicar suas dificuldades, através de uma característica que se tornou um indício precioso: "não consigo enxergar, não consigo visualizar"(mesmo que estejam olhando diretamente para uma ilustração que representa o fenômeno). Isso decorre do fato que para conseguir visualizar os modelos científicos é necessário atribuir-lhes uma significação.

Talvez a analogia entre o aprendizado e a evolução do pensamento científico possa fornecer novas pistas em relação ao obstáculo para a significação. Fenômenos muito complexos são observáveis apenas de forma indireta a partir de indícios e, portanto sua visualização ocorre por intermédio de inferências. Piaget (1980/1996) descreve o "círculo das significações" no qual relaciona as inferências, os julgamentos, os conceitos e os predicados dos objetos. Neste círculo de relações, as inferências são compostas por vários julgamentos efetuados pelo estabelecimento de relações entre diferentes conceitos . Estes últimos são definidos como representações de objetos pelo pensamento a partir de suas características gerais. Os conceitos são agrupamentos de predicados . Este pensamento é compartilhado por Kuhn (apud Arruda e Laburú, 1998), para quem a ciência usa a imaginação na criação de modelos que explicam os fenômenos, ou seja, o cientista usa da inferência a partir de alguns indícios observados nos fenômenos para criar uma imagem explicativa: o modelo. Logo, assim como a ciência cria modelos para compreender fenômenos, os alunos também precisam de imagens mentais para compreender os conceitos. Max Black (1966) descreve quatro tipos de modelos científicos, mas indica os modelos teóricos como os mais utilizados nas grandes descobertas. São modelos icônicos que se constituem de estruturas imaginárias, como se fossem cenas, e que podem ter vida totalmente independente do fenômeno original, visto que o desconhecimento quase total do objeto ou fato original leva a analogias completamente inventadas. Justamente por estes atributos, a inferência parece permitir a criação de imagens mentais e estas parecem ter papel de destaque na compreensão dos modelos científicos apresentados na escola.

A imagem mental é essencial para a compreensão dos modelos científicos?

Diferentes linhas da filosofia e da psicologia têm refletido, ao longo do tempo, sobre o conhecimento e a sua relação com as imagens mentais. Acreditamos que seja significativa a descrição destas linhas, tendo como marco inicial o período moderno da história da filosofia, pois elas influenciaram as várias concepções atuais em debate sobre o aprendizado.

Uma primeira abordagem denominada inatista, fundamenta-se nos pressupostos filosóficos racionalistas. Segundo esta linha, a razão humana individual é dotada de poder crítico suficiente para ser o centro de toda verdade e certeza. René Descartes, um dos precursores do pensamento moderno racionalista, afirmava que a única realidade existente era o próprio pensamento e que este seria constituído de idéias. Sua descrição do termo " idéia" é imprecisa, pois pode tanto ser o ato do pensamento, como o seu conteúdo na forma de imagens ou representações. Descreve ainda três tipos de idéias: as inatas, que não surgem da experiência, mas estão presentes no indivíduos desde o seu nascimento; as adventícias ou empíricas , que surgem a partir da experiência e que dependem da percepção; e as idéias da imaginação, que utilizam elementos provenientes da percepção, mas que provêm também da associação entre diferentes idéias de forma criativa. Para ele, as idéias verdadeiras têm causas inatas, e apesar de existirem idéias provenientes dos sentidos, o pensamento deve se distanciar do mundo sensível, submetendo as idéias ao julgamento de sua clareza e distinção. "O conhecimento é a representação verdadeira, a correspondência entre a idéia e o objeto externo." (Marcondes, 2002).

Esta abordagem baseia-se também em pressupostos psicológicos inatistas de autores, como Binet (séc.XIX), para o qual, o pensamento contém vários elementos e habilidades e os mais fundamentais, como o julgamento e as afirmações, prescindem da imagem mental. Além disso, outro autor, Fodor alega que os conceitos inatos estão sujeitos apenas ao processo de maturação e, portanto, a imagem não tem papel algum. (Changeux, 1991).

Uma segunda corrente de pensamento sobre a relação entre a imagem mental e o conhecimento, a abordagem ambientalista, teve sua origem também no período moderno a partir dos pressupostos filosóficos do empirismo. Os pensadores empiristas entendiam que a única fonte de conhecimento era a percepção do mundo pelos sentidos. Rejeitavam, portanto, a existência de idéias inatas. Segundo John Locke, a mente é um quadro em branco, no qual as idéias ficam registradas a partir da percepção pelos sentidos. Logo, o pensamento é a imagem mental. Nesse sentido, David Hume descreve dois tipos de imagens: as impressões, que surgem quando o espírito humano tem percepções fortes, e as idéias, que surgem de percepções enfraquecidas. Para ambos os autores e ainda outros pertencentes à linha psicológica comportamentalista, os conceitos são adquiridos pela associação entre imagens e entre esta e a linguagem, e conseqüentemente, a imagem mental é a matéria básica do pensamento(Changeux, 1991).

A terceira abordagem, denominada interacionista , descende das idéias de Kant, e de seus sucessores Hegel e Marx. Abarca hoje linhas de pensamento bastante distintas, mas que trazem contribuições que permitem conciliar as visões opostas das duas correntes anteriores. Immanuel Kant superou a dicotomia entre o racionalismo e o empirismo pelo uso da crítica contra os dogmas presentes nas duas linhas. Para ele, existe a experiência do conhecimento humano, onde sujeito e objeto não são autônomos, mas relacionais. Para Marx, há uma direção nesta relação dialética, do mundo externo para o interno, onde a transformação dos objetos gera a transformação nas idéias das pessoas.

Logo, para a visão interacionista, o psiquismo humano provém de uma reformulação contínua resultante da interação dialética entre os fatores internos (maturação biológica) e externos a ele (relações com o ambiente). Entre os pesquisadores interacionistas, Vygotsky, propõe que as experiências com a cultura, mediadas por signos e por outras pessoas, são internalizadas, em um processo de construção individual, que reorganiza os próprios processos mentais e internaliza recursos na forma de imagens, representações mentais (como a fala, por exemplo), conceitos. (Veer e Valsiner, 1996).

Outro autor interacionista, Piaget, descreve a relação entre a compreensão de um conceito e a formação da imagem mental de forma direta, pois para ele, a compreensão determina a formação de uma representação mental. A representação mental é qualquer reorganização dos esquemas de ação pré-existentes decorrentes do processo de equilibração - elemento integrador entre os elementos externos e internos.

Essa reorganização dos esquemas de ação geram uma nova acomodação em função da aprendizagem. Em um sentido mais amplo, ela é sinônimo de pensamento, ou seja, é todo ato de inteligência apoiado em conceitos ou esquemas mentais. Pode também ser compreendida num sentido mais específico, como uma imagem mental ou uma recordação-imagem. No entanto, acredita que se trata de um sistema, no qual as duas idéias estão interligadas. Embora o pensamento não seja apenas um sistema de imagens, não há pensamento sem imagem. "Se pensar consiste em interligar significações, a imagem será o significante e o conceito, o seu significado". Portanto, no nosso ponto de vista, ele ultrapassa a discussão sobre a importância da imagem para o pensamento, alegando que o pensamento se faz por imagens –aspecto figurativo– e pelas operações que atuam sobre estas, as quais representam os elementos do pensamento sem imagem defendidos pelos inatistas. Parece que ambas devem se constituir complementarmente, de tal forma que a imagem esteja sujeita ao nível das operações mentais apresentadas pelo indivíduo, mas ao mesmo tempo, ela é o ponto de partida para atingir um novo nível de desenvolvimento (Piaget 1963; Piaget, 1964/1990).

Formação e manipulação de imagens mentais

Assim como as demais manifestações da função semiótica, a imagem mental permite lembrar da representação de um objeto ou acontecimento que não está presente no momento e, portanto amplia o pensamento para além do espaço e tempo presentes. A imagem mental é uma forma de linguagem interna que se expressa por meio de um símbolo do objeto, mas que está sendo permanentemente reconstruído. Nesse sentido, ela é, segundo Piaget, uma das habilidades de representação que o ser humano usa para abstrair a realidade. Este autor acredita que esta abstração se dê como uma imitação interiorizada, na qual exprime uma tentativa de reproduzir o movimento que deu origem à percepção do objeto internamente, visto que a reprodução motora gera a acomodação de um novo esquema de ação.

A imagem mental também é tema de investigação da psicologia cognitiva e das neurociências, e embora estes dois campos científicos tenham iniciado suas investigações privilegiando a relação entre a percepção e a criação de imagens mentais, com o correr de algumas décadas , eles chegaram a conclusões próximas e em acordo com os trabalhos de Piaget. O último modelo de Kosslyn, datado de 1994, sobre o processamento das imagens na cognição visual e o último de Logie, descrito em 1995, sobre a memória de trabalho apontam para uma mesma direção: o papel fundamental da motricidade e da memória de longa duração sobre as imagens mentais, de certa forma, a mesma tese defendida por Piaget em 1963 (apud Bideaud & Courbois, 1998; Piaget, 1963).

Psicologia Cognitiva (modelo de Kosslyn)

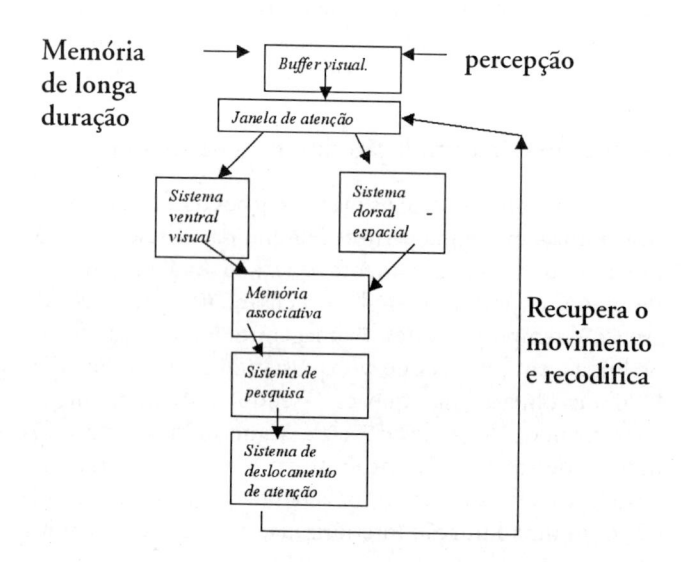

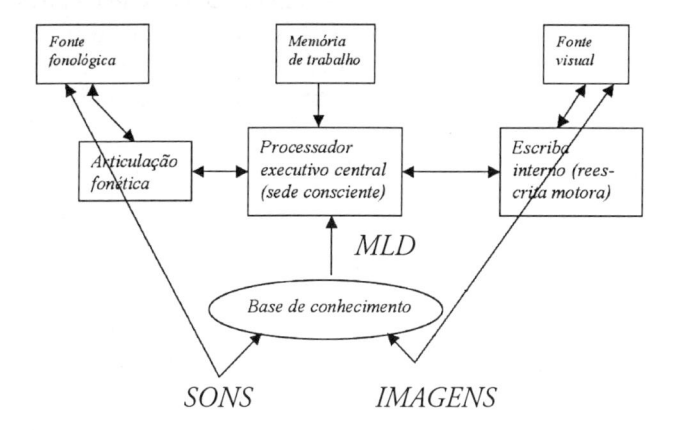

Nos dois modelos, o acesso às informações vísuo-espaciais, as imagens mentais, se dá por intermédio de sistemas motores, denominados escriba motor (Logie) ou sistema dorsal espacial (Kosslyn). Em ambos, os pesquisadores identificaram o envolvimento conjunto de vias neurais referentes às áreas visuais (lobo occipital) e às de controle do movimento parietal, demonstrando a interação entre estes dois caminhos. Os modelos sugerem que estes sistemas reproduzem o movimento efetuado durante o processo que envolveu o conhecimento da imagem do objeto Os experimentos com o PET têm indicado também que tanto a preparação para um movimento, como a sua execução efetiva ou ainda apenas a imaginação deste movimento mobilizam as mesmas áreas corticais. Deste modo, os modelos ressaltam a importância da motricidade para criar, acessar e manipular as imagens mentais.

Estes modelos foram elaborados de forma completamente independente e têm por base uma grande variedade de experimentos, entre eles, a análise de pessoas em atividades de percepção e de imaginação, quer seja pela observação do movimento ocular, quer seja pelos dados experimentais obtidos com o uso do PET (tomografia de emissão de pósitrons). Neste último, as imagens do cérebro em ação são produzidas devido à possibilidade de visualizar o metabolismo da glicose nos neurônios. Para tal, injetam-se moléculas de glicose com átomos de oxigênio radioativos, e à medida que estes declinam são identificados por um detector, o cintilador. Os dados registrados nestes detectores são analisados, integrados e reconstruídos num computador que cria um retrato da fisiologia do cérebro.

Essas conclusões ajustam-se à definição de percepção de Piaget, para quem a percepção é uma atividade de exploração ativa do objeto. Para ele, a primeira imagem do bebê provém da imitação e esta é a reprodução do movimento utilizado na percepção, ou seja, a recuperação da acomodação dos esquemas de ação. Berthoz e Petit (1996, apud Bideaud e Courbois, 1998), descrevem imagem mental de forma semelhante: *a imagem mental é uma imitação em segundo grau, pois a percepção está sempre contaminada pela motricidade e a imagem é a reconstrução da percepção.*

Outro aspecto fundamental apresentado nos dois modelos é a presença de uma sede para a manipulação consciente das informações vísuo-espaciais no lobo frontal: o buffer visual de Kosslyn ou o processador executivo central de Logie. Neste local a maior parte das informações é proveniente da memória de longa duração, ou seja, não são fontes percebidas e utilizadas imediatamente, mas passaram por um tratamento motor anterior. O primeiro modelo descreve ainda uma janela de atenção para localizar algumas fontes e inibir a atuação de outras, o que talvez possa ser a estratégia de busca e seleção dos arquétipos conceituais descritos por Max Black (1966). Estes são retratados como uma rede de idéias, categorias, conceitos que são utilizados pelos pesquisadores como fontes de metáforas para a construção de seus modelos científicos, principalmente nos modelos teóricos icônicos, Essa é também a característica das imagens mentais infantis. Os estudos de Gallina (1998 apud Bideaud e Coubois, 1998) têm indicado que as imagens dos adultos contêm menor grau de detalhamento e são imagens mais esquemáticas. Os arquétipos podem ser, por conseguinte, as fontes da imaginação utilizada para criar as imagens mentais usadas pelos alunos na compreensão de conceitos.

Por um lado, a análise efetuada até este momento, poderia nos conduzir ao mesmo ponto de partida, o qual indicava que as dificuldades dos alunos não poderiam ser superadas, pois estariam atreladas ao seu estágio de desenvolvimento. No entanto, embora os modelos científicos não forneçam atributos para a manipulação direta dos objetos envolvidos, estes conceitos foram desenvolvidos ao longo da história da ciência a partir de atributos percebidos indiretamente, e estes podem ser submetidos à motricidade. Talvez a superação do problema possa estar no desenvolvimento de metodologias que privilegiem esse aspecto, ou que possam ainda aproveitar as vivências anteriores dos alunos com os objetos que estão no limite de resolução visual e, que geraram imagens mentais, transpondo-as na forma de metáforas para o estudo do mundo "invisível". Alguns autores poderiam alegar que esse procedimento é apenas uma atividade de criação, mas a ciência também é, de certo modo.

Neste mesmo sentido, as metodologias também poderiam tratar dos conceitos indiretamente, trabalhando com contextos onde uma rede de conceitos fosse necessária para resolver a situação. Desse modo, os conceitos já construídos e de mais fácil visualização facilitariam a transposição das metáforas para os menos visíveis. É claro que há ainda outras possibilidades envolvidas e que as dificuldades também podem estar associadas a fatores de ordem afetiva ou social que teriam a capacidade de inibir o acesso a estas metáforas.

Referências bibliográficas

ARRUDA,S.M e LABURÚ, C.E. Considerações sobre a função do experimento no ensino de ciências. *In: Questões atuais no ensino de ciências. NARDI, R. (org)* São Paulo: Escrituras Editora , 1998.

BASTOS, F. *O conceito de célula viva entre os estudantes de segundo grau.* São Paulo, 1991.106p. Dissertação (Mestrado)- Faculdade de Educação, Universidade de São Paulo.

BIDEAUD, J. e COURBOIS ,Y.(orgs). Image Mentale et développement: de la theorie piagetienne aux neurosciences cognitives. Paris: Presses Universitaires de France, 1998.

BLACK,M. *Modelos y metáforas.* Madrid: Tecnos, 1966.

CANTU, L.L. e HERRON, J.D. (1978). Concrete and formal piagetians stages and concept attainment. J.Res. Dci.Teac 15 (2), 135-143.

CHANGEUX, J.*O homem neuronal.* Lisboa: Publicações Dom Quixote.1991

FREITAS, D. *Mudança conceitual em sala de aula: uma experiência com formação inicial de professores.* São Paulo, 1998. 221p. Tese (doutorado) – Faculdade de Educação, Universidade de São Paulo.

LODGEN, B. (1982). *Genetics....are there inherent learning difficulties?* J.Biol. Educ 16 , 135-140.

MARCONDES, D. *Iniciação à história da filosofia: dos présocráticos a Wittgenstein.* Rio de Janeiro: Jorge Zahar, 2002.

PIAGET, J. (1964) *A formação do símbolo na criança: imitação, jogo e sonho, imagem e representação.* Trad. Álvaro Cabral Christiano Monteiro Oiticica. Rio de Janeiro: Livros Técnicos e Científicos, 1990..

PIAGET, J. (1980). *As formas elementares da dialética*. Trad. Fernanda Mendes Luiz, coord. Lino de Macedo. São Paulo: Casa do Psicólogo,1996.

PIAGET, J. e INHELDER, B. *Les images mentales. In: Traité de Psychologie Expérmentale : L'Intelligence*. Fraisse Paul e Jean Piaget (org). Paris. Presses Universitaire de France, 1963.

POSSNER, G.J., STRIKE, K. A , HEWSON, P.W. E GERT-ZOG, W.A. (1982). *Accomodation of a scientific conception: toward a theory of concptual change*. Dci. Edu. 66 (2) , 221- 227

SILVEIRA, M.J. M.,SILVA, A .T.S.& BÔER, N. *Aprendizagem lúdica da síntese de proteína.In: Coletânea do 8º Encontro "Perspectivas do Ensino de Biologia" (CD-ROM) São Paulo, 20 a 22 de fevereiro de 2002. FEUSP/ EDUSP 2002.*

VEER, R.V.D e VALSINER, J. *Vygotsky: uma síntese*. São Paulo: Unimarco Editora e Edições Loyola, l996.

12

A música na escola e o
desenvolvimento da percepção

Carlos Eduardo de S. C. Granja

*Music is the pleasure the human soul experiences
from counting without being aware that is counting.*

G. Leibniz

Reflexões iniciais e gênese do problema

A idéia inicial é discutir a inserção da música na escola como forma de desenvolvimento da percepção. A percepção aqui entendida como dimensão do conhecimento, e não apenas como o aprender pelos sentidos. Isso nos leva a refletir sobre o que é o conhecimento escolar, como ele é construído, e qual o lugar e a dimensão da percepção nesta construção. De que maneira as disciplinas escolares trabalham a dimensão perceptiva do conhecimento em suas atividades ao longo da educação básica? O que podemos aprender com as artes, no sentido de explorar a percepção como foco de suas atividades? Afinal, o que é pintar, dançar, representar e tocar senão construir um conhecimento a partir de uma determinada percepção?

Escolhemos a música por esta ser uma das artes mais presentes no cotidiano das pessoas. Seja em casa, no carro, no cinema ou mesmo no trabalho, é praticamente impossível passar o dia sem ao menos ouvir uma música. Graças à tecnologia atual (Disc-man, MP3, internet, videokês etc.), nossos alunos têm acesso à música a qualquer instante, de uma maneira jamais concebida em outras épocas. Além disso, a música é uma linguagem que fala diretamente aos sentidos e que, portanto, lida em várias dimensões com o desenvolvimento da percepção.

Uma implicação direta da proposta aqui apresentada é a definição e os limites do conceito de percepção, sua relação com o aprender e o conhecer. A partir da minha experiência pessoal como músico e professor, procurarei traçar um primeiro perfil da percepção no processo de ensino e aprendizagem.

Por exemplo: um músico pode saber o que é um intervalo musical (concepção), mas isto não implica que ele saiba "perceber" ou "produzir" esse intervalo. Por outro lado, muitos músicos e artistas populares conseguem perceber e fazer uso de intervalos, ainda que não saibam o que são. Neste exemplo, conhecer também significa perceber, pelo menos no que diz respeito à apropriação da linguagem musical enquanto fenômeno sonoro.

Outro aspecto que despertou nossa atenção, no ensino e aprendizagem da música, foi a ligação entre percepção e intuição. Nem tudo em música é ensinado de maneira explícita. Boa parte do conhecimento é apreendida tacitamente. Aprender harmonia seria um processo exaustivo se tivéssemos que conhecer todas as notas e suas relações antes de tocá-las. Antes disso, é mais a percepção tácita de um sentido musical que nos faz conhecer os acordes, ainda que depois as relações mais específicas possam emergir à consciência.

Música e corpo também estão extremamente interligados. Seja porque o ritmo está ligado ao pulso, à pulsação, à respiração e, conseqüentemente, ao corpo, seja porque as notas são freqüências, e por isso também ritmos, mais acelerados e percebidos como alturas, ligadas às freqüências cerebrais. Neste sentido, percepção e corpo, assim como percepção e movimento seriam faces da mesma moeda.

Acompanhando há algum tempo o trabalho do coreógrafo Ivaldo Bertazzo com adolescentes da favela do complexo da Maré, na cidade do Rio de Janeiro, no espetáculo "Dança das Marés", assim como seu trabalho "Cidadão corpo", comecei a me perguntar sobre a importância da educação corporal no processo de aprendizagem, no sentido de aumentar a concentração, a atenção e a prontidão para o conhecimento.

Não podemos negar que um dos grandes problemas da escola é a sua configuração em termos de espaço e tempo, que não favorece a aprendizagem dos alunos. Aulas expositivas em seqüência acabam por tornar o aluno passivo na construção do conhecimento, favorecendo a dispersão e obstruindo a autonomia. Salas de aula com carteiras rígidas e enfileiradas cansam o corpo e não favorecem uma postura saudável.

Será que preparamos nosso aluno para a difícil tarefa de aprender e perceber o mundo? Qual é o papel do corpo nesse processo? Há uma inter-relação entre percepção, corpo e conhecimento? De que forma a música pode ser trabalhada na escola de modo a permitir um desenvolvimento da percepção dos alunos, e conseqüentemente, proporcionar uma melhor aprendizagem?

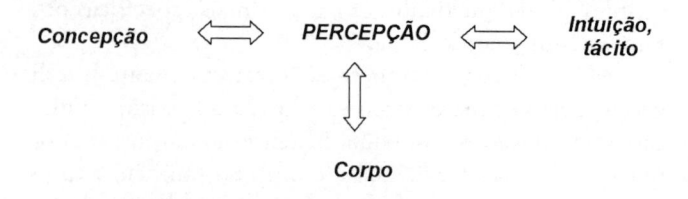

Concepção ⟺ **PERCEPÇÃO** ⟺ *Intuição, tácito*

Corpo

A música na escola

A música já foi uma disciplina importante dentro do currículo escolar. Há mais de 2000 anos, a escola pitagórica tinha a música como uma das principais disciplinas de seu currículo. O Quadrivium, currículo que perdurou até fins da Idade Média, era formado por quatro disciplinas básicas: aritmética, música, geometria e astronomia. A geometria, ou o estudo das magnitudes em repouso, era um pré-requisito para a astronomia, estudo das magnitudes em movimento. Analogamente, a aritmética ou o estudo dos números em repouso, era um pré-requisito da música, estudo dos números em movimento. Essa aproximação entre música e matemática teve origem na Grécia com Pitágoras, que observou a relação existente entre o comprimento de cordas vibrantes e a harmonia musical, e teve um grande impacto sobre a concepção de conhecimento no mundo ocidental. *A descoberta dessa ordem numérica inerente ao som teve largas conseqüências para a edificação da metafísica ocidental, pois a analogia entre a sensação do som e a sua numerologia implícita contribuiu fortemente para a formulação de um universo de esferas analógicas, de escalas de correspondências em todas as ordens, extensivas por exemplo às relações entre som, números e astros.* (Wisnick)

Hoje, contudo, a música já não faz parte das disciplinas obrigatórias do currículo escolar, principalmente nas séries mais avançadas. Ainda que ela esteja presente nas séries iniciais, principalmente na educação infantil, à medida que se avança nas séries, a escola passa a dar maior importância às disciplinas conceituais em detrimento das perceptivas, e a música vai perdendo espaço dentro do currículo escolar.

Mesmo quando mantida no currículo, a música geralmente é tratada como uma disciplina específica, isolada das demais, e voltada para o ensino da teoria musical. A relação entre a música e as outras disciplinas é esporádica, muitas vezes se reduzindo à utilização de um material musical (CD, fita, vídeo etc.) apenas como meio de transmissão de uma determinada informação, e não como fenômeno sonoro passível de percepção, análise e analogia com outras formas de conhecimento.

De um modo geral, o ensino tradicional de música acaba privilegiando uma abordagem conceitual, em detrimento de sua dimensão perceptiva. Isto não significa que a percepção, enquanto dimensão do processo de aprendizagem musical, seja desconsiderada. Ao contrário, sendo a música um fenômeno essencialmente sonoro, a percepção está presente em todas as etapas da aprendizagem musical. O problema está em considerar-se a percepção como uma conseqüência natural das demais etapas ou mesmo um pré-requisito do estudante, e não como eixo dinamizador do processo de aprendizagem. Daí a pertinência de uma abordagem perceptiva, que estimule a reflexão sobre como ouvimos e como reagimos à música.

O tetraedro musical

Para analisar o papel e a dimensão da percepção na construção do conhecimento, tomaremos como referência o modelo proposto por Nílson Machado (1999) para caracterizar as dimensões do conhecimento geométrico: *No processo de construção do conhecimento geométrico, em vez de uma polarização empírico/formal, é fundamental a caracterização de suas quatro faces: a percepção, a construção, a representação e a concepção"* Adaptando esta estrutura para a música, podemos caracterizar as quatro faces de um tetraedro musical:

Percepção: ouvir e distinguir os sons e suas características: intensidade (alto, baixo), altura (grave, agudo), qualidade (timbre), duração/ritmo, entre outras.

Ação: a atuação e o fazer musical (cantar, tocar, batucar, dançar, compor, improvisar etc.)

Representação: tradução da linguagem sonora/musical para outras formas de linguagens (partitura, desenhos etc.)

Concepção: Atribuição de significados ao fenômeno musical (teoria, sistematização)

A aprendizagem musical será tanto mais fértil quanto maior for a articulação entre essas diferentes dimensões. De fato, precisamos perceber a música para poder representá-la ou tocá-la. Representamos uma música de acordo com uma

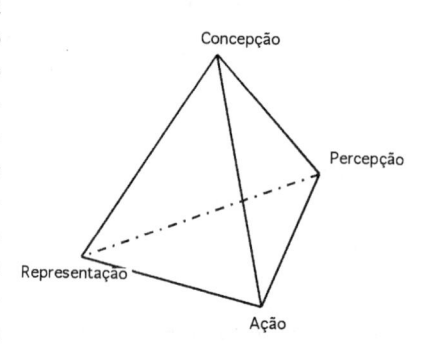

determinada concepção. O que pensamos a respeito da música direciona nossa percepção e nossa maneira de tocar, e o mesmo ocorre em sentido inverso. Estas quatro dimensões articulam-se em diversos níveis, compondo assim um espectro do conhecimento musical.

Podemos usar este modelo também para compreender os processos cognitivos de uma maneira geral, e mais especificamente a construção do conhecimento escolar. A questão fundamental que se coloca é por que, ao longo das séries, a escola acaba privilegiando a dimensão conceitual do conhecimento em detrimento da dimensão perceptiva? E se isto ocorre, quais as propostas pedagógicas que devem ser feitas para que haja um equilíbrio e uma articulação mais efetiva entre essas dimensões?

A percepção

Antes de mais nada, vamos investigar o significado da palavra percepção. No Aurélio encontramos as seguintes definições:

perceber . [Do lat. *percipere*, 'apoderar-se de', 'apreender pelos sentidos'.] V. t. d. 1. Adquirir conhecimento de, por meio dos sentidos. 2. Formar idéia de; abranger com a inteligência; entender, compreender. 3. Conhecer, distinguir; notar. 4. Ouvir: Não conseguia perceber os sons. 5. Ver bem. 6. Ver ao longe; divisar, enxergar:

Aqui encontramos o significado mais usual de percepção, como forma de aprender através dos sentidos (1, 4, 5 e 6). Nos itens 2 e 3, perceber está relacionado a compreender, a conhecer; ligado, portanto, aos processos de cognição.

Percepção e conhecimento tácito na perspectiva de Polanyi

We can know more than we can tell.

Michael Polanyi

Em *The tacit dimension*, Polanyi nos diz que a percepção é uma forma de conhecimento tão legítima quanto o conhecimento conceitual. Em contraposição ao conhecimento objetivo de Popper, que desconsidera o sujeito na busca pela verdade, Polanyi incorpora a subjetividade e o tácito na construção do conhecimento. Para ele, todo conhecimento tem uma dimensão tácita. A percepção seria assim uma instância do processo de conhecimento tácito. Respaldado pela Gestalt, Polanyi entende a percepção como um processo de integração tácita de sensações num objeto percebido, às quais confere um significado que não possuíam anteriormente.

Nessa perspectiva, o conhecimento tácito se dá pela integração de dois termos distintos da percepção: o primeiro termo é denominado proximal, e está relacionado aos indícios marginais de um objeto; o segundo termo é o distal, relacionado à percepção do objeto como um todo. Polanyi caracteriza estes termos numa relação funcional, onde o distal confere significado ao proximal. Toda vez que colocamos foco nos detalhes, nos indícios proximais, perdemos a noção do todo. Não é olhando para os objetos, mas "habitando-os" (indwelling) que compreenderemos o seu significado.

Neste sentido, podemos dizer que quando percebemos um objeto como um termo proximal, nós o incorporamos ao nosso corpo, habitando-o. Nosso corpo é o instrumento mais importante de todo nosso conhecimento externo, seja ele prático ou intelectual.

Percepção e a inteligência criadora na perspectiva de Marina

Em Teoria da Inteligência Criadora, José Antonio Marina concebe a percepção como uma atividade humana singular, diferente da percepção nos animais: *Perceber é dar significado a um estímulo. Com efeito, com a percepção entramos no mundo do significado, do qual nossa vida mental não vai sair mais.*

Marina traz a percepção para o mundo dos significados, orientada segundo um projeto, uma intencionalidade. O homem é um *captador inteligente* de informação, e pode desenvolver essa percepção no sentido que deseja. Um músico pode aprender a distinguir (discriminar) os diversos harmônicos de um som, da mesma forma que um ornitólogo aprende a distinguir as linguagens especiais de cada pássaro. *A percepção é uma arte de corte e confecção: recorto silhuetas e alinhavo a informação presente com a informação passada, naquilo que tecnicamente se chama síntese perceptiva.*

O que interessa aqui é que estas percepções são dirigidas pelo sujeito. *O aperfeiçoamento da faculdade perceptiva é orientado por um projeto, que define o que se quer conseguir: discernir os diferentes sons que o coração produz.*

A dicotomia entre percepção e concepção não existe para Marina. *Não existem compartimentos estanques na subjetividade humana. Vemos a partir do que sabemos, percebemos a partir da linguagem, pensamos a partir da percepção, tiramos inferências a partir de modelos construídos a partir de casos concretos.* Mas é através da percepção que nos relacionamos com o mundo e com a existência.

Percepção, corpo e motricidade na perspectiva de Merleau Ponty

Para entender melhor a ligação entre percepção e conhecimento, percepção e corpo, e percepção e motricidade, vamos recorrer à perspectiva da fenomenologia de Merleau Ponty.

Como bem coloca Tatit: *Corpo, em Merleau Ponty, é um conceito utilizado para superar a distância teórica entre sujeito e objeto, ..., e diluir as dicotomias que reproduzem a oposição entre subjetivismo e objetivismo em pares como idealismo filosófico versus empirismo científico ou metafísica versus positivismo.*

Para Ponty *Perceber é tornar presente qualquer coisa com a ajuda do corpo* . A percepção passa a ser pensada como um ato vinculante entre um corpo e um objeto. Mais do que um mosaico de sensações, a percepção de um corpo passa pela relação dialética entre o organismo e o ambiente. O corpo é o ponto de partida do conhecimento, e contém em si uma intrínseca significação.

Em Merleau Ponty, a motricidade se confunde com intencionalidade operante. Mais do que movimento, é um status ontológico. *A motricidade diz-nos que o mundo esta dentro de nós, antes de qualquer tematização. Porque o homem é portador de sentido – daí a sua intencionalidade operante, sua motricidade* (Sérgio).

Considerações finais e implicações

À luz das perspectivas apresentadas acima, podemos considerar as seguintes reflexões sobre o ensino de música na escola e o desenvolvimento da percepção.

1. Ao reconhecer que todo conhecimento tem uma dimensão tácita, o ensino de música deve contemplar essa dimensão em suas propostas pedagógicas. Metodologias que considerem a dimensão tácita serão mais férteis do que aquelas que queiram explicitar todas as suas partes componentes. Um exemplo que ilustra bem esta situação é o ensino de acordes em um instrumento.

Um acorde é formado por, pelo menos, três notas distintas, as quais mantêm determinadas relações entre si e com a escala à qual pertencem. Se para aprender a fazer um simples acorde no violão precisássemos antes saber o nome de todas as notas, suas relações intervalares, sua função na harmonia etc., o ensino de música seria muito chato e desestimulante. Por outro lado, aprender observando outros músicos, percebendo o som do acorde e sua configuração espacial (focal) pode ser muito mais eficiente e prazeroso.

2. O desenvolvimento da percepção não implica relegar a concepção a segundo plano. É fundamental que haja uma articulação entre os momentos de elaboração conceitual e as atividades perceptivas. Assim, quando desenvolvo minha percepção, estou ampliando a minha concepção sobre música. E, quanto mais compreendo o fenômeno musical, mais a minha percepção se desenvolve de acordo com um projeto, uma intencionalidade.

3. Uma proposta de educação musical centrada na percepção deve considerar o papel do corpo e do movimento na construção do conhecimento. A expressão musical é feita por um corpo, que percebe, conhece e se movimenta de acordo com um projeto, uma intencionalidade. A escola deveria dar mais atenção ao corpo como instrumento do conhecimento, estimulando atividades de auto-conhecimento, percepção corporal, reeducação do movimento, que possam contribuir para uma maior capacidade de concentração e prontidão para a aprendizagem.

A proposta é a de uma educação musical voltada menos para a formação de talentos musicais, e mais para a formação do cidadão, redescobrindo uma forma musical de estar no mundo. O objetivo é uma ampliação da percepção em várias dimensões: sonora, visual, corporal, espacial, interpessoal e intrapessoal. Isto pressupõe um conceito ampliado de música, para além da concepção tradicional da música ocidental. Assim, o fazer musical engloba músicas modais, folclóricas, populares, eletrônicas etc. além de outras formas de expressão musical, como a percussão corporal, a dança e o teatro.

Vivemos num mundo bombardeado por estímulos visuais e sonoros. Nossos alunos convivem com sons das mais diversas procedências: celular, disc-man, automóveis, eletrodomésticos, televisão, internet etc. A sala de aula não é propriamente uma sala de concerto. Vivemos em ambientes com uma vasta ecologia sonora, e estamos nos acostumando com ela da mesma forma que com o som da geladeira - só o notamos quando ele desaparece. Precisamos aprender a ouvir.

Referências bibliográficas

ABDOUNUR, Oscar João. *Matemática e música*: pensamento analógico na construção de significados. São Paulo: Escrituras Editora, 1999.

BREIM, Ricardo. *Para uma aprendizagem musical integrada*. São Paulo. Dissertação de Mestrado FFLCH-USP, 2001.

BERTAZZO, Ivaldo. *Cidadão corpo*: identidade e autonomia do movimento.São Paulo: Summus, 1998.

CHAUÍ, Marilena. *Convite à filosofia*. São Paulo: Editora Ática,1996.

MACHADO, Nílson J. *Epistemologia e didática*: as concepções de conhecimento e inteligência e a prática didática. São Paulo: Cortez, 1999.

MARINA, José A. *Teoria da inteligência criadora*. Lisboa: Editorial Caminho, 1995.

POLANYI, Michael. *The tacit dimension*. Gloucester: Peter Smith, 1983.

SÉRGIO, Manuel. *Para uma epistemologia da motricidade humana*. Lisboa. Compendium

SCHAFER, Murray. *O ouvido pensante*. São Paulo: Editora da Unesp, 1991.

SCHINDLER, Allan. Listening to music. New York: Holt, Rineart and Winston, 1980.

ROEDERER, Juan G..*Introdução à física e psicofísica da música*. São Paulo: EDUSP, 1998.

TATIT, Luiz. *Musicando a semiótica* – ensaios. São Paulo: Annablume, 1997.

WISNICK, José Miguel. *O som e o sentido*: Uma outra história das músicas. 2a edição. São Paulo: Companhia das Letras, 1989.

13

A Gestalt e o ensino de Geometria

Claudia Georgia Sabba

Introdução

Cada vez mais os professores buscam em outras áreas recursos que os auxiliem na construção do conhecimento de seus aprendizes. Utilizar recursos da psicologia é uma prática freqüente entre os educadores. Dessa maneira, a teoria da Gestalt abre uma nova visão no sentido de articular o conhecimento matemático como um todo.

Esta teoria aplicada ao ensino mostra como é importante uma macro visualização do objeto em estudo, bem como de suas partes, e levanta uma importante questão ao mostrar que a soma das partes é diferente da interação das mesmas. O "todo", a que a Gestalt se refere, pode ser entendido como a articulação de várias teorias matemáticas ou exemplos que por vezes são apresentados sem conexões, mas que apontam para uma mesma direção. Este texto foca, principalmente, o uso da Gestalt na matemática; entretanto, acreditamos que esta teoria pode ser abordada por outras frentes de conhecimento.

Desse modo, a teoria utilizada aqui visa à compreensão do todo e também da interação das suas partes. É importante salientar a diferença da interação de suas partes e da soma das partes.

Ao imaginar o objeto ou o problema em questão como uma fotografia, nota-se que o foco – a atenção – do ver a foto não está no detalhe e sim no aspecto global que ela nos transmite. A foto do todo é importante, bem como a visualização das partes e a sua interação.

A apresentação da "foto" possibilita ao aprendiz uma localização – onde estou e para onde devo ir – no sentido de adquirir/construir o conhecimento.

Esta indicação, por vezes, é negligenciada principalmente na matemática e contribui para a sua descontextualização, pois os aprendizes acabam aprendendo matemática (todo) como uma lista de regras e tópicos (partes) a serem assimilados e reproduzidos na prova sem entender que aquilo faz parte de um todo maior e que possui sentido e beleza.

Para uma melhor compreensão da interação das partes, é válido lembrar a idéia de um filme. Analisar um filme quadro a quadro não mostra o movimento e o dinamismo que o filme proporciona quando passados os quadros em uma certa velocidade. Do mesmo modo, a articulação de conteúdos matemáticos fornece a idéia de uma outra matemática.

A escola Gestalt

A Escola de Psicologia Experimental Gestalt iniciou seus estudos em fins do século XIX, com o filósofo e psicólogo vienense Christian Von Ehrenfels (1859-1932) e o físico Ernst Mach (1838-1916). Desenvolviam a psicofísica[1] por meio de estudos sobre as sensações (o dado psicológico) de espaço-forma e tempo-forma (o dado físico).

---

[1] A psicofísica procura compreender o fenômeno psicológico em seus aspectos naturais, ressaltando principalmente o sentido da mensurabilidade.

A afirmação de Von Ehrenfels – de que milhares de impressões perceptivas possuem características que não podem ser obtidas das características de seus componentes últimos, as sensações – causou um certo desconforto e confusão para os psicólogos da época, pois acreditavam que as sensações envolvidas seriam determinadas individualmente pelos seus próprios estímulos.

Para uma melhor compreensão da sua afirmação, ele citava como exemplo cordas e melodias na audição, aspereza ou maciez nas impressões tácteis, características de forma dos objetos visuais. O que Von Ehrenfels queria mostrar é que mesmo variando drasticamente as características físicas destas experiências, as "qualidades da Gestalt" permaneciam quase inalteradas.

Em 1910, Max Wertheimer, Wolfgang Köhler e Kurt Kofka voltaram a desenvolver estudos que relacionavam forma e percepção.

O primeiro experimento neste campo realizado por Wertheimer utilizava Köhler e Kofka como sujeitos (Engelmann, p.8). Consistia em:

- dadas as posições L1 e L2, um segmento acendia na posição L1 e apagava, o outro acendia na posição L2.

- entretanto, se entre o apagar e o acender decorressem em torno de 50 μ segundos, para o observador seria como se o segmento pulasse de L1 para L2 (princípio do cinema).

Estudos e pesquisas com foco na Gestalt ajudam nos estudos relacionados com a percepção, linguagem, aprendizagem, memória, motivação, conduta exploratória e dinâmica de grupos sociais. (Gomes Filho, 2002, p.18).

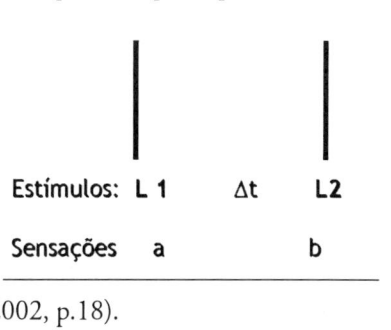

217

O movimento gestaltista fornece ajuda e suporte a este complexo campo, principalmente nos dias de hoje, onde a cultura visual é muito forte.

Gestalt-terapia

Fritz Perls é considerado o inventor do termo gestalt-terapia (Burow & Scherpp, 1985 p. 19), muito embora os estudos tenham sido realizados com a colaboração de Laura Perls, Paul Goodman e participação do Instituto Esalen.

A Gestalt-terapia, como uma prática psicoterápica (entre outras práticas possíveis, como a pedagógica, por exemplo), encontra-se no ponto de interseção de várias correntes de pensamento. A visão Gestáltica do homem pode ser descrita como humanística, existencial e fenomenológica.

A Gestalt

O termo Gestalt – em alemão *die Gestalt* – é traduzido de uma forma um tanto simplista para o português como forma, estrutura ou organização. Entretanto, a melhor interpretação aproxima-se de uma idéia que envolve a relação entre o todo e suas partes; não como a soma delas, mas sim como a interação das partes do todo.

Um exemplo concreto, já citado acima, é de um filme e seus quadros – o todo e suas partes. Se analisarmos quadro a quadro um filme, pode-se ver que o quadro não apresenta o movimento do todo. Assim, observa-se que a interação das partes é diferente da sua soma.

É válido salientar ainda que a psicologia da Gestalt, quanto ao processo de aprendizagem, admite que ele se dá por meio da percepção do todo. Naturalmente isto leva a repensar o campo perceptual e abre horizontes para novos estudos comportamentais.

"Ver ou perceber" a Gestalt

A Gestalt explica que o que acontece na retina e no cérebro são modos diferentes de percepção, isto é, no cérebro o processo é por extensão e não por pontos isolados, como na retina. A percepção tende ao equilíbrio e à simetria. Ou, expresso diversamente: equilíbrio e simetria são características perceptivas do mundo visual que se realizarão sempre que as condições externas o permitirem.

A percepção da forma é um processo unificado, não existe o "depois". A sensação é da forma, global e unificada. Koffka (1975) deu atenção especial ao problema do "por que vemos as coisas como vemos" e estabeleceu uma divisão entre forças internas e externas (Arnheim, 1986).

Assim, as forças externas são formadas pelos estímulos que a retina sofre ao receber a luz. Os tipos e condições de luz que incidem no objeto é que dão origem a estas forças.

Já as forças internas têm sua origem na dinâmica cerebral, isto é, não são como as externas que se constituem pela estimulação da retina. As internas são forças de organização e estruturação das formas em uma ordem determinada. Desse modo, os princípios básicos regem as forças internas de organização.

Fazem parte da série de princípios da gestalt a pregnância da forma, a proximidade, a similaridade, a segregação, a unificação, o fechamento, a continuidade e a unidade. É interessante destacar, também, os conceitos básicos como o todo e a parte, a figura e o fundo e o aqui e o agora.

A pregnância da forma (ou *prägnanz*) é a lei básica ou fundamental da Gestalt. Pode-se definir como "qualquer padrão de estímulo tende a ser visto de tal modo que a estrutura resultante é tão simples quanto o permitam as condições dadas" (Gomes Filho, 2002)

Em resumo, espera-se que a figura ou desenho apresente clareza, legibilidade e equilíbrio. Uma boa pregnância implicaria uma boa organização visual da forma que conduziria a uma leitura ágil do objeto em questão. Desse modo, quanto maior o grau de pregnância, menor seria complexidade do desenho.

A segregação e a unificação baseiam-se nos princípios de organização de forma. A segregação age devido a desigualdade da estimulação. Por exemplo, em um quadro nota-se a cena principal como um todo, mas também se observam as figuras que compõem a cena. Já a unificação faz o movimento contrário. Ela age pela normalização ou igualdade dos estímulos. O símbolo do ying-yang, que na verdade é formado por quatro elementos ou figuras (duas gotas e duas bolinhas), é um bom exemplo.

Na figura seguinte pode-se notar a ação da segregação e da unificação. Olhando-se para os quadrados, é fácil perceber como os pontos centrais se aproximam e como os deslocados do centro se movem para a borda.

Da mesma maneira, é interessante perceber como o fundo claro interfere na composição.

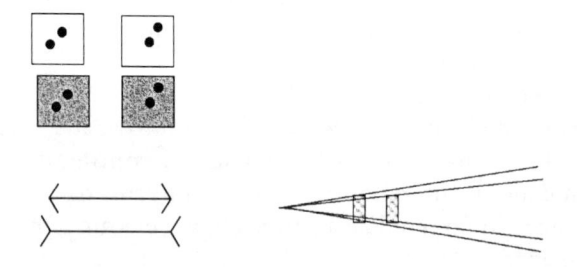

Em ilusões de ótica, também se criam conflitos e movimentos como nos casos representados anteriormente.

O princípio da continuidade é outro ponto importante para as forças visuais, ainda que as figuras abaixo não apresentem linhas cheias nos seus contornos, identificamos as figuras formadas.

O princípio do fechamento faz com que se complete, mesmo que sem esta intenção, as partes que faltam da figura, ou que se formem figuras a partir de uma associação.

O princípio da semelhança favorece o agrupamento dos iguais.

A partir de experimentos como esses pode-se ver que o valor da unidade é importante, bem como a relação sujeito-objeto. O fenômeno percepção envolve as forças internas que cuidam para que a imagem seja vista como se vê devido à organização da percepção dos estímulos na retina.

A boa continuação é outro fator de organização visual, segundo a Gestalt. Ela explica as formas bidimensionais e as tridimensionais. Há ainda outras teorias que explicam a percepção da profundidade como capacidade espacial da retina, ou hábito que se adquire, ou atributo inato no homem. (Gomes Filho, 2002, p. 22)

 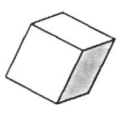

Os dois desenhos anteriores são caixas; entretanto, a caixa à esquerda apresenta-se também como figura bidimensional ou plana devido à integração e à regularidade das diagonais.

Na verdade, os princípios do fechamento e da continuidade influem de modo a ser mais fácil enxergar o hexágono do que a caixa.

A caixa da direita não deixa dúvidas na sua representação; isso se deve ao princípio da simplicidade. Segundo Arnheim (1986), Julian Hochberg define este princípio por meio da teoria da informação: "Quanto menor a quantidade de informação necessária para definir uma dada organização em relação a outras alternativas, tanto mais provável que a figura seja prontamente percebida."

O princípio da parcimônia, utilizado por cientistas, também se baseia na simplicidade das hipóteses desde que se adequem aos fatos.

Atualmente, dispõe-se de programas matemáticos como o Mathematica e o Maple que desenham superfícies matemáticas complicadas em um tempo infinitamente menor ao tempo gasto desenhando-se manualmente. Esses programas criam objetos tridimensionais digitais, que podem ser manipulados virtualmente. O computador faz a interação de dois sistemas espaciais, o que hoje em dia não é mais uma operação onerosa e demorada como Arnehim achava no seu tempo. (Arnheim, p. 100).

A matemática

O espaço a nossa volta está repleto de sólidos geométricos. É muito mais fácil encontrar um sólido geométrico do que uma figura plana na realidade que nos cerca. Entretanto, no ensino da geometria, convencionou-se um caminho que leva das partes mais simples aos corpos mais complexos. Isto é, aprende-se pontos, retas e planos para depois construir figuras planas e posteriormente os poliedros e demais sólidos geométricos.

É importante mostrar ao aprendiz que o ensino de geometria não é uma via única, que vai das partes ao todo. Mas sim uma via de mão dupla, do todo para suas partes e das partes para o todo. A metáfora do cinema encaixa-se perfeitamente bem neste pensamento. Deste modo, o que se pretende não é uma revolução no ensino, mas uma melhora na compreensão do contexto geométrico que nos cerca.

Vale lembrar, a partir dos princípios da Gestalt, que nem sempre a atenção dos aprendizes está com foco no que o professor quer mostrar. Por exemplo, ao colocar três pontos no plano para construir a noção de espaço, é impossível não enxergar uma figura plana que passa por estes pontos.

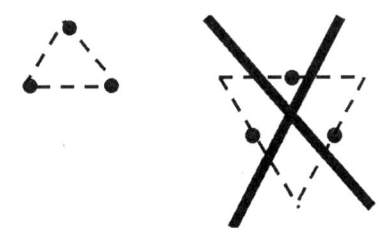

Pelo princípio da continuidade obtem-se o triângulo.

Pelo princípio da simplicidade, temos que a primeira figura completada será a mais fácil de ser visualizada.

Mesmo que o professor deseje trabalhar o espaço, ele deverá estar ciente e deixar explícita esta realidade para que consiga a atenção para o espaço. Assim como uma ilusão de ótica na qual se tem o todo e as partes, formando às vezes duas realidades, as propriedades dos elementos figurais não são permanentes ou imutáveis (reversibilidade)

Outro ponto a salientar é a idéia do todo e da interação das suas partes, relacionando o todo com uma foto e suas partes com os pontos que a formam. De modo geral, portanto, o ensino de Geometria na escola básica fundamenta-se em uma narrativa que parte dos elementos simples – os pontos – em busca da constituição de uma imagem, de um todo que é como uma foto. A mensagem fundamental que a Gestalt sugere é a de que é da percepção da foto que nasce o interesse pelos pontos que a constituem, e sobretudo a de que a interação entre pontos e fotos não pode ser minimamente compreendida se a constrangemos a uma via de mão única, que conduz dos pontos às fotos.

Referências bibliográficas

ARNHEIM, Rudolf. *Arte & Percepção Visual*. São Paulo: Livraria Pioneira editora, 3ª ed., 1986.

GOMES FILHO, João. *Gestalt do Objeto - sistema de leitura visual da forma*. São Paulo: Ed. Escrituras 2ª ed. 1ª reimpressão, 2002.

KOFFKA, Kurt. *Princípios de Psicologia da Gestalt*. São Paulo: Ed. Cultrix, Edusp, 1975, (ed. orig. 1935).

ENGELMANN, Arno(org) & FERNANDES, Florestan (coord). *Köhler*. São Paulo: Ática 1ª ed., 1978.

PEDROSA, Mário, *Forma e Percepção Estética*. São Paulo: Edusp, 1995.

SCHERPP, Karlheinz & BUROW, Olaf.Axel. Gestalt Pedagogia. São Paulo: Editora Summus, 1985.

14

Geometrias não-euclidianas:
uma abordagem ingênua

Nílson J. Machado/Marisa O. Cunha

A Geometria trata de pontos, retas, planos, curvas, figuras ou formas planas e espaciais, relações entre os elementos componentes de tais formas, incluindo cálculos de comprimentos, áreas, volumes, relações de semelhança etc. etc. etc. Quatro mil anos antes de Cristo, a cultura egípcia já evidenciava um notável conhecimento geométrico, construído tanto a partir das necessidades práticas de delimitação e medição das áreas cultiváveis, periodicamente invadidas e fecundadas pelo rio Nilo, quanto fomentado pelos projetos de construções faraônicas em sentido estrito – as conhecidas pirâmides, por exemplo.

Etimologicamente, a palavra *geometria* deriva de *geo* (terra) e de *metrein* (medida); desde a origem, portanto, o conhecimento geométrico esteve associado tanto a medições realizadas sobre a superfície da Terra, quanto a medidas referentes à Terra em sentido mais amplo. No que segue, tal associação desempenhará um papel fundamental, sobretudo se mantivermos na memória o fato de que a Terra já foi considerada plana, ou então, fixa, no centro do

Universo, muito antes de ter sua imagem reduzida à de um simples planeta, orbitando rotineiramente em torno do Sol, por volta do século XV ou XVI.

A Geometria também costuma ser associada a postulados, teoremas, demonstrações, por uma razão muito simples: foi o primeiro tema a ser apresentado como um sistema formal. A apresentação formal de um tema significa organizá-lo de tal modo que toda idéia apresentada seja ou um conceito primitivo, intuído diretamente a partir da experiência, ou então claramente definida a partir de conceitos primitivos, ou de definições anteriormente formuladas.

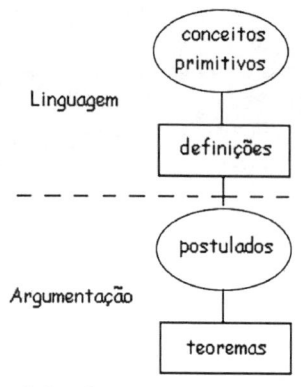

Naturalmente, espera-se que o número de conceitos primitivos seja reduzido, restando aos demais conceitos a expectativa de uma definição precisa. No que se refere à argumentação, a apresentação de um tema como um sistema formal exige que todas as afirmações sobre os conteúdos estudados sejam demonstráveis logicamente a partir de um pequeno número de proposições inicialmente aceitas como verdadeiras, que são chamadas postulados.

Foi Euclides, cerca de 300 anos antes de Cristo, quem organizou o conhecimento geométrico como um sistema formal, sistematizando uma grande quantidade de resultados dispersos e desarticulados, ainda que amplamente conhecidos. Na apresentação de Euclides, os conceitos de ponto, reta e plano eram primitivos; já ângulos, triângulos, paralelismo ou perpendicularidade eram conceitos definidos. Proposições como "Por dois pontos distintos passa uma única reta", ou então, "Todos os ângulos retos são iguais" constituíam os postulados; era perfeitamente demonstrável, ou seja, era um teorema, o fato de que "A soma dos ângulos internos de um triângulo é igual a 180°".

A Geometria assim sistematizada por Euclides – e conhecida, hoje, como Geometria Euclidiana – tornou-se, desde então, um modelo de organização do conhecimento em praticamente todas as áreas, como bem ilustram a Mecânica de Newton, que tem como conceitos primitivos o tempo e o espaço, por exemplo, e a Ética de Spinoza, na segunda metade do século XVII, que apresenta postulados como "O homem pensa", ou então, "O conhecimento do efeito depende do conhecimento da causa".

Os cinco postulados da Geometria Euclidiana admitem diferentes formulações/traduções, mas em todas elas, um fato era perfeitamente notável desde o início: havia um deles que parecia destoar dos demais. Ao lado das quatro proposições iniciais

P1 – É possível traçar uma linha reta de qualquer ponto a qualquer outro.

P2 – Qualquer segmento de reta pode ser prolongado indefinidamente numa linha reta.

P3 – Dados um ponto qualquer e uma distância qualquer, pode-se traçar um círculo de centro no ponto dado e de raio igual à distância dada.

P4 – Todos os ângulos retos são iguais entre si.

aparecia uma quinta afirmação que era a seguinte:

P5 – Se uma reta cortar duas outras de modo que os dois ângulos interiores de um mesmo lado tenham soma menor do que dois ângulos retos, então as duas outras retas se encontrarão, se prolongadas indefinidamente, do lado da primeira reta em que se encontram os dois ângulos citados.

$\alpha + \rho < 2$ ângulos retos

A idéia subjacente à fixação dos postulados é que eles fossem de tal modo evidentes que ninguém deles duvidasse. E é a partir deles que todos os fatos geométricos, todos os teoremas deveriam ser demonstrados. Entretanto, a análise da afirmação contida no postulado P5 perturbou muitos matemáticos desde o início, uma vez que ele parecia menos evidente que os demais, anômalo em algum sentido que não era explicitamente percebido. Na verdade, o postulado P5 parecia um teorema, como os inúmeros demonstrados por Euclides, e não faltaram candidatos, ao longo dos séculos, a tentarem demonstrá-lo a partir dos outros quatro. Como essa idéia se mostrou impraticável, os esforços se dirigiram para a substituição de tal postulado por outro, de aparência mais simples, de veracidade mais evidente. Tais iniciativas revelaram que existem muitos outros princípios geométricos capazes de substituir o postulado P5 sem que o sistema formal euclidiano perca qualquer de seus teoremas. A proposição abaixo é um desses substitutos, proposto pelo matemático inglês Playfair, em 1795, que se tornou mais popular que o postulado original, sendo conhecido como "Postulado das Paralelas"; juntamente com os outros quatro postulados, ele passou a compor o chamado "sistema euclidiano".

Por um ponto situado fora de uma reta só se pode traçar uma única paralela à reta dada.

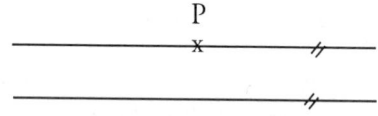

No século XVIII, o matemático italiano Sacchieri fez outro tipo de tentativa: em vez de procurar demonstrar o postulado P5 a partir dos demais, ou de propor algum substituto mais simples, investigou a independência deste postulado em relação aos outros quatro. Seu plano era admitir os quatro primeiros postulados e negar o P5, para efeito de discussão, considerando o novo sistema formal resultante. Naturalmente ele esperava, com este novo sistema, chegar a absurdos, a contradições que revelassem a necessidade formal do postulado P5. No entanto, curiosamente, Sacchieri não obteve o que esperava, não deparou com qualquer contradição formal, tendo, isto sim, demonstrado muitos resultados considerados "estranhos" e que se caracterizariam, mais tarde, como teoremas de uma nova geometria.

Foi somente no século XIX que a independência do quinto postulado de Euclides em relação aos demais foi estabelecida. Trabalhando independentemente, e sem prévio conhecimento dos trabalhos de Sacchieri, o alemão Gauss, o russo Lobachevsky e o húngaro Bolyai vislumbraram a possibilidade destas geometrias alternativas sem contradições evidentes. Gauss não divulgou logo seus trabalhos, tendo hesitado talvez por pressentir precariamente o extraordinário significado deste fato. Lobachevsky e Bolyai assumiram claramente seus resultados e publicaram versões independentes deste novo tipo de Geometria.

Na geometria euclidiana, postulando-se o fato de que por um ponto fora de uma reta é possível traçar uma única paralela à reta dada (P5), é possível demonstrar-se que a soma dos ângulos internos de um triângulo é sempre igual a 180°. Já Lobachevsky, admitindo como postulado que por um ponto situado fora de uma reta, é possível traçar muitas paralelas à reta dada, demonstrou, a partir desse "fato", que a soma dos ângulos internos de um triângulo é menor do que 180°. Riemann, por sua vez, partiu do "fato" de que por um ponto fora de uma reta não é possível traçar qualquer paralela à reta dada; obteve como conseqüência desse postulado que a soma dos ângulos internos de um triângulo é sempre maior do que 180°.

A questão que se coloca, naturalmente, é a seguinte: qual dos sistemas descreve o que de fato ocorre na realidade?

Seria o espaço descrito adequadamente pelo sistema euclidiano? Ou haveria lugar para especulações aparentemente estapafúrdias, como as de Lobachevsky e Riemann? Qual o verdadeiro valor da soma dos ângulos internos de um triângulo? Sabe-se, por exemplo, que a ânsia por uma resposta a tal questão fez com que Gauss imaginasse uma experiência crucial, na qual seriam medidos os ângulos de um enorme triângulo formado pelos picos de três montanhas, situadas em Brocken, Inselberg e Hoher Hagen. O resultado indicaria se o espaço comporta-se euclidianamente (soma igual a 180°), ou segundo a concepção de Lobachevsky (soma menor do que 180°), ou ainda segundo as idéias de Riemann (soma maior do que 180°). Tal experiência, no entanto, não teria mínima possibilidade de ser conclusiva, uma vez que os instrumentos de medida de ângulos seriam decididamente imprecisos e não suficientemente capazes de detectar qualquer diferença significativa nos resultados, na comparação intentada.

Apesar de absolutamente inócua, a experiência de pensamento proposta por Gauss conduz-nos ao ponto que realmente interessa discutir aqui, e já esboçado no segundo parágrafo deste texto: a geometria diz respeito a medidas, relações e representações da Terra; quando se alteram tais representações, é natural que se alterem as medidas realizadas. A impressão de que a substituição do postulado das paralelas pelas variantes de Lobachevsky ou de Riemann não teria passado de uma decorrência de um mero jogo formal, onde uma regra é trocada pela sua negação com a simples motivação de se observar até onde se chega no desenvolvimento das conseqüências lógicas, em sentido abstrato, não passa de uma aparência enganadora e inverossímil. Quem pensa efetivamente que, por um ponto fora de uma reta, não é possível traçar qualquer reta paralela à reta dada, ou então que é possível traçar muitas retas paralelas distintas é um maluco inconseqüente, ou tem problemas de visão, ou então, não sabe o que é uma reta... Esta parece, sem dúvida, a hipótese mais plausível.

De fato, a suposição de que a idéia de reta é um conceito primitivo, a ser intuído diretamente a partir da realidade concreta é profundamente enganadora. Parece simples associar a reta ao caminho mais curto entre dois pontos; entretanto, a compreensão do que significa "caminho mais curto" depende essencialmente da representação do espaço que vigora. Basta lembrarmos, por exemplo, que até cerca de 5 ou 6 séculos antes de Cristo a Terra foi considerada plana; em sua superfície podiam ser traçadas muitas "retas". Quando se pensa na Terra como um amplo plano que, apesar de imenso, é finito, terminando em algum tipo de borda, a suposição de Lobachevsky sobre a existência de muitas paralelas a uma dada reta, por um ponto situado fora dela, torna-se bastante natural: paralela seria uma reta que não encontra a reta dada pelo simples fato de que o "mundo" termina antes de viabilizar um tal encontro. Por outro lado, as "retas" que traçamos sobre a superfície da Terra, desde o momento em que aceitamos sua forma esférica, constituem, na realidade, arcos de circunferência; as curvas que traduzem as menores distâncias entre dois pontos situados sobre uma superfície esférica são circunferências máximas, com raio igual ao da esfera. Assim, como duas circunferências máximas traçadas sobre uma superfície esférica sempre se encontram em dois pontos (diametralmente opostos), então, por um ponto fora de uma "reta" não existe qualquer reta que nunca encontre a reta dada, ou seja, não existem paralelas à reta dada, e assim vigora a hipótese de Riemann.

Existem outras maneiras de conceber uma reta, associando-a, por exemplo, à trajetória de um raio de luz, mas como se verá a seguir, as dificuldades com relação à definição sobre a natureza do espaço permanecem inalteradas, ou até mesmo aumentam. De fato, se por "linha reta" compreende-se "o caminho seguido pela luz", alguns resultados que conduziriam à Física relativística, formulada por Einstein em 1905 mas vislumbrado mais ou menos tacitamente em trabalhos como os de Riemann ou Poincaré muito antes da explicitação einsteiniana, então concluímos que para saber o que é uma reta é preciso conhecer o modo como as matérias distribuem-se no espaço, uma vez que disso depende o caminho a ser percorrido pela luz. Lembremo-nos de como a visão nos engana a respeito do que ocorre com uma vara parcialmente imersa na água: a aparência é a de uma quebra, ou de uma mudança de direção, quando o raio de luz passa de um meio para outro.

Analogamente, como a luz é energia, podendo ser associada a certa massa pela célebre equação $E = mc^2$, então ao passar próximo a uma grande concentração de massa, a luz seria como que atraída pela mesma, desviando-se do que consideraríamos seu caminho natural, uma reta em sentido euclidiano. Para ilustrar tal fato, Einstein propôs uma experiência de pensamento, impossível de ser realizada no início do século XX, que, segundo acreditada, comprovaria o fato de que aquilo que consideramos uma linha reta depende efetivamente da distribuição de matérias no Universo. Afirmou que, numa viagem de ida e volta entre a Terra e Marte, um raio de luz sofreria um pequeno desvio, um certo encurvamento, quando o Sol estivesse suficientemente próximo do que seria a trajetória retilínea "natural", uma vez que a grande massa solar atrairia tal raio. Einstein chegou mesmo a calcular o atraso que o raio de luz sofreria em tal viagem: cerca de 2 milionésimos de segundo! Tudo isso parecia restrito ao plano teórico, sem possibilidades tecnológicas de realização concreta, mas eis que em 1977, estando a nave Pioneer em Marte e o Sol localizado próximo ao segmento retilíneo que ligaria Marte à Terra, foi possível enviar-se um raio de luz (uma radiação com comprimento de onda adequado), que refletiu em um aparelho situado na referida nave e retornou à Terra. Calculado o tempo do percurso, foi confirmado o atraso previsto por Einstein mais de 70 anos antes: 0,000 002s. Ou seja, apesar de, aos nossos olhos de simples mortais, a luz haver percorrido uma linha "reta", ela, sem dúvida, encurvara-se ao escolher o caminho mais "curto" para atingir seu objetivo, em decorrência do modo como a matéria se distribui ao longo de seu percurso.

Na verdade, da representação da Terra como um grande plano, passamos a pensar em sua superfície como a de uma esfera. Durante muito tempo, imaginou-se que tal esfera estaria situada no centro do Universo; desde o início do século XVI, tornou-se claro que ela girava em torno do Sol, que, por sua vez, é apenas uma pequena estrela em meio a uma miríade de outras de magnitudes muito mais impressionantes. O modo como essas matérias estão distribuídas no espaço constitui um enorme mistério, é ainda uma questão absolutamente não resolvida. Se esse espaço imenso assemelha-se a um grande plano, que se estende indefinidamente para todos os lados, ou a uma região circular, limitada, com bordas intransponíveis, ou ainda se tal espaço é mais parecido com uma superfície esférica, enorme mas também limitada, eis o tipo de questão que subjaz à escolha do modelo de geometria mais adequado para descrevê-lo: a geometria euclidiana (espaço como um plano, infinito), a de Lobachevsky (espaço como um círculo, finito) ou a de Riemann (espaço como uma superfície esférica, finito).

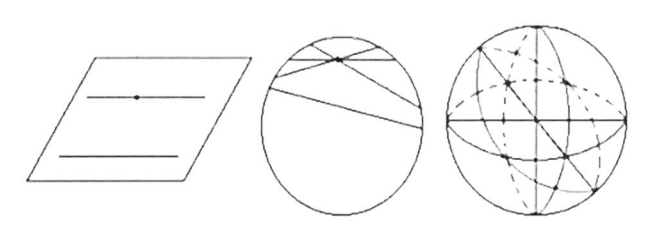

No caso das mudanças conceituais associadas ao aparecimento da Física relativística, parece claro que o que estava em jogo era uma nova compreensão dos conceitos primitivos envolvidos. Na Física de Einstein, o tempo e o espaço são concebidos de modo distinto do newtoniano, deixando de serem considerados de modo absoluto, e passando a depender das velocidades envolvidas, o que conduziu a resultados estranhos mas de maneira alguma ilógicos. E para deslocamentos com velocidades pequenas comparadas com a da luz no vácuo ($c = 300\ 000$ km/s), os sistemas newtoniano e einsteiniano são perfeitamente compatíveis, não havendo qualquer necessidade de incorporação aos cálculos de fatores de correção. De modo análogo, para pequenas dimensões comparadas com o raio da Terra, não é necessário fazermos quaisquer escolhas sobre o modelo de geometria a ser utilizado: Euclides, Lobachevsky e Riemann conduzem a resultados similares: a soma dos ângulos internos de um pequeno triângulo, por exemplo, será praticamente $180º$ nos três casos. De modo geral, no entanto, se soltamos a imaginação no espaço sideral, ou se enviamos uma nave da Terra para Marte, precisamos pensar na natureza do espaço e do tempo, ou pequenos desvios poderão conduzir a grandes erros.

No fundo, a idéia de reta é inteiramente solidária ao modo como concebemos o espaço e é a partir dela que emergem os diversos modelos geométricos para sua representação, associados, naturalmente, a relações métricas peculiares a cada modelo. E tudo o que podemos afirmar com segurança sobre uma reta, é que uma reta, é uma reta, é uma reta...

Referências bibliográficas

BOYER, Carl B., *História da Matemática*. São Paulo: Edgar Blücher, 1974.

COURANT, Richard e Robbins, Herbert. *Qué es la Matemática?* 5ed. Madrid: Aguilar, 1967.

DUNCAN, Ronald e WESTON-SMITH, Miranda. *La Enciclopedia de la Ignorancia*. México: Fondo de Cultura Economica, 1985.

EUCLIDES. *Elementos de Geometria*. São Paulo: Edições Cultura, 1945.

FREUDENTHAL, Hans. *Perspectivas da Matemática*. Rio de Janeiro: Zahar, 1975.

KLINE, Morris. *Matemáticas para los Esudiantes de Humanidades*. México: Fondo de Cultura Economica, 1992.

KNEEBONE, G.T., *Mathematical logic and the foundations of mathematics*. Nova Iorque: Van Nostrand, 1963.

LÉNÁRT, István. *Non-Euclidian adventures on the Lérnárt sphere*. Berkeley: Key Curriculum Press, 1996.

MACHADO, Nílson José. *Matemática e Realidade*. 5ed. São Paulo: Cortez, 2001.

MACHADO, Nílson José (org.). *Atividades de Geometria*. São Paulo: Atual, 1996.

PETIT, Jean-Pierre. Os Mistérios da Geometria – *As Aventuras de Anselmo Curioso*. Lisboa: Publicações Dom Quixote, 1982.

POINCARÉ, Henri. *A Ciência e a Hipótese*. Brasília: Editora Universidade de Brasília, 1984.

SANTOS, Douglas. *A Reinvenção do Espaço*. São Paulo: Unesp, 2002.

SMOGORZHEVSKI, A.S. *Acerca de la Geometria de Lobachevski*. 2ed. Moscow: Editorial MIR, 1984.

15

O discreto e o contínuo no ensino de Matemática

Luciana de Oliveira Gerzoschkowitz Moura

Introdução

Uma das formas de classificarmos as diversas áreas do conhecimento matemático poderia ser descrita como temas de matemática discreta e temas de matemática contínua. Para exemplificar o primeiro caso podemos citar alguns tópicos como o estudo da análise combinatória e da contagem, dentre outros. Já à matemática contínua cabe o estudo dos gráficos, das funções, da geometria, das medidas.

Na escola básica, a matemática contínua é a grande soberana. Ela domina praticamente toda a escolaridade, deixando poucos momentos para o estudo da matemática discreta. Dentre estes momentos, temos um de fundamental importância: a construção da idéia de número. A introdução deste conceito é iniciada, na maior parte das escolas, pela via do discreto. Logo no início do 1º ciclo do ensino fundamental, as crianças aprendem a idéia de número. Ensina-se tal conceito utilizando-se o processo da contagem, das relações entre conjuntos de objetos, atualmente fundamentando-se nos estudos de Constance Kamii. Porém Euclides Roxo, na 6ª edição de seu livro *Lições de Arithmética*, que data de 1928, constrói a idéia de número natural a partir da contagem, do discreto, sem fazer nenhuma referência à possibilidade de utilização da idéia de medida para tal construção. A noção de medida surge apenas no momento em que o autor inicia a construção do conjunto das frações.

Em seu livro *A criança e o número*, Kamii justifica sua metodologia para a construção da idéia de número pela via da contagem, apresentando uma série de experimentos realizados com crianças de diferentes faixas etárias, segundo os resultados das pesquisas desenvolvidas por Jean Piaget, o grande referencial teórico da referida autora e afirma:

O número envolve a quantificação de objetos discretos e, portanto, não pode ser ensinado através da extensão, que é uma quantidade contínua. (Kamii, p.59)

Por outro lado, outras experiências na área educacional sugerem a construção da idéia de número segundo a utilização da medida, do processo contínuo. Para exemplificar, podemos citar as barras de Cuisinaire, que relacionam comprimentos à unidades. Vejamos:

1 unidade   3 unidades

Ou seja, uma barra de 1 cm corresponde a uma unidade; já a barra de 3 cm corresponde a 3 unidades, ou seja, ao triplo da primeira.

A discussão entre medida e contagem é bastante pertinente, principalmente se levarmos em consideração que *medir e contar são as operações cuja realização a vida de todos os dias exige com mais freqüência*.(Caraça, p.29). Assim, precisamos sempre ter em mente a necessidade da abordagem dos temas focando tanto um aspecto quanto o outro, construindo um conhecimento mais relacionado e fundamentado.

Um outro exemplo, também na perspectiva da continuidade, foi o trabalho desenvolvido pelo psicólogo russo A. Petrovski. Ele verificou que também na antiga URSS, iniciava-se o ensino dos números naturais para depois relacioná-los como sendo a expressão de uma medida. Sua equipe passou a questionar se não seria mais relevante primeiramente compreender o conceito geral de medida, para depois passar ao estudo de como expressá-la. Para isso, foi necessário explicar para os alunos o que era o comprimento de um objeto, o peso, mostrar as inter-relações entre as diversas medidas. Segundo ele constatou, é muito mais simples para a criança estabelecer relações de desigualdade (maior, menor) do que de igualdade.

Las investigaciones mostraron que los símbolos literales, las fórmulas que fijan las propiedades básicas de las magnitudes son plenamente accesibles a los escolares de primer grado aún antes de que conozcan los números. (Petrovski, p. 20).

Temos aqui um argumento favorável ao ensino da idéia de número pela via do contínuo para em seguida passarmos à construção do número. Isso se dá através da comparação entre duas grandezas, quando a criança é capaz de expressar, por exemplo, que determinada grandeza é duas vezes maior que a outra. Então, a construção do número acontece a partir de relações tais como o dobro de, o triplo de, e assim por diante.

Há alguns anos trabalhando na escola básica, pude perceber como a abordagem do binômio discreto/contínuo varia ao longo da escolaridade. Quando a criança começa a construir a idéia de número, há um grande predomínio da matemática discreta sobre a matemática contínua. Um tempo se passa e a situação se reverte. A continuidade toma conta dos currículos, e o raciocínio discreto praticamente desaparece. É importante ressaltar que tanto a matemática discreta, quanto a matemática contínua, são fundamentais para a construção do pensamento matemático, e é isso que tentaremos mostrar ao final deste trabalho. O problema que vamos estudar refere-se à construção da idéia de número, compreendendo a via discreta, analisando o modelo contínuo e buscando propostas que visem restabelecer o equilíbrio entre tais abordagens.

Nossa intenção não é defender ou criticar nenhuma das abordagens descritas, mas mostrar que ambas são válidas e de extrema importância na construção da idéia de número. Desejamos enfatizar a relação de complementaridade do par discreto/contínuo e a necessidade de se trabalhar o binômio ao longo de toda a escola básica, sem o predomínio de um conceito sobre o outro.

Logo nas primeiras páginas da *Arithmetica progressiva*, um clássico sobre *o estudo da ciência dos números*, publicado no final do século XIX, Antonio Trajano nos coloca diante da idéia de número como "*o que exprime quantas unidades contém uma quantidade*". No que se refere às quantidades, segundo o autor, estas podem ser contínuas (como por exemplo, "uma barra de ferro") ou descontínuas, o que atualmente entendemos por discretas (como por exemplo, "uma porção de laranjas"). Assim, temos no trabalho que estamos apresentando um resgate desta idéia: trabalhar o conceito de número como o resultado de uma contagem ou como expressão de uma medida.

Compreender o discreto e o contínuo não é uma tarefa fácil. Para ilustrarmos esse binômio destacaremos mais alguns exemplos no campo da matemática e também além dela. Como um primeiro exemplo, colocaremos as origens do cálculo diferencial e integral. Ao mesmo tempo, Leibniz e Newton construíram teorias bastante próximas nos seus fins, porém com desenvolvimentos e procedimentos bastante distintos. Enquanto Newton definia taxa de variação e pensava em quantidades variáveis continuamente, tais como comprimentos, áreas, volumes, distâncias, dentre outras, Leibniz introduzia a idéia dos infinitésimos discretos e dos diferenciais. Ou seja, enquanto um propunha uma construção contínua, outro pensava na discretização das curvas, nos pequenos degraus. Duas idéias que não se anulam, muito pelo contrário, se complementam.

Dentro ainda do campo da matemática, um outro exemplo bastante útil para mostrar a complementaridade dos conceitos discreto/contínuo é o da definição de números irracionais. No final do século XIX, Dedekind propõe um corte na reta real, e utilizando-se da continuidade da reta, separa os números racionais dos irracionais. Um outro modo de categorizarmos os números irracionais se faz por aproximações infinitas, aumentando-se o número de casas decimais. Mais uma vez, contínuo e discreto não se excluem. Juntos, nos trazem uma maior clareza sobre determinados tópicos, ampliam nosso olhar oferecendo-nos uma maior compreensão sobre os números.

Levando esta questão para fora da matemática, podemos olhar para o par analógico/digital como uma ramificação do par proposto acima. Diz-se que o sistema digital é a tentativa de discretizar um sistema analógico. A eficiência de tal sistema pode ser medida considerando-se sua capacidade de simular o analógico. Praticamente todos os sistemas discretos possuem na sua saída, decodificadores, conversores, *modems*, enfim, equipamentos necessários para que o sinal analógico possa ser recuperado. Estas idéias estão intimamente relacionadas ao binômio contínuo/discreto. Muito freqüentemente associa-se ao sistema digital o discreto e ao sistema analógico, o contínuo. E como vimos acima, é de extrema importância que exista o diálogo entre os dois sistemas para a compreensão da informação (som, música, dados, voz, dentre outros). O *long-play* (LP) e o *compact disc* (CD) são exemplos, respectivamente, das tecnologias analógica e digital.

A evolução histórica do conceito de número

A necessidade de contar e de fazer cálculos matemáticos esteve sempre acompanhada de uma evolução social e, se assim podemos dizer, econômica das sociedades humanas. A partir do momento em que os nossos ancestrais, além de cuidar da agricultura, partiram para fazer trocas e mais adiante, comercializar seus produtos, os primeiros números surgiram, naturalmente, como conseqüência deste processo.

Surgiam, então, o que chamamos hoje números naturais, originados não apenas por um exercício intelectual dos homens, mas extremamente associados às suas necessidades diárias. Segundo Costa,

O número natural nasceu da necessidade de se compararem umas às outras as grandezas discretas. (p.217)

Muitos séculos se passaram, até chegarmos à Grécia antiga e à escola pitagórica. É neste momento que os números deixam apenas de servir às contagens e passam a assumir um caráter abstrato, por vezes místico e esotérico, em que as leis matemáticas traduziam a harmonia universal, construindo os alicerces da moderna teoria dos números. Acreditavam ser possível uma *ordenação matemática do Cosmos* (Caraça, p.67)

Com a evolução das relações sociais, a humanidade passou a ter não só a necessidade de contar, mas também a de medir. O sistema de produção baseava-se na agricultura, e assim era preciso medir comprimentos e áreas de terrenos, além de determinar o tempo para o plantio, para a colheita dentre outras necessidades cotidianas. Entendemos aqui medir, como o ato de comparar duas grandezas, uma sendo referência para a determinação da outra. Ressaltamos que a questão da medida está intimamente ligada ao modo contínuo de construção da noção de número. Esta comparação pode ser feita utilizando padrões como: *a é maior que b ou a é menor que b.* Porém, pode-se querer ir mais além e perguntar: quantas vezes o padrão escolhido cabe dentro da grandeza a ser medida? Estamos nos referindo então a como expressar o resultado desta comparação.

Acontece, porém, que a relação entre a grandeza a ser medida e o padrão estabelecido pode resultar em um número inteiro ou não. Para expressarmos esta nova medida, o campo numérico dos números naturais já não é mais suficiente. Faz-se necessária a utilização de subdivisões, e para tal, apresentam-se os números fracionários.

Os egípcios utilizaram as frações, porém os registros mostram que não havia nenhuma formalização com relação às operações. Segundo Costa, os árabes trouxeram da Índia para o Ocidente o desenvolvimento do cálculo das frações. Isso se deu por volta do século VI da nossa era. Foram necessários cerca de 1000 anos para que as operações fundamentais realizadas com os números inteiros fossem desenvolvidas neste novo campo numérico. Elas aparecem na *Aritmética* de Stevin, em 1585. Os gregos também utilizavam as frações de modo bastante eficiente, mediam comprimentos e áreas. É atribuído a Pitágoras um teorema muito importante, que talvez já fosse conhecido pelos chineses alguns séculos antes, o qual nos diz que em todo triângulo retângulo, a soma dos quadrados dos catetos é igual ao quadrado da hipotenusa.

E foi através deste caminho que os gregos se defrontaram com os números irracionais.

Ainda na Grécia, essa questão foi, ao que parece, voluntariamente esquecida, para ser retomada somente no final do século XIX, através dos estudos do matemático alemão Dedekind, com sua teoria da continuidade geométrica. Este resultado foi apresentado no livro *Continuidade e números irracionais.*

Vejamos através de mais um exemplo, como o conjunto dos números racionais já não é mais suficiente nesta nossa caminhada sobre a identificação dos campos numéricos. Tomemos o conjunto dos números racionais e façamos um corte sobre ele, da seguinte maneira: em uma classe A coloquemos todo número racional r cujo quadrado seja menor que 2, ou seja $r^2 < 2$; em uma outra classe B, pomos todo número racional s cujo quadrado seja maior que 2, ou seja, $s^2 > 2$. Temos assim um corte? Vamos verificar que a resposta a esta pergunta é não! Por este critério são cobertos todos os números racionais, exceto aquele cujo quadrado é exatamente 2. Porém, como se sabe, este número não existe no conjunto dos números racionais. Assim, o elemento de separação entre as classes A e B efetivamente não existe. Concluímos então que o conjunto dos números racionais não é contínuo.

Coloquemos então a definição utilizada por Dedekind: chamemos número real ao elemento de separação das duas classes de um corte qualquer no conjunto dos números racionais. Se existir um número racional separando estas duas classes, o número real coincide com esse racional; se não existe tal número, este será chamado irracional.

Grades curriculares e Parâmetros Curriculares Nacionais

Após essa breve introdução histórica, que tinha como objetivo central a compreensão da origem dos diferentes campos numéricos, vamos apresentar e comparar o que acontece na vida escolar do aluno.

Apresentaremos a seguir trechos dos planos escolares do 1ª ao 4º anos do Ensino Fundamental da Escola de Aplicação da FEUSP, ano de 2003, contendo apenas os conteúdos conceituais e procedimentais referentes à construção da noção de número e quanto às idéias sobre medidas. Em seguida, buscaremos nos Parâmetros Curriculares Nacionais referências no tratamento do tema deste trabalho, visando mais uma vez, compreender e justificar a relevância do que está proposto.

1º Ciclo do Ensino Fundamental – 1º ao 4º ano

1º ANO	2º ANO
Números decimais Regra de formação de uma seqüência Leitura e escrita dos números naturais de 0 a 100 Antecessores e sucessores de qualquer número entre 0 a 100 Regras do SND (unidades, dezenas e centenas) Ordem crescente e decrescente Valor posicional dos números Troca de unidades por dezenas e centenas com o material concreto	Números Decimais, história de numeração Classe das unidades simples e unidades de milhar Sistema Monetário brasileiro Sistema de Numeração Decimal Números até 9.999 Valor posicional Ordinais até 50 Par e ímpar Sistema de numeração romana até 1000.
Operação com números naturais Adição simples e com reserva Subtração simples Problema sem operação e com uma operação Estratégias individuais de cálculo mental Noções de multiplicação	*Operações com números naturais* Adição e subtração: nomenclatura e prova real Subtração com reserva Multiplicação com um algarismo no multiplicador Multiplicação com e sem recurso Tabuadas de multiplicação de 1 a 10

Grandezas e medidas Medidas de tempo: semana, mês e ano	_Grandezas e medidas_ Unidades de tempo: hora, minuto e segundo

3º ANO	4º ANO
Números decimais, história da numeração Sistema de numeração decimal: números até a classe dos milhões - Leitura e escrita - Comparação e ordenação - Valor absoluto e valor relativo - Ampliação dos números ordinais até milhares História da numeração: Sistemas de numeração Egípcio e Romano	Sistema de Numeração Decimal - Ampliação da numeração até a classe dos trilhões Classes e ordens Valor absoluto e valor relativo Números ordinais e romanos Números Racionais Absolutos Frações – a partir de explorações com material concreto Conceitos de metade, terça parte, quarta parte Generalização do conceito de frações Frações equivalentes Frações decimais :conceito Decimais : representação decimal de um número racional Comparação de números racionais na forma decimal

Operação com números naturais	Operação com números naturais e racionais
Multiplicação: dois ou mais algarismos no multiplicador	Expressões numéricas com números inteiros; com todos os sinais de associação;
Divisão através de agrupamentos e do processo longo	Cálculo mental;
Multiplicação e divisão: nomenclatura e prova real	Adição, subtração e multiplicação de frações decimais
Expressões numéricas envolvendo as quatro operações fundamentais	Adição e subtração de frações com base no conceito de equivalência;
Cálculo Mental : estimativa	Multiplicação de um número natural por um número fracionário
Problemas sem operações e problemas envolvendo o conteúdo do ano	Divisão de dois números naturais quaisquer e justificativa do aparecimento da vírgula no quociente e as transformações sucessivas nos restos obtidos;
	Adição e subtração de números racionais na forma decimal;
	Problemas sem operação e problemas envolvendo o conteúdo do ano
Grandezas e Medidas História das medidas Medidas de tempo (bimestre, trimestre, década, século, milênio) e de comprimento (milímetro e quilômetro)	Unidades de Medidas Medidas de comprimento com unidade padronizada – metro, centímetro – uso de régua Medidas de tempo – unidades, comparação entre elas

Com relação às medidas, o que se trabalha inicialmente são as medidas de tempo, que trazem implicitamente a idéia da continuidade, mas que não são utilizadas como uma segunda abordagem na idéia de número. No 3º ano do ensino fundamental inicia-se o estudo das medidas de comprimento, ensinando-se apenas o quilômetro e o milímetro e no 4º ano, estuda-se o metro e o centímetro, assim como o uso da régua. A questão da medida está assim bastante deslocada da construção do número natural. Percebemos que as primeiras grandezas estudadas referem-se às medidas de tempo, enquanto que as relacionadas a massa e volume não são trabalhadas até o 4º ano do Ensino Fundamental.

Através dos tópicos descritos no plano do 1º ano do ensino fundamental, é possível visualizar a construção do número pela via do discreto. Vejamos: regra de formação de uma seqüência; leitura e escrita dos números naturais de 0 a 100; antecessores e sucessores de qualquer número entre 0 a 100 nos remetem à idéia de contagem através das relações entre objeto e conjunto, como sugere Kamii. No 4º ano, surgem as frações, a partir da exploração de material concreto. Neste contexto é a idéia de medida que está sendo utilizada.

Consultando os Parâmetros Curriculares Nacionais (PCN) de Matemática, retiramos alguns conteúdos conceituais e procedimentais para o 1º ciclo do Ensino Fundamental, inseridos no tema Números naturais e Sistema de numeração decimal:

- *Reconhecimento de números no contexto diário;*
- *Utilização de diferentes estratégias para quantificar elementos de uma coleção: contagem, pareamento, estimativa e correspondência de agrupamentos;*
- *Utilização de diferentes estratégias para identificar números em situações que envolvem contagens e medidas;*
- *Comparação e ordenação de coleções pela quantidade de elementos e ordenação de grandezas pelo aspecto da medida.*

A abordagem proposta pelos PCN para a construção da idéia de número vem ao encontro do que estamos propondo neste trabalho: que esta construção se dê seguindo os passos do discreto e do contínuo, alternadamente, permitindo ao aluno a compreensão de número como expressão de uma contagem ou de uma medida.

Reflexão sobre ordens possíveis para a abordagem

Pelo que foi apresentado até este momento é possível estabelecer três possíveis ordens para a construção da idéia de número. A primeira delas é através do recurso ao discreto e mais adiante a inserção do contínuo. Na segunda, temos desenhado o caminho contrário, iniciando-se a abordagem pela via do contínuo e em seguida, passando-se ao discreto. E a última abordagem traz a construção da idéia de número fundamentada nos dois conceitos, simultaneamente.

A primeira abordagem está claramente colocada nos trabalhos de diversos autores, como por exemplo, Constance Kamii e de Euclides Roxo, e é a abordagem mais difundida nas escolas de Ensino Fundamental e Médio. Nesta proposta, o currículo é desenhado partindo-se do discreto, da relação entre conjuntos, da contagem, e progressivamente chega-se à idéia da medida, da continuidade. A partir daí, a ênfase curricular se dá no contínuo. Surge o desequilíbrio e os problemas decorrentes da proposta.

A segunda abordagem surge quase como uma curiosidade, e seu único representante é o psicólogo russo Petrovski. Ele defende que para as crianças é muito mais fácil estabelecer relações do tipo é maior que ou é menor que do que é igual que. Ou seja, ao comparar a quantidade de areia colocada em dois montes, é muito mais difícil estabelecer a relação de igualdade entre os montes do que verificar a desigualdade. Feito isto, a criança passa então a fazer comparações, determinando se uma grandeza é duas vezes maior (ou menor) que a outra, ou três vezes maior, e assim sucessivamente. A partir da medida chega-se à contagem.

A proposta deste trabalho vem ao encontro de uma terceira abordagem feita por renomados estudiosos do início do século XX, como Antonio Trajano e Isidoro Dumont, que estabelecem o número como resultado da medição de grandezas, que podem ser discretas ou contínuas. No caso das grandezas discretas a medida se faz através da contagem e no caso das contínuas, através da comparação em relação a um determinado padrão. Trata-se, sem dúvida, de uma perspectiva integradora, que merece ser explorada.

Referências bibliográficas

BETTI, Renato. *Analógico/digital.* In Enciclopédia EINAU-DI. Imprensa Nacional – Casa da Moeda, 1996.

BOYER, Carl. *História da Matemática.* Trad. Elza F. Gomide. São Paulo: Edgard Blücher Ltda, 1974, 11a ed.

CARAÇA, Bento de Jesus. *Conceitos fundamentais da matemática.* Lisboa: Gradiva, 2002, 4a ed.

COSTA, Manoel Amoroso. *As idéias fundamentais da matemática e outros ensaios.* São Paulo: Convívio, 1981, 3a ed.

COURANT, Richard & ROBBINS, Herbert. *O que é matemática?* Rio de Janeiro: Ciência Moderna, 2000, 4a ed.

DUMONT, Isidoro. *Elementos de aritmética – curso médio.* Coleção de livros didáticos – F.T.D. São Paulo: Livraria Francisco Alves, 1948.

IFRAH, Georges. *História universal dos algarismos – tomo I – a inteligência dos homens contada pelos números e pelo cálculo.*

KAMII, Constance. *A criança e o número.* Trad. Regina A. de Assis. Campinas: Papirus, 1990, 28a ed.

MINSKY, Marvin. *The society of mind.* New York: Simon & Schuster, 1988.

PARÂMETROS CURRICULARES NACIONAIS. *Matemática.* Volume 3. Brasília: MEC/SEF, 1997.

PETROVSKI, A. *Psicologia evolutiva y pedagogica.* Trad. Leonor Salinas. Moscou: Editorial Progresso Moscú, 1979, 2ª ed.

PIAGET, Jean e SZEMINSKA, Alina. *A gênese do número na criança*. Trad. Christiano Monteiro Oiticica. Rio de Janeiro: Zahar Editores, 1971.

ROXO, Euclides. *Lições de arithmetica*. Rio de Janeiro: Livraria Francisco Alves, 1928, 6a ed.

TRAJANO, Antonio. *Arithmetica progressiva*. Rio de Janeiro: Livraria Francisco Alves, 1928, 63a ed.

16

Atividade criativa na sala de aula de Matemática

Antonio Carlos Brolezzi

O professor de Matemática criativo

A criatividade é uma característica muito importante na atividade do professor de Matemática. Parece haver uma exigência maior de criatividade em certas profissões que oferecem um contato freqüente com um mesmo público. Por outro lado, não se pode inventar demais, sob pena de perda de identidade e objetividade do que se está querendo desenvolver. Saber combinar uma certa dose de repetição com uma contínua arte de inovar é um dos grandes segredos do sucesso em tarefas que lidam continuamente com um mesmo público.

A profissão de professor supõe um contato rotineiro com um determinado grupo de pessoas: os alunos. Convivemos com uma classe às vezes mais tempo que pessoas das famílias dos alunos. É importante descobrir a chave de sermos constantes e repetir continuamente certas práticas de sucesso, ao mesmo tempo em que inovamos de vez em quando.

Quando entramos em sala para mais uma aula, temos sobre nós a atenção de uma quantidade de pessoas diferentes, com olhares distintos. Todos os olhares recaem sobre nós, na esperança de que apresentemos uma novidade. Há pessoas das quais não se espera qualquer alteração de comportamento – são sempre as mesmas. A estabilidade é característica das pessoas confiáveis, serenas, maduras. Mas também dos previsíveis, daqueles que não oferecem novidade alguma. Uma parte de nós não deve mudar nunca, nosso caráter, nossa personalidade. Mas alguma coisa poderia mudar, às vezes.

No que se refere à percepção que os alunos têm dos professores, podemos dizer que, em geral, os alunos reparam em tudo o que aparentamos e até no que não gostaríamos que transparecesse. Sabem se usamos sempre os mesmos sapatos, se mudamos a marca do perfume, se assistimos novelas. Melhor que alguns membros de nossa própria família, podem dizer rapidamente se dormimos bem, se estamos desesperados, se temos um novo amor. Se tentarmos dissimular uma tristeza, por exemplo, o máximo que conseguiremos é que os alunos percebam que, além de estarmos tristes, estamos também tentando esconder a tristeza. Portanto, não há o que fazer, senão deixar-se conhecer pelos alunos. Ter uma atitude dissimulada diante dos alunos é inútil.

O que podemos fazer é tentar ser melhores, sinceramente. Como ninguém dá o que não tem, é preciso crescer por dentro para que os alunos percebam que temos novidades. Não adianta enganar, fazer de conta que agora tudo será diferente. A criatividade deve vir de dentro, de um espírito interessante, não de uma prótese artificial.

Estamos propondo que, para se ser criativo, é preciso uma grande dose de estudo e de cultura profissional. Para inventar, é preciso estudar mais.

A clássica afirmação sobre o trabalho dos cientistas de que seria constituído de 99% de transpiração e 1% de inspiração pode ser aplicada ao trabalho do professor também. Podemos dizer que com mais cultura matemática, com mais recursos previamente (e às vezes arduamente) armazenados, o professor pode ficar mais tranqüilo e na hora da aula essa preparação remota possibilitar espaço para mais criatividade. Ou seja, como o trabalho já foi antecipado, planejado, preparado, quando chega a hora de encontrar os alunos, as coisas fluem e se abre espaço para a espontaneidade.

O que é essa cultura matemática de que falamos? Aqui estamos utilizando o termo cultura matemática para referirmo-nos àquele conhecimento que engloba e transcende o conhecimento matemático. Ou seja, além de saber matemática, o professor deve conhecer história da matemática, deve saber usar computadores no ensino, usar e criar materiais didáticos diversos, conhecer aplicações da matemática, problemas interessantes e não-rotineiros, jogos, curiosidades.

Além disso, há uma grande força latente nas escolas, que pode contribuir decisivamente para a construção de aulas de matemática criativas. Falo dos alunos, de suas peculiaridades, de suas dificuldades e problemas, de sua diversidade, da pluralidade de seus olhares e modos de ser.

Se me for permitida uma breve digressão, vou contar uma reminiscência pessoal não muito transcendente mas que me traz sempre inspiração. Quando comecei a fazer Licenciatura em Matemática, tinha que dar aulas para sobreviver (sobreviver é o que significa habitar o CRUSP). Minha timidez era pavorosa. Sem ter nenhuma preparação prévia de didática (a disciplina de Prática de Ensino só apareceria no último ano), lembro que ficava ensaiando aulas novas em uma sala do IME-USP. Quanto não ensinei àquelas carteiras solidárias! O problema é que, ao chegar à sala de aula real, as carteiras surpreendentemente não estavam vazias, mas ocupadas por seres inquietos e de difícil abordagem. Aqueles alunos ali sentados não estavam no programa.

Chegava, em minha obtusidade, a ter que imaginar as carteiras vazias para poder dar aulas!

Uma reação que tive ante essa situação foi a de buscar a tal "cultura matemática" para poder ter acesso àqueles alunos que teimavam em não entender uma palavra do que eu dizia. O fato de eles não entenderem minha língua (que diferença das carteiras vazias, tão compreensivas!) é que me fez procurar melhorar minhas próprias concepções. Se tivesse dado certo meu esquema de dar aulas para carteiras vazias, até hoje estaria dando aulas para carteiras vazias.

Sorte minha que deu tudo errado. Mal começava a falar e vinha uma dúvida: "para que estudar isso?", "para que tenho que saber uma coisa tão chata?".

Olhando para os alunos, e não para as carteiras, podemos perceber coisas interessantíssimas. Em geral, creio que as dúvidas dos alunos sobre as aulas de matemática são de dois tipos. Perguntas visando o esclarecimento de como é mesmo que se faz determinada coisa, como por exemplo como é mesmo que se faz para achar a equação de uma reta dados dois pontos. E perguntas visando descobrir, afinal, por que temos que aprender como se faz isso.

As perguntas do primeiro tipo são respondidas explicando melhor a mesma coisa ou procurando variar a explicação, inclusive mostrando que há vários métodos para fazer isso, e o aluno poderá escolher o método que melhor for compatível com seu signo. Já as perguntas do segundo tipo exigem sair da matemática. Não bastam explicações do tipo: "Olha, cai na prova, é por isso que você tem que aprender isso" ou ainda "Você precisa saber como encontrar a equação da reta dados dois pontos para o caso de você ter dois pontos e então se você quiser encontrar a equação da reta que passa por eles, como vai fazer? Por isso tem que saber isso".

Em geral, pontualmente, nenhum resultado de matemática elementar (aquela que vai até o final do Ensino

Médio) serve realmente para grande coisa. Essa afirmação categórica pode chocar aqueles que gostam de pensar que "Existe Matemática em tudo o que nos cerca". E vêm aqueles exemplos artificiais de uso da matemática, que acabam por reduzir, ao invés de aumentar, o valor da disciplina.

Quando o aluno pergunta para que serve alguma coisa pontual, como "por que tem que saber como obter a equação da reta dados dois pontos," em geral é porque o curso não está estruturado de modo a garantir que os alunos saibam o tempo todo por que estão estudando matemática ou, no caso. geometria analítica. Você só faz perguntas do tipo "Mas que diabos eu estou fazendo aqui?" quando você está em um *camping* onde chove o tempo todo, ou em uma festa regada a cerveja quente. O aluno só pergunta "para que serve" quando o conteúdo está sem graça, fora do contexto.

Mais uma reminiscência. Dei aulas alguns anos em uma escola dirigida por psicólogas. Foi minha verdadeira escola. Até hoje só tenho feito aplicar e desenvolver o que aprendi lá. Tínhamos duas horas de reunião por semana, todos os professores falando sobre suas aulas, seus alunos. Aprendíamos a "ler" o que o aluno quer manifestar quando faz ou diz alguma coisa. Em geral, o aluno não quer dizer o que diz, mas algo diferente daquilo que disse ou fez. Havia alunos daqueles geralmente chamados de problemáticos. Por exemplo, um aluno jogou uma cadeira em minha cabeça enquanto eu estava sentado em minha mesa muito satisfeito com a segurança de minha suprema autoridade. Fiquei muito surpreso, pois era um aluno de quinta série muito franzino, e a cadeira era pesada. Em conversas com as psicólogas da escola, procurei refletir sobre o acontecimento. O que aquele aluno estaria querendo me comunicar? Quais os seus sentimentos? O que ele quis dizer que só poderia ser dito assim, através do gesto extremo de atirar uma cadeira na cabeça do professor de matemática? Creio (espero) que os problemas daquele aluno devam ter sido estudados e resolvidos após todos esses anos. Aparentemente, ele não estava revoltado especificamente comigo ou com a Matemática, mas com aquela atmosfera asfixiante, caldo de cultura de todas as neuroses, em que tende a se transformar uma aula tensa e recheada de ressentimentos e humilhações.

Considero-me uma pessoa de sorte, não só pelo fato de a cadeira não ter me atingido em cheio, mas pelo fato de poder ter aprendido com experiências assim tão claras e didáticas. Por vezes, em uma aula em que o trabalho esteja se desenvolvendo com certa supressão de coisas ocultas, com violência dissimulada, imagino uma cadeira voadora, e pronto, já estou de volta ao mundo dos humanos. E sinto a premência de ser criativo e interessante, e fazer minhas aulas criativas e interessantes. Às vezes, sinto tanta vontade de ser mais humano que até suspiro sozinho. Preciso reencontrar minhas amigas psicólogas.

Mas será que existe criatividade? Um filósofo que dividia uma mesa de debates comigo afirmava: não existe criatividade. Deu argumentos pesados, citando os gregos, a origem latina das palavras, falou muito bem. Senti-me meio ridículo, mas como ele não parava mais de falar, pude ter tempo de me recompor e observar sua performance. O filósofo elaborou um discurso cheio de criatividade, para tentar mostrar que a criatividade não existia. Fiquei convencido de que tinha razão. Pensei: "Eis aí um homem bem criativo." Percebi então que, mesmo que a palavra criatividade fosse, como ele dizia, "datada", e que para o bem dos povos deveríamos evitar falar em criatividade, já que não criamos mesmo nada, no sentido grego do termo (ou será latino?), mesmo assim, se eu quisesse descrever aquilo que normalmente chamamos de criatividade, e que todo mundo sabe o que é, como deveria falar? Enquanto aguardo para saber a resposta a essa pergunta, continuarei a usar a palavra criatividade mesmo.

Ainda me interessa saber como ser mais criativo (seja lá o que isso for!). David Perkins, doutor em Matemática pelo MIT, autor de *A banheira de Arquimedes – como os grandes cientistas usaram a criatividade e como você pode desenvolver a sua* (2002), elaborou uma interessante analogia para tentar descrever a arte do pensamento criativo. Contou a história da corrida do ouro no Alaska em 1897. Tudo começou com a notícia de que havia sido encontrado ouro na região chamada Klondike, uma região desértica e inóspita. A existência de uma planície sem pistas oferecendo uma imensidão de possibilidades para se procurar ouro foi a metáfora da qual Perkins extrai muitas analogias que utiliza para explicar como ser mais criativo. Para ele, o espaço de possibilidades, ou espaço klondikeano, serve de pano de fundo para explicar as quatro operações fundamentais do pensamento criativo: perambular, detectar, reenquadrar e descentralizar.

Perambular, andar por aqui e ali, deixar o pensamento solto. Detectar algumas pistas sutis, elaborar algumas hipóteses. Olhar o problema de outra forma, inverter as perspectivas. Sair do estreito mundo das condições pré-estabelecidas, olhar para além do nosso horizonte estreito.

Não falei o suficiente para explicar as idéias de Perkins, explicitadas com exemplos interessantes em seu livro. Mas para nós aqui acho que já deu para entender que a cultura matemática de que falava é um espaço klondikeano, e que nossa atividade de pesquisa é como explorar uma Serra Pelada em busca de ouro, e que a criatividade é uma atividade de busca às vezes árdua.

Ou seja, para criatividade, estudo. Um ótimo campo de estudos é a História da Matemática. Isso supõe interessar-se pela história universal dos povos, e também pela aventura humana, pela questão mais transcendente sobre o sentido da vida.

Algumas pessoas não gostam disso. Sentem vertigem quando propomos perambular, transcender limites, inverter o sentido dos problemas, apostar em pistas improváveis. Mas isso não é tão estranho, quando pensamos na pesquisa sobre a História da Matemática, por que sempre estamos no nosso planeta, no que chamamos de lar. Como dizia Gusdorf, em *"Professores para que?"*, cada um de nós traz dentro de si uma vocação para a humanidade. Por isso é preciso redescobrir o valor e o gosto pela condição humana, pela história, para quem quer ampliar sua cultura matemática e ensinar de modo mais criativo. Não dá para ficar dando aulas somente para as carteiras. Existem pessoas sentadas ali. E cuidado com as cadeiras voadoras.

Aprendizagem através de projetos

Um olhar atento sobre os alunos revela todo um universo de muitos mundos a conhecer e com os quais buscar manter contato. A comunicação com os alunos começa quando prestamos atenção no que eles estão querendo saber.

Quando o aluno pergunta "para que serve" em geral, é sinal de que é preciso reestruturar o curso para que o ensino tenha significado. E isso pode ser feito com um bom estudo de História da Matemática. A história não mostra por que cada coisa foi criada. Muitas vezes, o que é surpreendente até mesmo para o professor, a matemática se desenvolveu sem muito sentido prático. É uma grande falsidade pensar que a Matemática nasceu das necessidades práticas do dia-a-dia. A matemática é abstrata, esse é seu grande valor. Não serve para nada. E ao mesmo tempo serve para tudo. Toda a tecnologia atual está embasada em muita matemática. Mas não que a matemática sirva para isso ou aquilo.

Eis um paradoxo interessante. Os gregos perceberam isso, e por isso foram tão longe. Aristóteles comenta que Tales andava olhando para cima, em profunda meditação, e caiu em uma poça d'água. Sua criada, que o observava do balcão, exprimiu todo o sentido desse paradoxo da aplicação científica: "Ó grande Tales, o senhor anda com a cabeça nas estrelas, e não sabe onde põe os pés". É isso. Tales pensava em coisas sem aplicação prática imediata. Para isso tinha que tirar o olhar do chão, elevar sua mente. Depois, sua matemática teve enormes aplicações práticas. Diz-se que ele mesmo teria enriquecido prevendo astronomicamente uma super safra de azeitonas. Não se sabe ao certo. Mas o modo grego de ver as coisas ficou para sempre definido no espírito científico: conhecer por conhecer. Todo homem por natureza ama o conhecimento.

Ou seja, se a matemática tem que servir para alguma coisa, façamos como Euclides (também se conta essa história de outras pessoas) que ofereceu uma moeda a um aluno para cada teorema que aprendia. O aluno tinha perguntado: "O que vou ganhar com isso?" Ganhou suas moedas, e se foi inteligente deve ter percebido aos poucos o valor daquilo que aprendia. Que bom seria se conseguíssemos mostrar para os alunos que a matemática é tão interessante e tem tanto valor em si que não importasse saber para que serve cada coisinha que aprendemos.

Isso significa trabalhar com projetos. Existem estudos acadêmicos sobre como e por que trabalhar com projetos em sala de aula. De um modo mais profundo e abrangente, Machado (1997) desenvolveu a relação ente projetos e educação que transcendem a mera tecnicidade de uma metodologia pedagógica. Projetos são a essência da educação, na medida em que são a perspectiva de um futuro a se construir, envolvendo a noção fundamental de valores. Ou seja, os projetos não são apenas um meio de se buscar a educação. Na verdade, a educação é que faria parte de um projeto maior: a vida a construir. Por isso, trabalhar com projetos na escola seria o mesmo que trazer a educação para um lugar mais transcendente, que é a de meio de atingir a própria essência da vida.

Em *Sobre a idéia de projeto*, Machado (1997) relaciona projetos com vocação e, nessa perspectiva, a idéia de projeto ocupa o papel de fio condutor para a organização das ações. Há uma relação forte entre projetos de vida dos alunos e projetos pedagógicos da escola. *A própria organização das atividades didáticas deve ser encarada a partir da perspectiva do trabalho com projetos (...). A justificativa dos conteúdos disciplinares a serem estudados deve fundar-se em elementos mais significativos para os estudantes, e nada é mais adequado para isso do que a referência aos projetos de vida de cada um deles, integrados simbioticamente em sua realização aos projetos pedagógicos das unidades escolares.* Esse sentido mais transcendente da idéia de projetos deveria ser uma conseqüência necessária do trabalho do professor de matemática que quer ser criativo e, na tentativa de se comunicar com os alunos reais que estão à sua frente, estudar mais e trabalhar a matemática em seu contexto amplo, cultural e histórico.

Trata-se de desenvolver o conteúdo na perspectiva dos alunos que querem o tempo todo saber "para que servem" as coisas que estão aprendendo. Os projetos, aqui entendidos como uma organização de uma busca ou investigação de uma coisa que se quer conhecer melhor, seriam criados em conjunto com os alunos, em atenção com o que eles manifestam que querem saber.

Como falamos desde o início, entendemos que a criatividade do professor deve ser alimentada com mais cultura, e situamos o conhecimento histórico como parte essencial dessa cultura.

Mas essa busca do professor não costuma ser a parte do seu trabalho pedagógico. Várias razões levam ao fato de que o professor de matemática não possui, ao término do seu curso de Licenciatura, a cultura necessária que possa fazer com que consiga rechear as aulas da riqueza oriunda do estudo da História da Matemática. Entretanto, isso não está sendo aqui colocado como um problema, mas sim como uma circunstância que tem seu lado altamente positivo.

Uma observação paralela: não pretendemos que o professor seja culto e criativo e com isso humilhe e se sobreponha aos seus alunos reduzidos agora a duplamente ignorantes, de matemática e também de história e outras contextualizações da matemática. Seria muito triste que construíssemos o conhecimento de História da Matemática, motivados por razões pedagógicas, para depois fazer dela outro corpo de conhecimentos herméticos e por-nos a aterrorizar os alunos não apenas com a clássica e temida matemática, mas agora com algo ainda mais difícil que é a história da matemática.

O uso direto, ou seja, contar a história da matemática, seja talvez o tipo de utilização da História menos interessante e necessário. Propomos que é imprescindível conhecer a história para poder rechear o ensino de ligações entre os conceitos, de exemplos de aplicação, de diferentes modos de pensar, de diferentes linguagens, de problemas interessantes, de jogos e de toda a cultura matemática fornecida pelo estudo da história. Pesquisa, projetos, é disso que o ensino de matemática carece para ser mais interessante para o aluno. Quem perguntará "para que serve?" seremos nós. Os alunos irão nos responder. Ou não.

A carência de conhecimentos históricos por parte do professor de matemática pode ser ótima oportunidade de colocar-se mais próximo dos alunos e trabalhar em forma de projetos. Vamos aprender junto com os alunos. O critério do professor, em geral mais maduro e menos impressionável, será o guia para a pesquisa que os alunos – e também o professor! – irão empreender.

Aonde isso nos levará? A cumplicidade entre os professores e os alunos só pode trazer benefícios, na medida em que o que se busca sobretudo é a construção de um ambiente em que o aluno não fique sempre com a pergunta "para que serve" na ponta da língua, enquanto o professor fique com o receio de que o aluno faça a pergunta fatal. Não, aqui os alunos irão saber que as coisas não estão todas escritas e que há muito mais mistério na vida que respostas prontas.

Micro-projetos de pesquisa

Estamos defendendo que um curso de matemática em qualquer nível pode ser feito por meio da construção de projetos. Esses projetos são geralmente de pesquisa. Podem ser projetos de construção de materiais, mas envolveriam sempre alguma pesquisa. Aqui falaremos da pesquisa em si. Pensamos que pesquisa seja uma investigação sobre algo que se quer saber, sempre relativa ao sujeito da pesquisa ou ao seu ambiente.

Em geral, para se fazer uma pesquisa é preciso planejar o que se pretende fazer. Mas nem sempre isso é possível. Há assuntos ainda tão pouco claros que é impossível planejar como pesquisá-los, já que nem há ainda clareza quanto ao objeto da pesquisa.

Seja como for, ajuda tentar identificar partes do projeto – isso é particularmente útil para que se tenha uma idéia do espírito do que é uma pesquisa.

Em primeiro lugar, vem a pergunta, ou **problema** de pesquisa. Algo que nos inquiete, cuja resposta não sabemos mas temos intenção de investigar. No nosso caso, parece que a pergunta inicial é sempre "Para que serve isso?" relativa a algum tópico de matemática. Muito bem, já é uma pergunta. Para que servem Números Complexos, Cônicas, Funções Trigonométricas etc.

Mais para a frente, podemos identificar e especificar melhor o nosso problema de pesquisa. Mas por enquanto ele surge naturalmente como uma dúvida, um interesse da classe por saber mais sobre um determinado assunto.

Em seguida vem o levantamento de **hipóteses**. Tratam-se de primeiras respostas ao problema dado, respostas que achamos plausíveis mas ainda passíveis de melhores explicações e verificações. Por exemplo, se a questão é "Para que servem números complexos?", um professor poderia sugerir como hipótese: "Os números complexos surgiram no contexto da busca por soluções das equações algébricas do terceiro grau, mas hoje em dia servem, entre outras coisas, para entender o funcionamento dos circuitos eletrônicos".

As hipóteses podem ser refutadas ao longo da pesquisa, mas a princípio escolhemos alguma que pretendemos comprovar. Daí vem o **objetivo** da pesquisa, que se resume a tentar comprovar a hipótese. No caso considerado, o objetivo principal é "Verificar se os números complexos servem para entender o funcionamento dos circuitos eletrônicos, e se teriam surgido quando se procuravam soluções para equações do terceiro grau".

Dos objetivos passamos à **metodologia**. O que faremos para atingir o objetivo? Há muitos caminhos. Pode-se adotar algo fácil, como "Consultar o livro didático". Mas isso nem sempre dá resultado. Uma possibilidade simples no nosso caso seria "Olhar os livros de História da Matemática e entrevistar o professor de física para ver se ele sabe ou indica alguma bibliografia que permita verificar esse assunto dos circuitos eletrônicos".

Bem, então é preciso ver se há livros de História da Matemática na escola, e também algum livro dos indicados pelo professor de física. Surge a **bibliografia** do projeto: nome do autor, título, número da edição, cidade da edição, editora, ano de publicação. Caso forem consultadas páginas na Internet – sempre com a supervisão do professor para evitar a proliferação de concepções superficiais ou mesmo errôneas –, é preciso colocar, além do endereço da página consultada, também a data e horário em que se deu a consulta. É que o conteúdo da Internet é tão dinâmico que as "edições" do conteúdo são bem mais freqüentes que as edições dos livros.

Realizada a pesquisa, devem surgir **conclusões**. Às vezes a conclusão é que a escola precisa melhorar sua biblioteca, ou que esse tema é muito difícil, ou que não foi possível encontrar nada muito conclusivo a respeito. Tudo bem, estamos garimpando, às vezes não se encontra ouro. Mas a vantagem e a segurança que temos é que, se encontrarmos um problema realmente difícil, isso já terá um valor incrível. Pode ser um tema para uma tese de doutorado, quem sabe. Nesse jogo, mesmo perdendo a gente ganha. Ocorre que a descoberta de um problema novo é de um valor imenso. Perkins (2002) mostra como a descoberta de um problema está diretamente ligada à criatividade. Menciona as idéias de Einstein, para quem *levantar novas questões, novas possibilidades, encarar as velhas perguntas de um novo ângulo – são coisas que requerem imaginação criativa e assinalam um avanço real na ciência*. Ou seja, se a conclusão da pesquisa for que é necessária outra pesquisa, isso não representa um fracasso.

Resumindo, é isso um exemplo de micro-projeto de pesquisa tal como o concebemos para uso em aulas de matemática de Ensino Fundamental e Médio.

Conexões e aprendizagem

O que vai acontecer se os alunos começarem a pesquisar o conteúdo de Matemática da escola? Entendemos que isso gera conexões entre os conceitos. O simples uso de História da Matemática gera conexões. Segundo Wilson e Chauvot (2000), *incorporar história nas aulas de matemática pode ajudar os alunos a fazer conexões e muito mais (...). A história é repleta de conexões matemáticas – conexões entre tópicos de matemática, conexões entre matemática e aplicações, conexões entre matemática e outras disciplinas (...). Um perspectiva histórica pode ajudar os alunos a ver a matemática como poderosa, acessível, conectada e em desenvolvimento.*

Se o ensino puder mostrar a matemática como um corpo de conhecimentos conectados, isso é de grande importância para a educação. Na verdade, o que se coloca é que conhecer é enredar-se, em uma alusão à idéia de conhecimento como rede de significados. Essa idéia, que Machado (1995) expõe em *Conhecimento como rede: a metáfora como paradigma e como processo*, implica que quando conhecemos alguma coisa realmente, o que estamos fazendo é estabelecer relações entre o conhecimento novo e outros que já tínhamos ou estamos tendo. *Apreender o significado de um objeto ou de um acontecimento é vê-lo em suas relações com outros objetos e acontecimentos.*

Haylock (1991), ao falar sobre o ensino de matemática para crianças de 8 a 12 anos que possuem dificuldade em aprender, afirma que a maior parte da satisfação inerente na aprendizagem da matemática vem da possibilidade de compreensão: *fazer conexões, relacionar os símbolos da matemática com situações reais, ver como as coisas se encaixam umas às outras, e articular os padrões e relações que são fundamentais para nosso sistema numérico e operações numéricas.*

Ao concebermos a matemática conectada, a perspectiva histórica mostra que as redes de significado estão em permanente estado de metamorfose. Isso implica mudanças no ensino, como afirma Machado (1995): *Especialmente no que se refere ao planejamento das atividades didáticas, a concepção de conhecimento como uma teia acentrada de nós e relações significativas, em permanente transformação e atualização, conduz a uma radical mudança de perspectivas e expectativas.* Para já, essa mudança implica uma mudança na perspectiva da ordem e linearidade das apresentações do conteúdo. Por isso a idéia de se utilizar projetos de pesquisa, ao romper com a linearidade, ocupa outro espaço na organização escolar.

Muda, assim, o sentido das avaliações. Como avaliar se o que pretendemos é a descentralização das idéias, a associação entre os temas diversos, a busca do problema mais que a busca das respostas pré-estabelecidas?

Muda também a fonte das informações. Qual o papel do livro didático nesse contexto? Ele é uma boa fonte de pesquisa? O papel do livro didático precisa ser repensado. Machado (1997) propõe que *o livro didático precisa ter seu papel redimensionado, diminuindo-se sua importância relativamente a outros instrumentos didáticos, como o caderno, seu par complementar, e outros materiais, de um amplo espectro que inclui textos paradidáticos, não-didáticos, jornais, revistas, redes informacionais etc.*

As redes informacionais. Para além do livro didático, temos a biblioteca física, e também as diversas mídias e a grande biblioteca que é a Internet. Uma das diferenças importantes é que as bibliotecas, e em menor grau os jornais e revistas, trazem informações de alguma forma selecionadas. Já a Internet não tem controle algum. Qualquer pessoa pode disponibilizar conteúdo na rede. Isso requer a habilidade do pensamento criativo que deve detectar pistas falsas, selecionar os caminhos. Novas habilidades que os alunos devem desenvolver junto aos professores. Se antes bastava abrir uma enciclopédia para obter dados sobre um tópico considerado, agora é preciso ver se o que lemos e vemos tem realmente valor. Nesse sentido, o uso de projetos de pesquisa na educação adquire mais essa função, a de preparar o aluno para o exercício da seleção das informações, uma habilidade necessária para o cidadão de hoje.

Conectividade, associações importantes ou banais, relações falsas entre conceitos. Na pesquisa, o computador irá mudar a forma de trabalhar em sala de aula.

Ao aproximar o professor das novas mídias, abrem-se novas possibilidades. A visão dinâmica do conhecimento matemático, uma das conseqüências importantes do uso da

História, é típico do uso das novas mídias. Proximidade das mudanças e facilidade de acesso são indicadas por Borba (1999). Ao escrever sobre *Tecnologias informáticas na Educação Matemática e reorganização do pensamento*, afirma que:

As mídias, vistas como técnicas, permitem que "mudanças ou progressos do conhecimento" sejam vistos como mudanças paradigmáticas impregnadas de diferentes técnicas desenvolvidas ao longo da história. É neste sentido que no atual momento da Educação Matemática devemos testar essas metáforas teóricas geradas por diferentes pesquisas, para que consigamos desenvolver novas práticas pedagógicas que permitam que mais estudantes tenham acesso a estudar matemática (...).

Assim, estudar matemática passa a ser estudar matemática à luz de sua construção histórica via novas tecnologias. As informações disponíveis na rede mundial de computadores, em diversas línguas, estão dispostas de modo a possibilitar um uso mais versátil do vasto mundo da História da Matemática. As múltiplas relações que o hipertexto permite – mapas, figuras, jogos, problemas, testes, textos, som e imagem em movimento – compõem estruturas possíveis para o acesso e uso da História, transcendendo a linearidade dos textos.

Essa novidade é assinalada por Penteado, que pesquisou a presença de computadores na escola. Afirma em *Novos atores, novos cenários: discutindo a inserção dos computadores na profissão docente*:

Um novo cenário afeta a forma como os alunos e professor se comportam na sala de aula e a forma como se comunicam entre si. O professor se vê diante de situações novas (os alunos também) em relação ao que usualmente está acostumado a enfrentar, exigindo estratégias diferentes. Essa nova organização do espaço físico não precisa estar necessariamente vinculada ao uso de computadores, mas um tal uso parece implicar uma mudança na distribuição dos alunos e dos demais componentes presentes na sala de aula.

Isto é, as novas tecnologias não são apenas úteis em si mesmas, mas enquanto provocadoras de uma atividade mais criativa, que tem efeito principalmente na mudança de atitude do professor. O formato da sala de aula se altera. Lévy, em entrevista ao programa Roda Viva da TV Cultura em 8 de janeiro de 2001, destaca a liberdade de expressão e o intercâmbio de conhecimentos que ocorre no uso didático da Internet:

Não devemos limitar os processos de aprendizado a categorias estáticas, a programas de estudo pré-moldados, mas deixar o aprendizado se desenvolver como um processo natural e orgânico. E permitir que as pessoas expressem tudo o que sabem e tudo o que aprenderam.

E podemos fazer isso hoje. Justamente... Por exemplo, permitir que hoje as pessoas façam suas 'home pages' é muito mais importante que submetê-las a exames.

Ensiná-las a se inserir no processo de intercâmbio de conhecimentos, sendo originais e ajudando outros a se orientarem, propondo ligações interessantes a outros sites, é mais importante do que conferir se aprenderam um programa criado por um professor.

Evidentemente, como em qualquer outra modalidade pedagógica, o professor precisa saber utilizar-se dela criticamente. Para que o computador permita esse aumento da interação e da troca de experiências, o professor deve saber ele mesmo interagir com a máquina de forma criativa. Assim, Penteado (1999) chama a atenção para a necessidade de formação do professor:

É preciso que o professor, desde sua formação inicial, tanto nas Licenciaturas quanto nos cursos de Magistério, tenha a possibilidade de interagir com o computador de forma diversificada e, também, de discutir criticamente questões relacionadas com as transformações influenciadas pela Informática, sobretudo nos estilos de conhecimento e nos padrões de interação social.

Conscientes dessa carência de formação, estamos o tempo todo propondo que o trabalho com projetos não é apenas uma outra forma de trabalhar com os alunos, mas é também uma forma que os professores têm de atualização, de contínua formação. Não sei se os alunos aprenderão alguma coisa, mas certamente nós professores aprendemos muito quando trabalhamos com pesquisa. Queremos professores de matemática criativos diante do computador.

Concluindo, estamos propondo que o professor de matemática, junto aos seus alunos, proponha-se fazer pesquisas sobre temas de matemática das suas aulas, que partindo da pergunta mais comum "Para que serve isso?", ou outras que aparecerem, desenvolva um projetinho visando a obtenção da resposta a essa pergunta. Para isso, pode fazer uso da biblioteca, da Internet e outras fontes informacionais, desde que tomados alguns cuidados de saber que nem tudo o que está lá pode ser confiável. O final desse trabalho pode ser disponibilizado também na página da Internet da escola, se houver, ou na página do professor. Ou pode resultar em um produto, como um cd-rom elaborado pela classe. A avaliação do trabalho deve levar em conta o nível de interatividade alcançado pelos alunos, se eles se conectaram, se perambularam e redefiniram seus conceitos inciais.

Mas... e o conteúdo que socialmente temos que cobrir? Não estamos negando nada disso, embora pudéssemos questionar a pertinência de tópicos do conteúdo. Não se trata disso agora. Estamos propondo que a pesquisa parta desses tópicos, aprofundando neles, fazendo conexões entre eles, dando sentido a eles.

A matemática é rica em conteúdo, extensa, mutável, útil e bonita. O estudo de sua história revela que foi objeto de paixão de inúmeros cientistas, e muitos deles não se denominavam matemáticos. Mas sobretudo foi e continua sendo uma forma de expressão do espírito humano, de mobilizar a inteligência e a criatividade das pessoas comuns. Cabe ao professor de matemática a nobre tarefa de tornar-se via de acesso para um mundo de beleza e harmonia, ao invés de servir de impedimento para o acesso a esse mundo. Muitos acham a tarefa difícil, quase impossível. Como ensinar matemática para quem não quer aprender matemática? Como fazer os alunos gostarem de matemática?

Esse verdadeiro nó da educação matemática lembra a lenda grega do nó amarrado pelo rei da Frígia chamado Górdio, que era um pescador antes de se tornar rei por intervenção dos deuses. Um oráculo tinha previsto que quem desatasse o nó górdio iria dominar toda a Ásia. Alexandre Magno viu seu destino naquela profecia. Como não podia desatar o nó, puxou a espada e cortou-o, seguindo adiante em suas conquistas. Talvez seja o caso de buscar uma solução alternativa para o problema do ensino de matemática. Perkins (2002) afirma que Alexandre viu aquela velha questão sob novo ângulo. Mesmo enganando, talvez, os deuses do Olimpo, o fato é que conquistou a Ásia e muito mais. Creio que tenhamos todos uma tarefa educacional gigantesca em nosso país. Sejamos capazes de desatar os nós que nos amarram a velhas fórmulas, e sejamos um pouquinho criativos também.

Referências bibliográficas

BICUDO, Maria Aparecida Viggiani (Org.). *Pesquisa em Educação Matemática: Concepções & Perspectivas*. São Paulo: UNESP, 1999. 313 p.

BRASIL. Ministério da Educação. Secretaria de Educação Média e Tecnológica. *Parâmetros curriculares nacionais: ensino médio: ciências da natureza, matemática e suas tecnologias*. Brasilia: Ministério da Educação/ Secretaria de Educação Média e Tecnológica, 1999. 113 p.

BROLEZZI, Antonio Carlos. *A arte de contar: uma introdução ao estudo do valor didático da História da Matemática*. Dissertação de Mestrado. São Paulo, Faculdade de Educação da USP, 1991.

BROLEZZI, Antonio Carlos. *O uso da Internet na abordagem histórica em educação matemática*. Belo Horizonte: SBMAC, 2001. 96 p.

DAVITT, Richard M. *The evolutionary character of Mathematics*. Mathematics Teacher. v. 93, n. 8, November 2000

HAYLOCK, Derek. *Teaching Mathematics to Low Attainers, 8-12*. London: Paul Chapman, 1991. 229 p.

LÉVY, Pierre. *As tecnologias da inteligência: o futuro do pensamento na era da informática*. (trad. Carlos Irineu da Costa). São Paulo, Rio de Janeiro: Ed. 34, 1993. 208 p. (8ª reimpressão 1999)

LÉVY, Pierre. *Entrevista ao Programa Roda Viva da TV Cultura*. São Paulo, 8 de janeiro de 2001.

MACHADO, Nílson José. *Sobre a idéia de projeto*. Em (Ensaios transversais: cidadania e educação). São Paulo: Escrituras, 1997.

MACHADO, Nílson José. *Epistemologia e Didática: as concepções de conhecimento e inteligência e a prática docente*. São Paulo: Cortez, , 1995. 320 p.

NOBRE, Sérgio. *História da Matemática e a Formação do Profissional em Matemática*. (Resumo). SEMINÁRIO INTERNACIONAL DE PESQUISA EM EDUCAÇÃO MATEMÁTICA (1, 2000: Serra Negra, SP). Livro de resumos. Serra Negra: SBEM, 2000. 394 p.

PERKINS, David. *A banheira de Arquimedes: como os grandes artistas e cientistas usaram a criatividade, e como você pode desenvolver a sua*. (Trad. Beatriz Sidou) Rio de Janeiro: Ediouro, 2002. 337 p.

WILSON, Patrícia S. & CHAUVOT, Jennifer B. *Who? How? What? A strategy for using History to teach Mathematics*. Mathematics Teacher. V. 93, n. 8, November 2000

17

Narrativas em Matemática:
significado e função

Márcia de Oliveira Cruz

Considerações iniciais

A utilização da narrativa nas aulas de Matemática se apresenta como um recurso precioso. As possibilidades são múltiplas tanto em relação à elaboração das atividades, quanto em relação aos propósitos a serem alcançados. O objetivo deste trabalho é apresentá-la como um elemento de articulação entre dois processos: o de construção do conhecimento e o de construção da identidade pessoal, uma vez que os significados, na perspectiva de Bruner (1997; 2001), são negociados e estabelecidos através da narrativa e que a concepção da identidade, na perspectiva de Taylor (1997), requer uma compreensão narrativa de nossa vida.

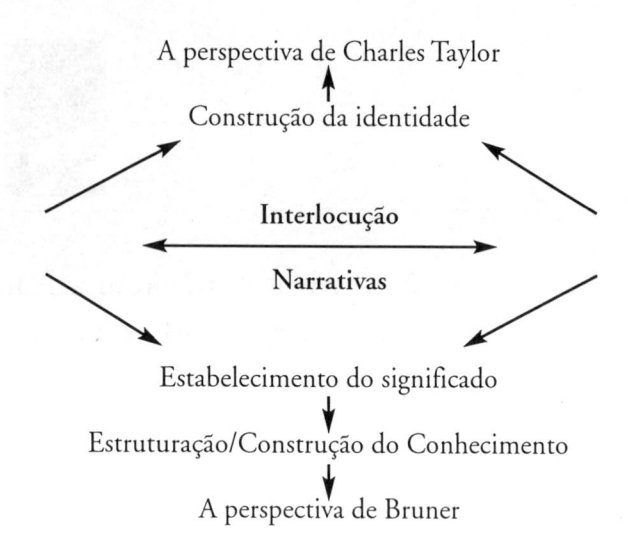

A perspectiva de Charles Taylor

Construção da identidade

Interlocução

Narrativas

Estabelecimento do significado

Estruturação/Construção do Conhecimento

A perspectiva de Bruner

No processo da constituição da identidade revela-se o papel fundamental dos valores, tema que merece preocupação constante do professor, mas que não deve ser explicitado pelas ações docentes. Valores, em sala de aula, devem ser abordados tacitamente, diante disso fica evidente a adequação da narrativa a esse tipo de trabalho. Basta lembrarmos do papel dos contos de fadas no desenvolvimento infantil, que é o de apresentar situações significativas para as crianças, permitindo que elas projetem seus sentimentos ambíguos e problemas inconscientes no cenário da história, vislumbrando então um modelo de conduta diante das adversidades da vida.

Outros enfoques da narrativa podem levar a outras finalidades não menos importantes: seria o caso, por exemplo, da possibilidade de utilizá-la para promover a aproximação entre as duas culturas – a literária e a científica. Embora C.P. Snow tenha escrito sobre a falta de comunicação entre os dois grupos em 1959, ainda hoje percebemos ecos de tal distanciamento na sala de aula, quando parte de nossos alunos abomina as Ciências ditas exatas e parte abomina as Humanidades. No caso da Matemática, isso pode ser decorrência da valorização excessiva da técnica em detrimento do significado. Já que a ação humana é voltada para o estabelecimento do significado, é possível que, para o aluno, fique a impressão de que a Matemática, quando reduzida a um conjunto de técnicas, não tem conexões com a realidade, com a ação.

A sensação de que a Matemática é impessoal também pode ser minimizada pela utilização das narrativas. Neste caso aquelas que se referem à História dos grandes matemáticos – suas vidas, suas idéias, suas contradições e suas paixões – consistem num repertório apropriado para conceder às realizações matemáticas uma feição mais humana. Ao omitirmos essa História, sem nos aperceber, contribuímos para reforçar a idéia de que o caminho da descoberta científica não tem obstáculos ou tropeços e, portanto, só pode ser percorrido por pessoas incomuns.

A perspectiva de Charles Taylor: a identidade e o bem

Identidade e moralidade

Para Taylor, identidade e moralidade são indissociáveis, porém ele nos adverte que seu conceito de moral tem um sentido mais amplo se comparado ao dos filósofos moralistas contemporâneos. Estes estão mais preocupados em definir o conteúdo da obrigação do que a natureza do bem viver, mais preocupados com aquilo que é certo fazer do que com aquilo que é bom ser. Nesse cenário estreito, não há lugar para a concepção do bem como sendo objeto do nosso comprometimento, da nossa lealdade, ou "como o foco privilegiado da atenção ou da vontade".

Identidade e orientação

Existe um vínculo entre identidade e orientação, pois para sabermos quem somos precisamos estar orientados num espaço moral, um espaço onde aparecem questões relativas aos nossos compromissos e atitudes, ao que é bom ou ruim, ao que é importante ou não em nossa vida. Nesse espaço moral deparamo-nos com questões cruciais e precisamos ter um ponto de vista relativo a elas, saber com o que concordamos e com o que discordamos. Assim nossa identidade nos proporciona um horizonte no âmbito do qual podemos nos colocar e assumir uma posição.

A questão da identidade, porém, tem múltiplas faces, se colocada de uma outra forma, a ligação entre identidade e orientação nos revela a dimensão da interlocução na sociedade atual: quando perguntamos "Quem é aquele sujeito?", a resposta reveladora não é aquela que informa o nome e a filiação, mas a que esclarece qual a posição da pessoa em que questão diante dos assuntos que julgamos importantes. Nossa sociedade de interlocutores exige que respondamos à pergunta dando conta daquilo que queremos falar, na verdade essa é a condição para sermos interlocutores: sermos capazes de responder por nós mesmos, de nos situar, de assumirmos nosso próprio papel.

> E é por isso que tendemos naturalmente a falar de nossa orientação fundamental em termos de quem somos. Perder essa orientação ou não tê-la encontrado é não saber quem se é. E essa orientação, uma vez conseguida, define a posição a partir da qual você responde e, portanto, sua identidade. (p.46)

As redes de interlocução e a apreensão de nossas linguagens de discernimento moral e espiritual

Nosso espaço de valores, que nos permite orientação e que por isso é fundamental para nossa identidade, constitui-se através da interlocução. Nossos primeiros tutores (as pessoas que são inicialmente responsáveis pela nossa educação), têm papel essencial no desenvolvimento das nossas linguagens de discernimento moral e espiritual. Ao manter uma conversação constante conosco, esses orientadores estabelecem um espaço comum, espaço onde noções básicas a respeito de sentimentos e valores são semeadas, proporcionando uma configuração inicial. Sem essas conversações as crianças vivenciam um estado de confusão, um estado que algumas vezes podemos experimentar também como adultos – quando, por exemplo, não sabemos ao certo os nossos sentimentos em relação a um determinado assunto e necessitamos recorrer à opinião das pessoas que nos são mais próximas, com quem compartilhamos valores fundamentais. É importante então observar que somente a partir da existência de uma rede de interlocução é que se pode conceber um self: só somos selves em relação a nossos tutores iniciais que proporcionaram nossa autodefinição e em relação àqueles que dão continuidade a esse processo, conduzindo-nos à autocompreensão. A definição plena da identidade de alguém envolve duas dimensões: sua posição em assuntos morais e espirituais e a referência a uma comunidade definitória.

A orientação e o bem

A orientação sobre a qual estamos falando também abrange nossa posição em relação ao bem: aquilo que julgamos bom, de crucial importância, de valor fundamental. Para o homem contemporâneo, questões referentes ao sentido da vida são inevitáveis e, conseqüentemente, de extrema importância: saber se nossa vida está sendo conduzida de acordo com nossas aspirações e nossos anseios, na direção daquilo que consideramos incomparavelmente superior, é uma condição da qual não podemos fugir. Além disso, precisamos saber qual a nossa localização em relação ao bem, se estamos nos aproximando ou nos afastando dele. Chegamos aqui a um ponto crucial: precisamos saber onde estamos e para onde vamos, precisamos então compreender nossa vida como uma história em andamento. O que somos hoje deve ser entendido a partir do que fomos e em função daquilo que pretendemos ser, em outras palavras, para que encontremos sentido em nós mesmos é necessário que entendamos nossa vida numa narrativa.

A perspectiva de Bruner: ação, narrativa e significação.

Bruner (1997) propõe estudar o homem à luz da psicologia cultural, onde ele não é visto como um indivíduo, mas como uma pessoa em sua totalidade, ou seja, alguém que age de acordo com estados intencionais, dentro de um determinado contexto. Nesse caso a mente, tomada pela psicologia cognitiva como processadora de informações, passa a ser estudada à luz da produção e negociação dos significados no âmbito da cultura.

A cultura tem um papel constitutivo, pois o homem é expressão de sua cultura, ela proporciona um conjunto de ferramentas para a produção do significado que, por sua vez, é compartilhado e negociado em seu meio, de modo a acomodar diferenças interpretativas. Uma cultura não cumpre seu papel se não proporcionar um panorama do que é excepcional e do que é comum.

A psicologia cultural está interessada na ação humana, cujo significado é apreendido pelo discurso, seja ele prévio, simultâneo ou posterior a essa ação. De maneira recíproca, o significado do discurso se estabelece pela condução da ação que o acompanha, pode-se então concluir que o dizer e o fazer constituem uma "unidade funcionalmente inseparável"(p.27). A causa da ação humana, por sua vez, é a busca dos significados e valores culturais que dão sentido à vida.

Uma das características da psicologia cultural é a psicologia popular, ou senso comum, que se configura como um conjunto de descrições sobre o que impulsiona o homem, o que o faz agir, quais são seus compromissos, quais são seus desejos, como funcionam as mentes e tudo o mais que se refere à condição humana, incluindo a alteração dos estados intencionais pela interação com o mundo externo. A psicologia popular tem um princípio organizador que não é lógico ou categórico, e sim **narrativo**:

> *A psicologia popular trata de agentes humanos que fazem coisas com base em suas crenças e desejos, empenhando-se no atendimento a metas, encontrando obstáculos que eles dominam ou que os dominam, tudo isso estendendo-se ao longo do tempo.(p. 46)*

Os significados são negociados na cultura através da narrativa, ela é o meio de que dispõe a psicologia popular para interpretar as ações incomuns e excepcionais, dando a estas a possibilidade de serem compreendidas. A cultura possui um conjunto de normas que orientam o nosso senso do que é aceitável ou não em termos de ações e comportamentos num dado contexto. Em contrapartida, ela tem que possuir, também, um instrumento interpretativo para o caso de seus padrões serem desrespeitados. Esse instrumento é a narrativa. Por meio de uma história o incomum pode ser compreendido, um estado intencional pode ser revelado, minimizando o efeito da violação de um padrão cultural.

Mas a narrativa serve também como forma para a esquematização da experiência: tudo o que não for estruturado narrativamente sofre perdas de memória. A esquematização provê uma maneira de se construir e organizar o mundo, procurando experiências na memória, onde ela é reconfigurada sistematicamente para reforçar as nossas representações canônicas do mundo social. A afetividade tem um papel importante nesse processo, pois funciona como uma impressão digital do esquema a ser reconstituído.

As constatações de Bruner conduzem a uma biologia do significado: uma capacidade inata para a organização narrativa, que seria potencializada pelas narrativas culturais com as quais as crianças entram em contato. Há uma aptidão proto-lingüística para o significado, ou seja: viemos previamente equipados com "um conjunto de predisposições para interpretar o mundo social de uma forma particular e para agir sobre as nossas interpretações." (p. 69)

Quando uma criança aprende a falar não é como espectador, mas como usuário, ela não aprende somente o que dizer, mas para quem dizer, quando dizer e como dizer. As formas gramaticais que primeiramente dominamos são aquelas necessárias para a construção das nossas narrativas.

A proposta de Bruner (2001) é que na escola os esforços não se concentrem apenas nos métodos científicos, pois a realidade construída através deles é a que está de acordo com a ciência. Se o mundo em que vivemos é construído através da interpretação narrativa, não valeria a pena voltarmos a nossa atenção para ela?

Narrativas em Matemática

Um exemplo inspirador

O problema dos quatro cartões[1] foi formulado pelo psicólogo inglês Wason, na década de 60 e uma de suas versões consiste no seguinte:

Sabendo que os quatro cartões abaixo têm em um lado um número inteiro e no outro uma letra, quais cartões devem ser necessariamente virados a fim de se verificar a validade da seguinte proposição:

---

[1] Cf. Nílson José MACHADO, *Matemática e língua materna*, p.47.

"Todo cartão que tem em uma face uma vogal, tem um número par na outra face".

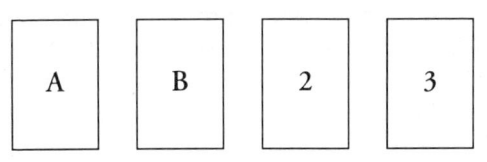

O problema tem um índice baixo de acertos nessa formulação. A grande maioria das pessoas responde que devem ser virados o 1º e o 3º cartões e não o 1º e o 4º como era de se esperar. O índice de acertos é de 19%.

Numa outra versão, o problema é apresentado com a mesma estrutura lógica, porém em um contexto mais significativo:

Os quatro envelopes abaixo estão selados e uma ordem é dada: se um envelope tem um selo de 5 cents então ele deve ser deixado aberto. Quais envelopes precisam ser virados para que se saiba se a ordem foi ou não cumprida?

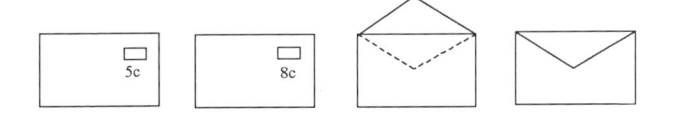

O problema, agora, tem um índice muito mais alto de acerto, cerca de 87%.

Vamos comparar, por fim, essas duas versões com a versão sugerida por Paulos (1998, p.131). O problema é apresentado por meio de uma pequena narrativa:

Um segurança, num bar, deve retirar os menores que eventualmente estejam tomando bebidas alcoólicas. Ele se depara com quatro pessoas: a primeira está bebendo cerveja, a segunda bebe refrigerante, a terceira tem 28 anos e a quarta tem 16 anos. Quais pessoas devem ser necessariamente interrogadas para que o segurança possa cumprir sua tarefa?

Colocado dessa forma o problema torna-se trivial. É claro que não pretendemos (e nem seria viável), reduzir os conteúdos matemáticos a uma simplificação de tal nível, porém esse pequeno exemplo pode sugerir um caminho a seguir: se os três problemas fossem apresentados na ordem inversa certamente os dois últimos seriam analogias para o primeiro proporcionando as relações necessárias para o estabelecimento do significado num nível mais elaborado.

Um contra-exemplo inspirador

Um outro problema, sugerido por Paulos (1988, p. 89), nos revela uma possibilidade diferente de uso da narrativa no ensino de Matemática:

"Judite tem 33 anos, é solteira e bastante decidida. Diplomada na universidade com *magna cum laude*, fez pós-graduação em ciência política e, no campus, envolveu-se profundamente com questões sociais, especialmente a luta contra a discriminação e a energia nuclear. Que afirmativa é mais provável:

a) Judite trabalha como caixa de banco;

b) Judite trabalha como caixa de banco e atua no movimento feminista."

Conduzidos pela história, a grande maioria de nós responde que a alternativa mais provável é a alternativa **b**, quando seria a alternativa **a**. Por quê?

Vamos pensar num problema equivalente: o que é mais provável – obtermos cara no lançamento de uma moeda ou obtermos cara no lançamento de uma moeda e seis no lançamento de um dado? Se reavaliarmos o problema inicial, à luz deste último, a resposta fica sendo, evidentemente, a alternativa a. E toda uma discussão sobre probabilidade condicional pode ser conduzida. Desta vez foi o conteúdo matemático que proporcionou as relações necessárias para a apreensão do significado num nível mais elaborado.

Pelo que podemos observar, de um modo ou de outro, as narrativas são fontes praticamente inesgotáveis para a produção do significado, utilizá-las como recurso didático nas aulas de Matemática é uma tentativa de articular convenientemente a técnica e o significado dos temas que ensinamos – segundo Machado (1991) este é um ponto fundamental no que se refere tanto ao ensino da Matemática quanto ao ensino da Língua Materna.

Referências bibliográficas

BRUNER, Jerome. *Atos de significação*. Porto Alegre: Artmed, 1997.

_____. *A cultura da educação*. Porto Alegre: Artmed, 2001.

MACHADO, Nílson J. *Matemática e língua materna: análise de uma impregnação mútua*. 2a. ed. São Paulo: Cortez Editora, 1991.

PAULOS, John Allen. *Analfabetismo em matemática e suas conseqüências*. Rio de Janeiro: Nova Fronteira, 1994.

_____. *Once upon a number: the hidden mathematical logic of stories*. London: Penguin Press, 1998.

TAYLOR, Charles. *As fontes do self: a construção da identidade moderna*. São Paulo: Loyola, 1997.

18

Mapeamento como princípio
metodológico para a pesquisa educacional

Maria Salett Biembengut

Apresentação

A ação pedagógica no sistema educacional expressa em documentos, em geral, é resultante de avaliação de alunos (do Ensino Fundamental à Educação Superior) pelos órgãos educacionais oficiais, ou ainda, de pesquisas sobre algumas questões ou projetos realizados com grupos isolados. São poucos os dados significativos que se têm das ações pedagógicas dos educadores que participam, por exemplo, de cursos ou eventos promovidas pelas diversas Instituições públicas ou privadas. De igual forma, dos projetos implantados por Secretarias de Educação (municipal ou estadual) por um período, muitas vezes, baseados em concepções ideológicas e filosóficas.

Na última década, diversos Estados e Municípios do País, a cada dia, procuram promover cursos para educadores tanto ao que se refere a questões pedagógicas gerais, como também, relacionadas a disciplinas/áreas do conhecimento. Esses cursos (de formação continuada) têm por objetivo propiciar aos educadores a aquisição de conhecimentos e o desenvolvimento de atitudes e habilidades que lhe favoreçam sua plena interação com os alunos. Apesar da motivação e do interesse demonstrados pela maioria dos educadores e da avaliação positiva em relação ao Curso por parte dessa maioria, pouco se dispõe sobre a (re)ação posterior. Não se dispõe de dados que permitam avaliar o empenho das Instituições promotoras e a validade das teorias propostas. E, ainda, sobre em que nível os eventos desta natureza têm contribuído para a melhoria da Educação.

Apesar do investimento – seja em relação às pesquisas e respectivas divulgações destas por meio de publicações, seja em relação aos eventos (congressos, cursos) realizados –, dispõe-se de algumas poucas evidências de resultados da ação pedagógica de educadores que de alguma forma tomaram ciência destas propostas ou pesquisas educacionais. Estas poucas evidências, sob certa ótica, nos documentos, são quase sempre incompletas e, para muitas questões educacionais, quase inexistentes.

Nós, na condição de pesquisadores, muitas vezes em meio a crenças, acabamos por determinar, consciente ou inconscientemente, que caminhos os 'outros' educadores 'devem' seguir, negligenciando suas histórias e seus contextos. E, com isso, esses educadores, muitas vezes, vêem-se diante de solicitações, pressionados a escolher *um* ou *outro* caminho a seguir de um momento para outro. Se, *por um lado*, é relativamente simples compreender a teoria, *por outro*, implementá-la não é. Não é tão simples para os educadores mudarem suas práticas, vivenciadas há décadas, *seja* como estudantes, *seja* como profissionais da educação, a partir de um curso, ou uma palestra, ou mesmo um texto.

Assim, se esperamos por uma Educação que contemple o conhecimento como seiva vital, em todos os níveis de escolaridade, é importante saber mais a respeito de como os educadores absorvem e põem em prática as propostas educacionais, ou ainda, como as compreendem e as difundem. Saber quais os principais fatores que possam dificultar aos educadores implantarem uma proposta pedagógica ou qual entendimento passam a ter sobre as questões educacionais a partir de tomarem ciência de tal proposta. Compreender como as limitações regionais, as experiências vivenciadas, os valores, as crenças, os objetivos, os ideais orientam e/ou formam a ação pedagógica. E ainda, quais fatores históricos, geográficos, culturais, sociais, circunstancias, dentre outros, podem comprometer ou dificultar movimentos profícuos para a Educação.

Não mais nos movemos em um terreno por explorar. É equívoco pretender analisar qualquer questão sem ao menos tentar entender a teia em que os partícipes da Educação convivem ou que os envolve.

Temos como premissa que respostas satisfatórias a respeito de ações pedagógicas dependem de uma teia complexa de relações. Contudo, investigar tais ações que têm orientado o sistema educacional pode permitir identificar e avaliar, *de um lado*, as principais dificuldades epistemológicas e metodológicas relativas à formação e, *de outro*, os resultados das pesquisas realizadas com essa finalidade. Esses são subsídios necessários à (re)formulação de ações educacionais. "Em outras palavras, é necessário preencher o espaço entre o discurso e a ação, semeando projetos, que visem efetivamente à construção da cidadania através da educação" (Machado, 1997:7).

É com esse pretexto que vimos buscando elaborar um *princípio metodológico para pesquisa educacional* com a utilização da essência do mapeamento, que permita a quem possa interessar melhor entendimento sobre as ações pedagógicas. Longe de ser um registro mecânico a discriminar ações ou experiências isoladas, mas buscando identificar e reconhecer traços constantes frente ao tempo, ao espaço, à formação, dentre outros. Além disso, que esse mapeamento permita a nós pesquisadores ultrapassar imagens ou (pré)conceitos apreendidos, levando-nos a conceber outras imagens, outros entendimentos, enxergando soluções para problemas que muitas vezes não estão explícitos ou evidentes no processo educacional. Em outras palavras, ter outro olhar, outra concepção sobre o conhecimento, o entendimento, a ação educacional. Como expressa Mariotti (2000:214), "ao mudar o modo de olhar, passamos a nos dar conta de coisas ou situações que sempre estiveram à nossa frente, mas que não éramos capazes de perceber, porque estávamos agarrados a um determinado padrão mental".

Neste artigo, apresentamos algumas preliminares relativas ao *mapeamento como princípio metodológico para a pesquisa educacional.*

Mapeamento: conceitos preliminares.

O ser humano, seja por sobrevivência, conforto e segurança, seja por tentativa de 'decifrar o desconhecido', cada vez mais, busca criar novas técnicas, novas formas de representar o mundo, novos caminhos, novos espaços.

Deslindar o conhecimento *seja* de nossos antepassados, *seja* de nossos contemporâneos requer estabelecer princípios metodológicos que permitam considerar os entes (pessoas, objetos, coisas) em relação ao meio em que foram gerados e/ou respectivos fenômenos. Isto é, localizar e delinear a extensão em que esse conhecimento e, respectivos, entes estão inseridos para, em seguida, estudar os traços intrínsecos, vinculados com possíveis fenômenos ou influências, como: tempo, espaços geográficos, relações históricas e questões culturais.

Embora a palavra mapeamento signifique ato ou efeito de delinear espaço geográfico, ou transferir, classificar e ordenar dados na base de sua distribuição espacial, de forma estática, como princípio metodológico de pesquisa, significa principalmente, a compreensão da estrutura e dos entes nela inseridos, a organização e a representação ou mapa dos dados em um contexto, de forma dinâmica. Mapa que permita, segundo Dodge e Kitchin (2001), explorar a habilidade da mente em relacionar complexas imagens e, ao mesmo tempo, fornecer compreensão clara de um fenômeno ou ente em tempo curto de busca.

O mapeamento faz-se presente desde coisas simples do cotidiano a complexas das mais diversas áreas do conhecimento. No cotidiano, por exemplo, fazemos mapeamento ao esboçar para alguém um caminho para se chegar a determinado lugar, constando distâncias, referências, tempos; ou ainda, ao relatar nossas histórias, nossas experiências, nossos tempos de vida significativos, resgatando os caminhos trilhados por nossos familiares, encontros e desencontros, cruzando tempos escolares, tempos de trabalho com pessoas, fatos e histórias. Nas ciências geográficas o mapeamento ocorre ao se estudar, por exemplo, a dinâmica dos grupos humanos, em particular, na forma como se distribuem no espaço terrestre e, ao mesmo tempo, das formas ou gêneros de vida que levam em relação às influências geográficas.

A idéia de mapeamento, no entanto, não é recente. O ato de mapear ou a forma de abordar as representações sociais valorando o espaço, a temporalidade antecede os egípcios antigos. "A Bíblia representa o sublime e o trágico no contexto da vida comum, quotidiana, e a descrição é sensível à complexidade dos problemas humanos, salientando alguns aspectos e deixando outros na obscuridade, e caracteriza-se pelos não ditos, pelos panos de fundo, pela ambigüidade dos sentidos e pela centralidade das interpretações à luz do devir histórico" (Santos, 2001:217).

Atualmente, nas mais diversas áreas do conhecimento, busca-se aprimorar os métodos de organizar e classificar os dados de forma a dar à pesquisa base sólida e tornarem-se mais aparentes os problemas enfrentados pelo investigador, para que ele possa melhor avaliar ou entender as questões de pesquisa. Dentre os métodos, figura o mapeamento, por permitir estabelecer imagens da realidade e dar sentido às diversas informações, captando características relevantes e representando-as por meios inteligíveis a quem possa interessar. Representação ou mapa que valha de referência cada vez mais útil e, conseqüentemente, menos suscetíveis de criar entendimentos diferentes ou distorcidos. Uma forma de representação que "se configura como um lugar, não só pela sua capacidade de produzir lugares, mas pela capacidade de acolher lugares no seu edifício, de acolher uma multiplicidade de espaços que se cruzam numa infinidade de soluções narrativas" (Cunha e Silva, 1999: 29).

Para fazer o mapeamento, o pesquisador precisa de percepção acurada sobre os diversos entes envolvidos; e ainda, saber: identificar a estrutura e os traços dos entes pesquisados, julgar sobre o que é relevante e respectivo grau de relevância e organizar os dados de forma a delinear de um mapa, satisfazendo, assim, as exigências da pesquisa.

Estrutura é o conjunto de entes e das relações entre esses que constituem determinada unidade ou sistema. A estrutura identifica as partes de um sistema e mostra como elas se interligam. Cada ponto de vista, cada forma de organização estabelece uma estrutura. E cada estrutura aponta para um significado diferente, um método de classificação, a partir do qual o todo pode ser captado e compreendido. Compreender como ocorrem estas conexões é de essencial importância. Segundo Wurman (1991), o tempo é uma estrutura que funciona como princípio de organização para eventos que ocorrem em intervalos fixos, tais como convenções e pode ser facilmente compreensível. E para Santos

(2001) a cartografia da área do Direito permite identificar as estruturas da representação jurídica social.

Traço pode ser entendido como a menor unidade identificável em uma estrutura. As características ou vestígios dos entes (pessoa, objeto, coisa) ou ainda, as idéias, os valores que formam parte de um grupo podem ser considerados traços. Decidir sobre como ponderar um traço ou outro requer do pesquisador estudo minucioso do problema. Ponderação do que se considera relevante em um momento depende mais do contexto do que de qualquer qualidade intrínseca. Os estudos de traços não se restringem à análise de problemas. Podem servir para identificar e delimitar o objeto a ser pesquisado, organizar e classificar os dados levantados e, também, para retificar falsas idéias acerca de certos conceitos.

Estabelecidos traços e estrutura, é preciso identificar entes, traços e fenômenos relevantes. O reconhecimento consiste no estabelecimento de parâmetros segundo os quais entes, traços e/ou fenômenos identificados serão classificados como elementos distintos de um sistema de explicação ou de um sistema de interpretação. A determinação da relevância e do respectivo grau de relevância, isto é, do que é mais ou menos importante, que evidencia, que exalta, são fundamentais no mapeamento.

Na medida em que vai se distinguindo estrutura, entes, traços, estabelecem-se caminhos para a orientação. Caminhos que podem ser representados na forma de mapa. Mapa "pode ser uma linguagem, um símbolo, um bastão ou um desenho na areia. Um mapa é qualquer coisa que mostre o caminho de um ponto a outro, de um nível de entendimento a outro. Um mapa apresenta a rota através da informação, seja ela um local geográfico ou um tratado de fisiologia" (Santos, 2001: 276).

O mapa durante o processo de uma pesquisa pode valer como guia para se chegar a alguma informação ou mesmo a algum conhecimento. É um instrumento que dá sentido em perspectiva ou em escala e permite ao pesquisador compreender os entes e traços dos dados ou ambiente mapeado e fazer comparações ou entender determinadas informações.

Ao fazer um mapa, antes de tudo, importa compreender a questão de tal forma a organizar seus dados e traçar a variação destes em um contexto. Segundo Herskovits (1963), um contexto cultural, ao ser mapeado, existe apenas na mente do antropólogo que estabelece e analisa tal contexto, como também, tenta descobrir a história do desenvolvimento cultural em várias áreas estudando uma estratificação desses dados. Nesses termos, cada mapa traçado carrega valores e juízo de quem elabora. Dodge e Kitchin (2001) afirmam que os mapas "são indiscutivelmente reflexão de uma cultura, contextos históricos e políticos em que seus criadores vivem. Como tal, os mapas não são objetivos e ou artefatos neutros, mas são construídos a fim de fornecer impressões particulares a seus leitores". Afirmam, também, que na *internet* os mapas podem auxiliar usuários, fornecedores de serviços e analistas a compreenderem os espaços de interação e informação *on-line*, favorecendo a navegação. Consideram que esses mapas têm valor educacional significativo por tornarem compreensíveis alguns espaços complexos.

Para que o mapa possa representar de forma mais próxima possível a realidade, Santos (2001) apresenta como mecanismos a escala, a projeção e a simbolização. A escala no mapa permite uma representação da realidade em escala menor, contudo, contendo informações e detalhes significativos e relevantes. A projeção implica apontar o que for central em uma pesquisa. Cada questão histórica, social ou cultural, por exemplo, pode funcionar como um ponto de destaque no mapa, seja esse ponto um espaço físico ou simbólico. A simbolização é a essência de um mapa. Trata-se de estilos de gráficos, símbolos, cores, legendas e fontes. E sua execução depende dos tipos de escala e projeção estabelecidos.

Conforme Santos (2001), os tipos de escala, projeção e simbolização adotados darão uma dimensão própria ao fenômeno mapeado, podendo mediar, romper ou até omitir informações ou conhecimentos frente aos interesses ou necessidades. A decisão sobre que escala adotar pode afetar, significativamente, como os dados retratam e são interpretados. "O sistema de proporções entre os objetos a serem pintados e as suas imagens, e entre a distância do olhar do observador e o quadro, cria um mundo inteligível, organizado à volta do ponto de vista do observador" (Santos, 2001:233).

Nesses termos, o mapeamento em uma pesquisa não se restringe a mero levantamento e organização de dados e, tampouco, ao traçado de um mapa. É necessário que se tenha clareza sobre a natureza e finalidade da pesquisa, e então, que se procure desenvolver novas fórmulas para compreensão e representação dos dados ou das informações investigadas em consonância com o tempo, o espaço específico que confere uma representação das múltiplas relações que existem nesse lugar. "Descobrir a estrutura ou o arcabouço em que ela está ou deveria estar organizada; relacioná-la a idéias que já compreenda e examiná-la sob diferentes perspectivas para poder possuí-la ou entendê-la" (Wurmann,1991: 58).

A Educação como tema de estudo pode de ser considerada como um sistema que tem forma. Por sua vez, a análise das formas adotadas impõe a suposição de que essas formas encontram-se estruturadas. Essa suposição leva-nos a observar os elementos componentes das estruturas quando se estuda, por exemplo, a ação pedagógica dos partícipes em uma determinada comunidade educacional ou quando se comparam as diferentes formas de atitudes ou ações que se manifestam em diferentes comunidades educacionais.

Nesses termos, a partir do que for estabelecido na estrutura e devidos traços essenciais ou relevantes, a representação ou mapa dará o tom de veracidade ao que se apresenta. A forma como entendemos as ações pedagógicas da realidade e a representamos, por exemplo, pode se tornar a matriz das referências para todos os seus demais aspectos.

O mapeamento como princípio metodológico na pesquisa educacional requer do pesquisador a análise cuidadosa dos entes ou fenômenos identificados. Uma compreensão de como estes fenômenos se configuram e se relacionam. Isso porque, dependendo do que se estabelece como relevante, pode-se obter uma interpretação distorcida da pesquisa.

Mapeamento como princípio metodológico para a pesquisa educacional

O mapeamento na pesquisa educacional pode ser abordado sob dois enfoques. O *primeiro enfoque* consiste em mapear, ou seja, organizar os dados ou entes de forma harmônica de maneira a oferecer um quadro completo deles, uma representação, um mapa onde conste o que for significativo e relevante. O *segundo enfoque*, mais completo, além da organização dos dados ou entes da pesquisa, consiste em compreendê-los em sua estrutura e em seus traços. Neste caso, o mapeamento torna-se de um conjunto de ações que começa com a identificação dos entes ou dados envolvidos com o problema a ser pesquisado, para, a seguir, levantar; classificar e organizar tais dados de forma a tornarem mais aparentes as questões a serem avaliadas; reconhecer padrões, evidências, traços comuns ou peculiares, ou ainda, características indicadoras de relações genéricas, tendo como referência o espaço geográfico, o tempo, a história, a cultura, os valores, as crenças e as idéias dos entes envolvidos - análise. Esse mapeamento deve permitir ao pesquisador conhecer as questões que envolvem as ações educacionais ou pedagógicas e conhecimento que possa enriquecer constantemente à medida que essas questões se revelam.

Esse *segundo enfoque* aplica-se à pesquisa de temas ou problemas que envolvam contextos, muitas vezes, amplos e complexos. Como exemplos, pesquisas sobre:

• Resultados e conseqüências da implantação de projetos, programas, tais como: computadores no ensino; métodos de ensino e de aprendizagem; gestão institucional; educação ambiental;

• Produção acadêmica (de certo período de tempo, em certa área do conhecimento) em relação ao investimento;

• Resultados e conseqüências de cursos de formação continuada;

• Relação entre a ação docente e a história de vida dos educadores (oral ou narrativa);

• Viabilidade *versus* validade dos eventos científicos: relevância das pesquisas; propósito do evento em relação aos propósitos dos participantes; mudanças significativas a partir dos eventos.

Para compreender a natureza e a finalidade do mapeamento da pesquisa educacional convém, portanto, utilizar-se ao mesmo tempo de vários meios de abordagem, cuja convergência garanta a apreensão de uma realidade. O tema a ser pesquisado deve estar definido em um contexto que envolva os elementos supracitados.

Algumas vezes, no inicio da pesquisa, não se dispõe da noção completa do contexto em que os dados ou entes estão inseridos. Por isso, torna-se importante procurar fazer a identificação dos dados da pesquisa, antes de passar a levantar dados ou procurar por bibliografia que possa apontar possível caminho para a solução da questão de pesquisa levantada. Na medida em que se passa a identificar e mapear os dados e, simultaneamente, observar e refletir sobre como estes se interagem e se integram, a noção amplia-se e completa-se.

Identificação da pesquisa

A identificação e o reconhecimento do que e por onde se vai pesquisar são as chaves do mapeamento. Consiste em identificar questões e fontes segundo as quais os dados levantados serão classificados e expressos de forma a permitir elaborar um sistema de explicação ou de interpretação. Uma vez estabelecido o tema a ser investigado, questões como – *Que elementos fazem parte deste tema? Onde buscar informações? Onde e/ou com quem levantar dados? Quais dados devem ser levantados primeiro? Quais são os mais relevantes? De quais dados dispõem?* – são essenciais para organizar e planejar a pesquisa que se pretende fazer.

Ao identificar o espaço da pesquisa, fica determinado como coletar os dados e desenhar os mapas. Nessa identificação é preciso levar em consideração pontos relevantes ou significativos que valham como guia para compreender os elementos pesquisados.

Uma primeira sondagem histórica ou uma espécie de inventário pode permitir esboçar, neste preâmbulo, a genealogia do tema em questão. Sondagem histórica refere-se ao que acontece por oposição ao que foi desejado, preparado ou previsto; ou ainda, algo ligado à singularidade dos traços individuais. O inventário das questões gerais a serem pesquisadas pode ser expresso na forma de catálogo, rol, descrição pormenorizada, ou na forma de mapa (desenhos, fluxograma, esquemas). O inventário bem produzido não apenas facilita a identificação das questões que se pretende abordar como torna relativamente fácil de interpretar a posição, a forma e a dimensão em que estão inseridos os dados, bem como possíveis conexões entre eles. "Tanto o método como à teoria estão presentes na identificação científica dos objetos a analisar, mas os métodos predominam no processo de detecção, ao passo que as teorias predominam no de reconhecimento" (Santos, 2001: 235).

Para ilustrar, vejamos o exemplo: *Supomos que o pesquisador queira avaliar resultado e conseqüência de uma teoria educacional divulgada nos últimos cinco anos.*

Uma teoria educacional pode chegar aos educadores de forma direta e/ou indireta. A forma direta se dá quando o autor da teoria a expõe por meio da docência em Cursos (graduação, pós-graduação, extensão ou formação continuada) que ministra, Eventos Científicos em que participa ou às pessoas que orienta na feitura de trabalhos acadêmicos (monografias, dissertações, teses). A forma indireta se dá por meio de impressos publicados ou não, e de interlocutores (orientados, ouvintes ou leitores). Cada um destes, envolvem outra série de elementos.

À medida que vão sendo expostos os dados, o inventário torna-se cada vez mais revelador dos caminhos a serem perquiridos. Permite deixar identificado, por exemplo, questões mais relevantes para o que se pretende tratar e aquelas que podem ser mais difíceis em obter dados. Para ilustrar, no mapa de identificação em anexo, deixamos mais escuros às questões, sob certa ótica, mais relevantes e passíveis de obter dados e em negrito, aquelas que julgamos serem difíceis de obtenção dos dados.

Podemos observar, no exemplo dado, que cada um dos elementos envolve série de variáveis, cuja interação produz certo resultado. Por exemplo, em relação a Cursos de Formação Continuada, podem ser levantados: a procedência dos educadores participantes; a estrutura do Curso como número de horas/aula, período do ano e horário, sala ambiente das aulas, dentre outras coisas. A procedência dos educadores não apenas identifica o espaço geográfico, como também, o contexto sócio-cultural deles, que sem dúvida, influi significativamente na formação das pessoas. A estrutura do Curso não apenas indica o tempo e o período, mas principalmente, fatores ambientais e temporais que podem influenciar a aprendizagem, o interesse, o entendimento. Isso mostra que o inventário não apenas sinaliza para os dados a serem levantados, mas principalmente, para as variáveis que estão implícitas nas ações de cada ente deste contexto.

Essa identificação primeira não é de modo algum completa e definitiva. No entanto, permite orientar e enunciar um pequeno número de condições necessárias, a partir das quais possamos extrair outros esquemas ou encadeamentos. À medida que os dados aperfeiçoam-se, os instrumentos e a forma se evoluem, os conceitos e os termos referentes à pesquisa desenham-se melhor, seguindo o que se propõe a pesquisa científica, que exige o contínuo afiar de todos os instrumentos adequados à investigação.

Levantamento de dados

O levantamento de dados requer um plano que indique *o que*, *quando* e *como* vai levantar cada um dos dados prescritos. Esse momento exige do pesquisador paciente esforço para obter os dados necessários e suficientes para que se possa descrever e, posteriormente, compreender os entes pesquisados. Resultados que podem ter sobre a ação educacional influencia importante.

Vários recursos e fontes passíveis de fornecerem informações à pesquisa devem ser utilizados com o intuito de captar a complexidade do fenômeno investigado. Podemos ter como fonte, por exemplo, documentos e/ou pessoas.

• Os documentos podem ser acervos, resultados de pesquisas publicadas ou não, arquivos históricos, trabalhos acadêmicos, relatórios, dentre outros. Ao buscar dados em documentos deve-se procurar constar algumas outras informações que serão necessárias para a análise destes, posteriormente. Por exemplo: a origem dos dados; a idade dos dados; consistência e confiabilidade; onde e como foram levantados, organizados e avaliados.

• Se a fonte de dados advier diretamente de pessoas, pode-se utilizar vários recursos, como: entrevista, questionário, observação.

A observação pode ser utilizada em situações que se busca compreender uma determinada ação em um determinado contexto no que tange ao tempo real e mesmo sobre o que foi produzido no tempo passado. O questionário pode ser utilizado para coletar todo tipo de informação. As questões podem ser abertas ou apresentadas respostas na forma de multi-escolha. A entrevista pode ser semi-estruturada e vale como forma de se estabelecer os primeiros contatos entre pesquisado e pesquisador, ao mesmo tempo em que pode garantir a complementação de dados colhidos em outras fontes e com outras técnicas.

Uma outra forma de entrevista é por meio de narrativa, ou ainda, história oral. Esse tipo de entrevista pode ser utilizado em situações onde se busca compreender o pesquisado em seu contexto, como resultado de sua origem e sua vivência. Não é estruturada, segue, em geral, uma cronologia. As condições momentâneas ou os valores que representam a inesgotável riqueza pessoal são os que estabelecem a ordem da entrevista. Diamond (1995) define narrativa de nossas experiências significativas um método de averiguação que nos capacita a construir 'novas rotas conceituais'. Enfatiza Diamond que a narrativa é o mapeamento de um tempo de vida de significados extraordinários e, especialmente, apropriada para averiguar questões ou situações na educação.

Outra questão que deve ser considerada ao levantar dados seja por qualquer recurso é que "todos os objetos existem em espaços – tempos, pelo o que nem a sua relevância nem a sua identificação podem ser consideradas devidamente determinadas enquanto não forem determinados seus espaços – tempos" (Santos, 2001: 237).

À medida que se empregam os recursos para levantamento de dados, pode-se perceber a distinção entre categorias dos dados que se apresentam e assim, melhor estabelecer *o que*, *como* e *quando* empregar.

O levantamento, no entanto, não passa de um conjunto de dados, muitas vezes, baseados em informações gerais ou dados abstratos que não retrata de fato o fenômeno em questão. A idéia de uma explicação é dependente do contexto supracitado, em geral, e do estado das técnicas de observação, entrevistas, questionamentos e de combinação das idéias abstratas concernentes dos entes ou dos fenômenos considerados, em particular.

Classificação e organização dos dados

Não se pode compreender verdadeiramente o significado dos dados ou informações levantadas caso se limite a fazer a exposição destes sem procurar expressar como os diversos entes ou traços se integram e se interagem. É claro que nenhum registro, nenhum mapa que se possa elaborar pode fornecer imagem completa do fato em sua existência "Nenhuma rede de noções adequadas encerra-o suficientemente, nenhum filtro conceitual é suficientemente fino para retê-lo" (Granger, 1971:54).

Na medida em que se levantam os dados, deve-se procurar organizá-los de maneira a oferecer um quadro cada vez mais completo dos entes pesquisados. Mesmo que em primeira instância esta ordenação não seja a mais indicada, uma vez que se vai tendo melhor clareza uma outra ordenação, ainda mais adequada, se dá. Um caminho é buscar assinalar entes cujos traços têm alguma semelhança, afinidade ou interação.

Quando se utiliza entrevista ou questionário como instrumentos, em geral, esses dados levantados são muitos e às vezes insuficientes.

Supondo que se pretenda pesquisar a ação pedagógica de educadores após participarem de Curso de Formação Continuada em determinado período do ano, é preciso, inicialmente, identificar e localizar esses educadores para posteriormente, buscar conhecer a ação pedagógica de cada um deles. Dados, para esta fase preliminar, podem ser levantados junto aos promotores do evento, por exemplo. É possível que os promotores disponham de fichas de cadastro e talvez, da avaliação dos educadores sobre o Curso e dos promotores sobre os educadores.

Pode-se classificar e organizar dados sobre a formação acadêmica, a faixa etária, o espaço geográfico em que reside, tempo de atuação dos educadores, e ainda, a avaliação deles sobre o Curso e a avaliação dos promotores sobre esses educadores. Uma vez organizados esses dados em quadro, tabela ou outra forma de representação, podem-se assinalar traços de cada um desses entes que podem ter certa relação. Como por exemplo, traços relativos à formação acadêmica (Instituição, período de funcionamento do Curso, e se trabalhava e estudava simultaneamente) com a região em que reside ou atua (distância de Instituições acadêmicas, disponibilidade e recursos para serem aperfeiçoados); e traços relativos à avaliação do Curso, pelos educadores com a avaliação dos promotores em relação aos educadores.

Esclarecer uma ação pedagógica deste ou de outro modo, não é, entretanto, algo tão simples como a primeira vista parece. Os traços individuais em que se pode fragmentar uma ação pedagógica podem não esclarecer de fato a questão pesquisada. Decidir qual e quando um traço deve ser considerado, requer estudar detidamente o problema e os dados que se dispõe. A forma adotada por um traço em um momento dado dependerá mais de seu contexto do que qualquer qualidade intrínseca.

Confirmamos uma vez mais que, com organização adequada dos dados a informação torna-se mais clara o que permite e estimula sua contínua revisão e torna um instrumento mais eficaz para a compreensão, interpretação e representação da pesquisa em questão.

Análise da pesquisa

Explicitar as significações dos dados de uma pesquisa, principalmente explicitar questões que estão subentendidas, requer do pesquisador cuidadosa *percepção e compreensão* dos dados levantados, criteriosa *interpretação e avaliação* da linguagem, da paisagem, das idéias e criativa *representação* do quadro desta ação de forma a produzir a imagem ilustrativa da pesquisa ou resultados desta. Processo em que se floresce a descrição e a análise das efetivas ações consideradas do contexto educacional em oposição a simples interpretação, baseada muitas vezes em demonstrativos fragmentados.

a) Percepção e compreensão

A ação pedagógica expressa pelas pessoas, *seja* em documentos, *seja* nas interlocuções formais ou informais são sempre subjetivas, independente do empenho do pesquisador em ser exato e objetivo. Segundo Wurmann (1991:65), "a informação sempre chega filtrada pelo ponto de vista de outras pessoas, ela de certa forma se torna menos ameaçadora [...]". Afirma, também, que "as idéias precedem nossa compreensão dos fatos, embora a superabundância de fatos tenda a obscurecer a questão. Só é possível compreender um fato dentro do contexto de uma idéia. E essas idéias são irremediavelmente subjetivas, o que torna os fatos também subjetivos". Considerando isso, deve-se procurar, em primeira instância, perceber fatos e idéias junto aos dados organizados e classificados e a seguir, buscar compreender como fatos combinam-se (re)combinam-se, ou ainda, como uma ação é traduzida na linguagem ou outros diferentes códigos, como imagens são apreendidas e concebidas em outras imagens.

"Certamente, é sempre verdadeiro que o dado objetivado pela ciência, por meio de modelos, só pode ser efetivamente ligado ao mundo, re-inserindo-o num contexto de experiência donde a percepção sensível não poderia ser eliminada. E nesse sentido, pode-se realmente dizer, que esta percepção é uma mediação necessária – embora seguramente não suficiente – de toda objetivação real" (Granger,1989:142).

Nenhuma lista de experiência ou de traços, por si mesma, por mais completa que seja nos pode permitir a compreensão de qualquer ação educacional sem que tenhamos conhecimento sobre o contexto em que esses entes estão envolvidos. Importa, antes de tudo perceber como dados, informações, muitas vezes, submetidos a artifícios de linguagem, se apresentam, e procurar compreendê-los dentro do contexto vivificado. A compreensão dos dados obtidos não deixa de representar, de certa forma, o universo de nossas percepções.

b) Interpretação e avaliação

Para interpretar pontos relevantes sobre ente ou fenômeno pesquisado, é preciso formular hipóteses verificáveis, variar as observações e as medidas e decidir em que medida este ente ou fenômeno sofre ou sofreu transformação.

Para avaliar é preciso estabelecer categorias com princípios para efetuar uma análise o mais fidedigna possível. Sugerimos que o pesquisador procure apreciar o valor do contexto em que o ente se encontra e, assim, decifrar fenômenos de acordo com cada uma das categorias. Para isso, procura-se categorizar as variáveis consideradas principais, explicitando suas relações e formulando as condições que se manifestam da observação. "Um juízo é dotado de qualidade (afirmativo ou negativo), de quantidade (particular ou universal); expressa ou não uma relação a outros juízos (categórico ou hipotético); é afetado de uma modalidade (enuncia um fato ou uma necessidade)" (Granger, 1971: 70).

O importante é que os dados (para as relações que constituem a estrutura expressas) permitam daí tirar conseqüências verificáveis. A essência da avaliação está em reconhecer em que contexto e em que tempo encontra-se o objeto da pesquisa, e em concentrar-se no estudo dos traços de forma a permitir delimitar um mapa, uma área que permita a reconstrução da história não escrita, do contato entre as pessoas, que se efetua apreciando a significação das interações e integrações entre fatos e pessoas, e ver como um determinado elemento cultural combina e (re)combina com outros elementos à medida que se translada de um espaço a outro.

Não se trata de erguer um sistema do mundo no domínio das ações educacionais, nem tampouco do tempo como é percebido, com suas irregularidades de fluxo e suas lacunas. Mas sim, a noção de tempo e medida de tempo que permita descrever, explicar e prever, nesses domínios, as conseqüências implicadas em sua essência, levando em consideração as diversas coerções e incompatibilidades acarretadas pelas essências individuais.

c) Representação – mapa

Na medida que vai fazendo a análise da pesquisa, simultaneamente, procura-se formular os dados e expressá-los na forma de um mapa. Esse mapa ou representação dos dados pode ser utilizado, portanto, para identificar pontos relevantes da pesquisa ou outras questões associadas, ou ainda, a analisar questões recorrentes.

Ao mapear o pesquisador precisa estar atento aos entes pesquisados em seu contexto, estabelecer os pontos-chave da estrutura do objeto pesquisado, verificar e expressar as relações de interação entre entes da pesquisa.

Cada mapa concebido, mesmo que represente parcialmente a pesquisa, em primeira instância, pode levar a empreender larga pesquisa no futuro, que pode melhorar, ou ainda, conduzir a uma explicação mais adequada em outra.

Os mapas tornam-se um "campo estruturado de intencionalidades, uma língua franca que permite a conversa sempre inacabada entre a representação do que somos e a orientação que buscamos. A incompletude estruturada dos mapas é a condição da criatividade com que nos movimentamos entre os seus pontos fixos. De nada valeria desenhar mapas se não houvesse viajantes para os percorrer" (Santos, 2001: 224).

Conclusão

Fazer mapeamento sobre o estado atual das teorias traduzidas nas ações pedagógicas pode oferecer um cenário, ainda que possa parecer incompleto. "Aquilo que vemos de cada cena torna-se para nós a própria cena, mesmo que tenhamos por base uma percepção incompleta" (Wurmann,1991:266). As ações pedagógicas resultam de uma soma de circunstâncias que se originam das ligações entre os entes da Educação, compreendendo ao mesmo tempo a localização e demais atributos como sócio-geográfico-cultural, e também, biológicos de cada um destes entes.

Não se trata apenas da observação da pessoa em um momento dado do tempo, mas sim, da compreensão da própria história e vivência da pessoa. Afinal, as histórias de cada pessoa, suas interações com outras pessoas e com o meio são as que a formam. A pessoa que cada um é, a forma como se apresenta, como se expressa, com manias, com acertos, com erros, é resultado dessa história, desse conjunto de fatos, caminhos, vivências que se faz a cada dia, a cada momento, em cada lugar, com cada ser humano.

Segundo Maturana e Varela (1995), o ser humano e o meio estão em continua interação. Tanto *um* como o *outro* provocam perturbações em suas respectivas estruturas. Ao longo do tempo, perturbações acarretam determinadas alterações no comportamento, por exemplo. Isso nos leva a entender que promover mudanças nas ações pedagógicas dos educadores não é tarefa tão simples.

Acreditamos que cada educador por meio de sua ação pedagógica, em busca da aprendizagem de seus discípulos, "semeia", deixa marcas, assinala caminhos. Busca que interage, muitas vezes, com a de outro educador, cujas relações de trocas favorecem a formação de caminhos para se tentar atingir o objetivo maior da educação.

Referências bibliográficas

BIEMBENGUT, Maria Salett e HEIN, Nelson. *Modelagem Matemática no Ensino*. São Paulo: Contexto, 2000.

CHILDE, Gordon V. *A Evolução cultural do Homem*, Tradução de Waltensir Dutra. Rio de Janeiro: Zahar, 1971.

CUNHA e SILVA, Paulo. *O Lugar do Corpo: elementos para uma cartografia fractal*. Lisboa, Portugal: Instituto Piaget, 1999.

DIAMOND, C.T. Patrick. *Education and the Narrative of Self: of Maps and Stories in Advances in Personal Construct Psychology*, org. Neiymayer, Robert A. e NEIMEYER, Greg J.; vol.3. London, England: Jai Press Inc, 1995.

DODGE, Martin e KITCHIN, Rod. *Atlas of Ciberspace*. Great Britain: Pearson Education Ltda, 2001.

FANGE, Eugene K. Von. *Criatividade Profissional*. São Paulo: Theor S/A, 1971.

GRANGER, Gilles-Gaston. *A Ciência e as Ciências*. Trad. Leal Ferreira. São Paulo: UNESP, 1994.

_____. *Por um Conhecimento Filosófico*. Trad. Constança M. Cesar e Lucy M. Cesar. Campinas: Papirus, 1989.

_____. *A Razão*. São Paulo: Difusão Européia do Livro, 2a edição, 1969.

HERSKOVITS, Melville J. *Man and His Works*, Tradução de Maria José de Carvalho e Hélio Bichels. São Paulo: Mestre Jou, s.d.

MACHADO, Nílson José. *Educação: Projetos e Valores*. São Paulo: Escrituras Editora, 2000.

_____*.Cidadania e Educação*. São Paulo: Escrituras Editora, 1997.

MARIOTTI, Humberto. *As Paixões do Ego: complexidade, política e solidariedade.* São Paulo: Palas Athena, 2000.

MATURANA, Humberto R. e VARELA, Francisco G. *A Árvore do Conhecimento,* tradução de Humberto Mariotti e Lia Diskin. São Paulo: Palas Athena, 2001.

SANTOS, Boaventura de Souza. *A Crítica da Razão Indolente: Contra o desperdício da experiência.* São Paulo: Cortez, 2001.

WURMAN, Richard Saul. *Ansiedade de Inform@ção: Como Transformar Informação em Compreensão.* São Paulo: Editores Associados, 1991.

19

O ensino de Cálculo: dificuldades de natureza epistemológica

Wanderley Moura Rezende

O problema

Um dos grandes desafios no ensino superior de matemática ainda é, sem dúvida, o tão propalado *"fracasso no ensino de Cálculo"*. Creio que, se investigarmos a origem histórica de tal "fracasso", verificaremos que este tem início desde o momento em que se começa a ensinar Cálculo.

Barufi (1999), em sua tese de doutorado, nos revela alguns dados alarmantes dessa crise: o índice de não-aprovação em cursos de Cálculo Diferencial e Integral oferecidos, por exemplo, aos alunos da Escola Politécnica da USP, no período de 1990 a 1995, varia de 20% a 75%, enquanto que no universo dos alunos do Instituto de Matemática e Estatística o menor índice não é inferior a 45% – isto é, não se aprova mais do que 55% em uma turma de Cálculo.

No que diz respeito à UFF, instituição onde leciono, os índices de não-aprovação são bem mais catastróficos do que os levantados por Barufi, na USP. O gráfico a seguir descreve essa realidade a partir de um levantamento efetuado com base em dados disponíveis[1] relativos ao período de 1996 a 2000.

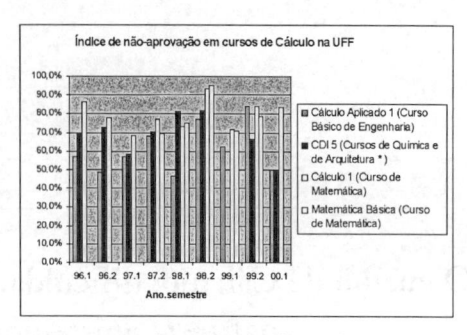

Na UFF, a variação do índice de não-aprovação se encontra na faixa de 45% a 95%, sendo que, para o Curso de Matemática, este não é inferior a 65%. Ainda no que tange aos dados do gráfico, gostaria de esclarecer dois pontos que permanecem tácitos sob a cortina dos índices apresentados: primeiro, que a partir de 1998 a disciplina de Cálculo Diferencial e Integral 5 não faz mais parte da grade curricular do curso de Arquitetura; e, por último, que a disciplina de Matemática Básica, introduzida na grade curricular do curso de Matemática / Niterói da UFF a partir do segundo semestre de 1997, tem por objetivo auxiliar e dar um "embasamento" à disciplina de Cálculo 1. Dados mais recentes (veja tabela 1), fornecidos pela coordenação do Curso de Matemática, sobre o índice de não aprovação dos alunos deste Curso em uma disciplina inicial de Cálculo I revelam, no entanto, que o problema está muito longe de ser resolvido.

ano.sem	Índice de não-aprovação (%) em Cálculo
00.1	24,4
00.2	85,4
01.1	59,5
01.2	71,1
02.1	69,5
02.2	93,2

Tabela 1 - elaborada a partir dos dados fornecidos pela Coordenação de Matemática da UFF (GGT)

O relato desses fatos serve para dar a dimensão exata da gravidade do problema do ensino de Cálculo. Excluir o Cálculo de sua grade curricular ou criar disciplinas subsidiárias para o seu ensino representam, sem dúvida, indícios de que o tal problema já atinge limites próximo do insuportável.

Tal situação de desconforto com relação ao ensino de Cálculo não é local e nem característica exclusiva da UFF; é geral e tem provocado por parte de outras instituições atitudes inusitadas. Na USP, por exemplo, como nos relata Barufi (1999), as disciplinas de Cálculo Diferencial e Integral oferecidas para os cursos de Matemática e Arquitetura passam a ser anuais a partir de 1993, contrapondo-se ao padrão da periodicidade semestral das demais disciplinas. Levando-se em conta a tradição de excelência, pelo menos em termos nacionais, das Instituições aqui reportadas, há de se preocupar, e muito, com o "fracasso do ensino de Cálculo".

Engana-se quem pensa que tal problema é cultural e que se justifica pela condição sócio-econômica da sociedade brasileira. A situação do ensino de Cálculo nos países "desenvolvidos" não é muito diferente, visto que trabalhos sobre esse tema têm sido publicados e recebidos merecido destaque por parte da literatura especializada internacional. David Tall (1976), por exemplo, tem sido um dos principais articuladores da área de pesquisa *"pensamento matemático avançado"*, cujas questões giram em torno das dificuldades encontradas nas aprendizagens dos conceitos básicos do Cálculo, tendo a psicologia cognitiva como pano de fundo para as suas análises epistemológicas.

Outro exemplo internacional desta inquietação foi o movimento em prol da reforma do ensino de Cálculo, iniciado na década de 80, e que ficou conhecido por *"Calculus Reform"*. Tal movimento teve como elemento deflagrador um polêmico documento do famoso matemático Peter Lax, que atacava os cursos de Cálculo da época.

Segundo seus precursores, o "Calculus Reform" tem como características básicas: o uso de tecnologia, isto é, software computacional e calculadoras gráficas, tanto para o aprendizado de conceitos e teoremas como para a resolução de problemas; o ensino via a *"Regra dos Três"*, isto é, todos os tópicos e todos os problemas devem ser abordados numérica, geométrica e analiticamente; grande preocupação, ou pretensão, em mostrar a aplicabilidade do Cálculo através de exemplos reais e com dados referenciados; tendência a exigir pouca competência algébrica por parte dos alunos, suprindo essa falta com o treinamento no uso de Sistemas de Computação Algébrica [1].

Um reflexo deste movimento nas universidades brasileiras já começa a ser percebido, através do crescente número de trabalhos com esse perfil e apresentados recentemente nos Encontros Nacionais de Educação Matemática. A construção de laboratórios informatizados e a introdução de softwares matemáticos no ensino de Cálculo têm sido a tônica das mais recentes propostas didáticas para esta disciplina. Seria então o uso de computadores a redenção para o ensino de Cálculo? Dados fornecidos no início desse artigo (figura 1 e tabela 1) revelam que a coisa não é bem assim. Na UFF, por exemplo, apesar do uso de laboratórios e softwares no ensino de Cálculo I, verifica-se que não houve avanço significativo na melhoria dos resultados finais.

Com base na problemática aqui apresentada surgem algumas questões interessantes: Qual é a razão de tantas reprovações? Onde reside a dificuldade? No processo de aprendizagem? No aluno, isto é, na *"falta de base"* do aluno? Ou estaria esta dificuldade no próprio professor, ou

---

[1] Mais informações sobre este movimento pode ser obtido na homepage pessoal www.mat.ufrqs.br/~portosil/calculo.html do professor J. P. Silveira.

na metodologia de ensino, ou ainda, na estrutura curricular do ensino de matemática que não dá o suporte que esta disciplina mereceria?

Diante da complexidade do problema, tem sido muitos as respostas e os encaminhamentos apresentados pelos pesquisadores da área. Uns preferem justificar o problema no âmbito da psicologia cognitiva: acreditam que o problema é de natureza psicológica, isto é, os alunos não aprendem por que não possuem *estruturas cognitivas* apropriadas que permitam assimilar a complexidade dos conceitos do Cálculo. É o caso, por exemplo, do grupo de pesquisadores, liderados por David Tall, que nos referimos anteriormente e desenvolvem trabalhos na área de *"pensamento matemático avançado"*.

Há quem julgue, no entanto, que o problema é de natureza mais simples: as dificuldades de aprendizagem são decorrentes do processo didático, isto é, a solução reside em se encontrar uma forma apropriada para se ensinar a disciplina de Cálculo. O movimento "Calculus Reform", citado por nós alguns parágrafos acima, é, por exemplo, uma clara demonstração da existência de tal pensamento.

Não obstante, pensamos de forma diferente: acreditamos que grande parte das dificuldades de aprendizagem no ensino de Cálculo é essencialmente de **natureza epistemológica**. Pode-se dizer ainda mais: as raízes do problema estão *além dos métodos e das técnicas*, sendo inclusive *anteriores* ao próprio espaço-tempo local do ensino de Cálculo.

De fato, os resultados da tese de doutorado (Rezende, 2003) que realizamos ratificam este nosso pensamento. Na referida tese foi elaborado, a partir do entrelaçamento dos fatos históricos e pedagógicos, um mapeamento das dificuldades de aprendizagem de natureza epistemológica do ensino de Cálculo. Tendo como pano de fundo as dualidades essenciais e os mapas históricos conceituais do Cálculo, foram consolidados e consubstanciados pelo autor da tese cinco macro-espaços de dificuldades de aprendizagem de natureza epistemológica do ensino de Cálculo. Os macro-espaços aqui determinados foram identificados pelas cinco dualidades fundamentais do Cálculo e do seu ensino: *discreto/contínuo; variabilidade/permanência; finito/infinito; local/global; sistematização/construção.*

O macro-espaço da dualidade discreto/contínuo

O que se percebe tanto pelas atitudes dos nossos alunos de Cálculo quanto pela forma como o conteúdo matemático do ensino básico de matemática está estruturado é uma total ignorância das idéias do campo semântico desta dualidade. Dois elementos caracterizam bem esta "cegueira": o hiato entre os campos da aritmética e da geometria no ensino básico de matemática e o círculo vicioso presente na significação de número real realizada pelos nossos alunos (a idéia de número irracional é definido como sendo o número real que não é racional, mas, por outro lado, o conjunto dos números reais é obtido pela reunião dos conjuntos dos números racionais e irracionais). Assim, pode-se dizer que o domínio numérico da quase totalidade de nossos alunos (mesmo aqueles que já tenham feito um curso de Cálculo ou Análise) se restringe aos racionais. Não sabem responder o que um número real é porque, como diria Caraça (1989), não conhecem o reagente básico (o conceito de continuidade) de seu processo de construção.

O macro-espaço da dualidade variabilidade/permanência

No que diz respeito ao campo semântico dessa dualidade pode-se perceber, no âmbito do ensino superior de matemática, uma predominância da abordagem estática sobre a abordagem dinâmica das idéias básicas do Cálculo. No conceito de derivada, por exemplo, prevalecem os seus aspectos formal (como sua definição em termos de limite) e geométrico (como o coeficiente angular da reta tangente) sobre a sua interpretação dinâmica em termos de taxa de variação instantânea. Interpretar o conceito de derivada tão somente como "coeficiente angular da reta tangente" significa ignorar o problema histórico essencial da "medida" instantânea da variabilidade de uma grandeza.

O mesmo ocorre com a noção de função. Desde cedo no ensino básico de matemática, é introduzido um viés algébrico em seu processo de significação. No estudo das funções reais a variável "x" é assumida tacitamente como a "variável independente universal". Cabe, entretanto, ressaltar que a idéia de função é estabelecida aqui, não no contexto da "variabilidade", mas, em termos de uma correspondência estática entre os valores das variáveis "x" e "y". O gráfico da função é, em geral, "plotado" através de uma tabela em que os valores "notáveis" são escolhidos pelo professor. A curvatura das curvas que compõem o gráfico da função é, em geral, induzida pelo professor que tenta convencer o aluno, pelo acréscimo de mais pontos, ou mesmo através de um sofisticado programa computacional, que a única possibilidade é a dele - professor. Isto posto, procura-se estudar em seguida as propriedades algébricas do conceito construído. Fala-se, por exemplo, em injetividade ou sobrejetividade, mas não em crescimento ou decrescimento da função, ou melhor, em quanto e como cresce/decresce o valor de uma função em relação à sua variável independente. Discutem-se (caso existam) os zeros e o período da função, mas não os seus pontos críticos, que são, em verdade, os elementos de articulação do esboço do gráfico de uma função real de uma variável (também real).

Assim, a função, agora também identificada pelo seu gráfico, surge da "plotagem" dos pares (x,f(x)) no plano cartesiano xy. E é assim, em termos da correspondência $(x,f(x))$ que se estabelece a representação que o nosso estudante tem de função. Note que, neste caso, a função (a expressão analítica) é dada e sua representação é construída através de um procedimento estático, estético e induzido por propriedades algébricas da função. Esta idéia de função não está errada conceitualmente, ao contrário, ela representa a forma como Dirichlet (1837) conceituou a noção de função: "*Uma função y (x) é dada de temos qualquer regra que associe um valor definido y a cada x em um certo conjunto de pontos*" – (*apud* Rüthing, 1984). Por outro lado, tal idéia de função, caracterizada pelo seu formato algébrico, se encontra na contra-mão da história do Cálculo. Aliás pode-se dizer mais: pode-se dizer que tal interpretação, além de não ter participado historicamente da solução do problema da variabilidade dada pelo Cálculo, constitui efetivamente um dos maiores obstáculos epistemológicos àquela noção de interdependência entre quantidades variáveis, tão essencial para o desenvolvimento do Cálculo.

De fato, alguns dos principais obstáculos de aprendizagem para os alunos de um curso de Cálculo são os ditos "problemas de taxas relacionadas" e os "problemas de otimização". Segundo Cabral (1998, p.153-4), a grande dificuldade dos estudantes na resolução de problemas dessa natureza consiste realmente em "enxergar" as quantidades variáveis envolvidas no problema e principalmente a relação funcional existente entre elas: "*o difícil mesmo é encontrar a função*" [2]... Isso mesmo, como exigir agora desse aluno que "enxergue" o conceito de função, se até o momento, a função sempre foi dada "pronta" para ele?

---

[2] Frase dita por um aluno entrevistado por Cabral e que representa, efetivamente, a dificuldade encontrada pela maioria dos nossos alunos de Cálculo quando têm de resolver problemas dessa natureza.

Como pode ele "enxergar" as "variáveis" do problema, se até agora estas eram apenas "letras" (x e y, de modo geral) que representavam números que se relacionavam segundo uma lei de correspondência explicitada *a priori*? Identificar o que varia, e em função de que varia é, sem dúvida, o primeiro passo para a resolução da questão.

Assim, pode-se assegurar pelo que foi exposto anteriormente, que a razão principal para as dificuldades de aprendizagem na resolução de problemas de taxas relacionadas e de otimização é, efetivamente, esse desvio epistemológico do conceito de função, realizado desde cedo nos ensinos médio e fundamental de matemática, de modo viesado para o campo algébrico. O pior de tudo isso é que os professores de Cálculo (e alguns autores de textos didáticos da área), em geral, reforçam ainda mais esse viés algébrico do conceito de função quando fazem uma "breve revisão" deste conceito.

Além disso, pode-se perceber a presença desse viés algébrico em outro conceito fundamental do Cálculo: o conceito de integral definida. Com efeito, com o descolamento da dualidade discreto/contínuo do conceito de integral, estimulado principalmente pelo uso do Teorema Fundamental do Cálculo, o ato de integrar é identificado pelo aluno ao ato de encontrar a antiderivada da função do integrando. É salutar que o aluno saiba interpretar e usar o T.F.C. para realizar os seus cálculos de integrais. No entanto, não se pode dizer o mesmo do exaustivo treinamento em "técnicas de integração" que levam o aluno, entre outras coisas, a ignorar o significado do conceito de integral e a encará-la como um procedimento algébrico. Para se apreender o significado de integração é preciso que se explore mais as tramas e urdiduras da sua malha de significações. Calcular uma integral através de processos numéricos aproximados, ou mesmo usando determinados tipos de séries – como fizeram Newton, Euler e outros – também são exercícios que contribuem para o processo de tecedura da noção de integral. A noção deve ser explorada então na sua totalidade, e não reduzida simplesmente ao ato algébrico de encontrar uma antiderivada da função através das "técnicas de integração". O mesmo *exagero da técnica* ocorre em relação ao processo de significação do conceito de derivada. Calcular exaustivamente derivadas de funções através das regras usuais de derivação não leva o aluno a construir efetivamente o significado desta operação.

O macro-espaço da dualidade finito/infinito

"*O infinito e a indivisibilidade são de naturezas muito incompreensíveis para nós (os humanos)*" – já dizia Galileu. O grande mestre da física tinha consciência das dificuldades inerentes à noção de infinito, ainda que sua morte antecedesse à "invenção" do Cálculo em aproximadamente trinta anos. Assim, apesar da complexidade do conceito de infinito, é, no mínimo, curioso que nossos estudantes não tenham sequer consciência das dificuldades referentes à noção de infinito, mesmo tendo eles já realizado um curso de Cálculo ou mesmo de Análise. Isso nos leva a concluir que cursar ou não cursar as referidas disciplinas, tal como se encontram organizadas nos dias de hoje, não faz diferença alguma para a instrução do aluno nesse assunto. Evidências do que aqui afirmamos podem ser encontradas, por exemplo, em Sierpinska (1987) e Rezende (1994).

Com efeito, nas referências supracitadas, por exemplo, pode-se verificar a predominância de atitudes ingênuas em relação aos processos infinitos. A idéia de limite, por exemplo, que prevalece nas atitudes de nossos estudantes é a posição potencialista: isto é, aquela em que diz que uma seqüência "tende", mas não alcança, o seu ponto limite. Outro fato que fornece evidências do caráter ingênuo das atitudes dos estudantes em relação ao infinito diz respeito às "simplificações algébricas" que realizam no cálculo dos limites. Não reconhecem as situações de indeterminação presentes em cada um dos limites e procuram traduzir e "resolver" as indeterminações através de uma espécie de álgebra do infinito. O interessante é que o infinito, que "não é nada", ou "é apenas um símbolo matemático", passa a se comportar agora como número. Cabe ressaltar ainda que os estudantes, mesmo quando estimulados a realizarem uma interpretação mais formal do conceito de infinito, não realizam suas interpretações e tipificações no contexto da dualidade discreto/contínuo; não reconhecem, enfim, as especificidades do infinito matemático contínuo. Exemplos concretos desses procedimentos podem ser verificados com detalhes em Sierpinska (1987) e Rezende (1994), ou mesmo em qualquer sala de aula de um curso inicial de Cálculo.

Isto posto, fica evidente que a idéia de infinito não participa e nem contribui de forma significativa na construção das redes de significações estabelecidas num curso usual de Cálculo. As atitudes ingênuas dos estudantes em relação às operações infinitas e às indeterminações matemáticas são fatos evidentes disso. O infinito é um elemento estranho para o nosso aluno do ensino médio e, por conseguinte, para o nosso aluno de Cálculo. Mas continua estranho para o estudante, mesmo após um curso de Análise. Alguns desses estudantes agora são professores de matemática, lecionam nos ensinos médio e fundamental, e o conceito de infinito continua estranho para a maioria deles. Com isso, reproduzem o ciclo que eles próprios vivenciaram.

O macro-espaço da dualidade local/global

Ao contrário das dualidades discutidas até agora (discreto/contínuo, variabilidade/permanência e finito/infinito) neste trabalho, a história da oposição local/global é recente, podendo ser datada, segundo Petitot (1985, p.11), de meados do século XIX, aproximadamente. *"Fundada originariamente na intuição espacial"*, a oposição local/global invadiu o campo matemático e estabeleceu com este uma relação de simbiose que lhe rendeu um arcabouço de conhecimentos que possibilitaram, nestes últimos anos, o desenvolvimento de novas interpretações e significações no campo da epistemologia.

A oposição local/global é, sem dúvida, *a priori*, um produto de nossa percepção do espaço, mas, evidentemente, não se esgota nela. Com efeito, a simulação euclidiana do espaço, apreendida pela percepção humana, é tão somente uma aproximação local do que ele efetivamente é [3]. E é no desenvolvimento histórico da geometria, que Petitot localiza a contribuição essencial do Cálculo para o surgimento das primeiras relações solidárias entre o local e o global:

Até o fim do século XIX, a geometria reduz-se essencialmente ao estudo de objetos geométricos imersos num espaço bi- ou tridimensional. Os métodos utilizados são, por um lado, os métodos sintéticos herdados da tradição euclidiana e, por outro lado, os métodos analíticos e algébricos fundados no uso de coordenadas. Com a introdução do cálculo infinitesimal, as coordenadas permitem a análise das propriedades diferenciais dos objetos (equação das tangentes, das normais, estruturas dos pontos singulares, etc.). Assim aparecem os primeiros teoremas gerais sobre as curvas algébricas e a "solidariedade" que existe entre a sua estrutura local e a global.

(Petitot, 1985, p.21)

Assim, com base na datação histórica do surgimento da oposição local/global, pode-se concluir que esta dualidade

---

[3] Podemos aproximar localmente uma superfície esférica (o espaço real) pelo seu plano tangente (a simulação do espaço). Tal resultado pode ser estendido para um domínio maior de superfícies: as superfícies/variedades regulares.

não participou efetivamente da "invenção" do Cálculo. Com efeito, tanto Newton quanto Leibniz não faziam distinção e sequer relacionavam os conceitos locais e as propriedades globais das "curvas" que diferenciavam e integravam. No Cálculo de Newton, por exemplo, os conceitos de continuidade e diferenciabilidade – conforme já foi dito neste trabalho – se identificavam e eram definidos a partir do comportamento global das curvas. Assim, para o matemático inglês a curva da figura 2 era o desenho de duas curvas diferenciáveis, e não o de apenas uma curva, que deixa de ser diferenciável em apenas um ponto. A noção de diferenciabilidade é, portanto, uma característica global da curva.

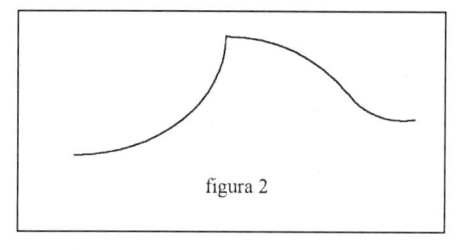

figura 2

Leibniz, assim como Newton, também considerava a noção de diferenciabilidade de uma curva no nível global. Em verdade, tanto Newton quanto Leibniz não explicitaram o conceito de diferenciabilidade localmente, apesar de efetuarem os seus cálculos em certas ocasiões no nível local. Dois fatores justificam a ausência de considerações locais nestas duas versões iniciais do Cálculo:

– Uma primeira relacionada ao "bom" comportamento das curvas freqüentemente utilizadas nos cálculos de Newton e Leibniz; tais curvas eram, em geral, "bem comportadas" (no mínimo, diferenciáveis) e, por causa disso, tal comportamento não suscitava questões de natureza local. Para a determinação local da tangente (da derivada) a propriedade de diferenciabilidade era assumida implicitamente pela característica global da curva.

– Faltavam aos matemáticos dois conceitos fundamentais para que pudessem vislumbrar a íntima relação da dualidade local/global com o Cálculo que acabavam de "inventar": a noção de limite e o conceito de função.

De fato, o conceito de função, introduzido no núcleo semântico do Cálculo por Euler e Lagrange, vai constituir, junto com a noção de limite, a urdidura da nova estrutura do Cálculo. O Cálculo começa, a partir de então, a se preocupar com questões essenciais da dualidade local/global, tornando-se, por sua vez, e cada vez mais, uma rede de significações e correlações entre os pólos dessa dualidade. Esta nova versão, impregnada de conceitos e resultados que estabelecem correlações entre níveis locais e globais, constitui e representa parte substancial do conteúdo programático de um curso inicial de Cálculo normalmente ensinado em nossas universidades. Tais correlações inerentes à dualidade local/global, bem como as relações de significações estabelecidas em cada um dos níveis, originam algumas das maiores dificuldades de aprendizagem dos alunos de Cálculo, em geral.

Vimos nos parágrafos anteriores que a dualidade local/global participa de forma tardia da história do Cálculo (datada como século XIX por Petitot). No ensino de matemática, a participação dessa dualidade é retardada ao máximo. Excetuando os tópicos referentes a "conjuntos" e "noções de lógica", a oposição local/global passa desapercebida pelos alunos e seus professores de matemática dos ensinos médio e fundamental. O que não faltariam são oportunidades. Polinômios, função exponencial, assim como outros tópicos do ensino de matemática, poderiam ser explorados sob a luz da oposição local/global. No entanto, ao ingressar no curso superior e fazer um curso inicial de Cálculo, o estudante se depara com diversas situações do contexto dessa dualidade. Esta imersão tardia em questões de natureza local/global suscita nos alunos algumas dificuldades de interpretação dos conceitos e resultados "normalmente" apresentados num curso de Cálculo.

Com efeito, os conceitos do Cálculo são definidos, na sua maioria, localmente – *continuidade num ponto, diferenciabilidade num ponto, etc.* – e estendidos, em geral, de forma "natural" para o seu estado global – *a função é diferenciável se ela o for em cada ponto do seu domínio*, etc., mas, por outro lado, muitos dos seus resultados são de natureza global – *"se f' > 0 em um intervalo I, então f é crescente em I"*, *o Teorema Fundamental do Cálculo, etc.* –, o que exige do aluno uma habilidade de ir e vir aos dois pólos – local e global – de significações do tema abordado. Assim, para assimilar a estrutura do resultado matemático, o aluno precisa saber propriamente as condições locais e/ou globais de suas hipóteses, do seu resultado (tese) propriamente dito e das correlações entre eles. Se tal habilidade não foi trabalhada com o aluno em fases anteriores de sua aprendizagem escolar, as conseqüências são, em geral, catastróficas: os resultados do Cálculo são deformados ou enfraquecidos pelos estudantes. As deformações aqui encontradas vão desde aplicações ingênuas das regras de diferenciação em cálculos de derivadas em circunstancias não muito apropriadas até o uso interpretações equivocadas do Teorema Fundamental do Cálculo. Poderíamos aqui detalhar um grande número desses exemplos, mas isso foge o escopo desse artigo.

O macro-espaço da dualidade sistematização/ construção

Pode-se afirmar que o par sistematização/construção não constitui propriamente uma dualidade no sentido filosófico: não existe sistematização sem construção, nem construção sem sistematização. No entanto, as interpretações relativas ao processo de "construção" do conhecimento continuam sendo diferenciadas pelo termômetro ideológico do par sistematização/construção. E é precisamente essa diferenciação das atitudes epistemológicas balizadas pelo termômetro ideológico sistematização/ construção que constitui o cerne da dualidade que dá sustentação ao nosso quinto macro-espaço das dificuldades de aprendizagem de natureza epistemológica do Cálculo.

Por via de regra, a realização didática do ensino de Cálculo e os seus livros-texto seguem basicamente o princípio e o padrão de sistematização propostos por Cauchy e Weierstrass (limite – continuidade – derivada – diferencial – integral) para a organização das idéias e dos resultados do Cálculo. Em ambos os níveis, por exemplo, os conceitos são definidos formalmente e os resultados são demonstrados passo a passo segundo um modelo axiomático que parte da definição formal de limite e de alguns "postulados fundamentais" oriundos da Álgebra Moderna e da Análise Matemática, tais como: o conjunto dos números reais ser um corpo ordenado, propriedades relativas à ordem de R, o postulado de continuidade de Dedekind-Cantor, etc. Cabe ressaltar, entretanto, que outros resultados [4] são acrescidos e assumidos tacitamente como "postulados" durante o processo de execução do modelo.

Exercícios de cálculos e fixação são acrescentados ao final de cada tópico do conteúdo programático para que o treinamento possa ser realizado. Nesta etapa, a influência das técnicas algébricas é facilmente evidenciada: fatorar polinômios, por exemplo, torna-se imprescindível para que se efetuem os cálculos de limites.

A significação dos conceitos e dos resultados é realizada no âmbito da justificação lógica formal das "definições" dos conceitos básicos e das "demonstrações" dos teoremas. Primeiro define-se o conceito, depois, apresentam-se os

---

[4] É o caso, por exemplo, do teorema do valor intermediário, da integrabilidade das funções contínuas em intervalos fechados, etc.

exemplos, como se estes nada tivessem a ver com a origem histórica do conceito definido. Assim, com essa sistematização exacerbada, surge um dos grandes obstáculos de natureza epistemológica do ensino normal de Cálculo: a "desmaterialização" dos seus resultados e conceitos básicos.

Com efeito, a definição formal de derivada, por exemplo, não terá sentido algum para o aluno, se não for consubstanciada com as redes de significações deste conceito com a geometria e com a física. Não são as idéias de velocidade e coeficiente angular, *interpretações do conceito de derivada*, mas, ao contrário, são elas, efetivamente, *as idéias geradoras e construtoras do campo semântico da noção de derivada*. Do mesmo modo, não é "simplesmente" demonstrando um teorema/proposição – ou o que é pior: apenas assistindo a sua demonstração – que se constrói a sua rede de significações. Muitas vezes a simples interpretação do resultado faz muito mais sentido para o aluno do que a sua demonstração.

Assim, para se recuperar o "real" nível de significação dos conceitos e resultados do Cálculo é preciso que se inverta a polaridade da dualidade sistematização/construção; isto é, ao invés de se construir as significações no nível do conhecimento já sistematizado, deveríamos é construir os campos de significações dos resultados e idéias básicas do Cálculo para, num momento posterior, buscar a sistematização desses elementos.

No entanto, para que se inicie a inversão de tal polaridade é preciso trazer à tona essa discussão fundamental acerca da oposição entre o "conhecimento sistematizado" (o dos livros didáticos e notas de aulas do professor) e o "conhecimento real"[5] (o que traz consigo a sua história e o

---

[5] Alguns autores se referem a esse "tipo" de conhecimento como "conhecimento verdadeiro". No entanto, a expressão "verdadeiro" também é do domínio da lógica formal – por isso preferimos adotar uma outra forma de denominação.

seu campo de significações) do Cálculo, sem o receio ou timidez de explicitar o que se pensa e pretende com um curso inicial de Cálculo. Tal questão precisa ser analisada e discutida pelos professores de Cálculo, em caráter emergencial, para que se possa minimizar efetivamente, nesse nível de ensino, os problemas de aprendizagem relativos a essa disciplina. Contudo, para resolver o problema do ensino de Cálculo, no entanto, é preciso muito mais: é preciso fazer o conhecimento do Cálculo emergir do "esconderijo forçado" a que foi submetido pelos atuais ensinos médio e fundamental de matemática. Ao se promover tal emersão, o Cálculo não estará ajudando apenas a si próprio, mas, sobretudo ao próprio ensino de matemática como um todo. Mantendo-se o Cálculo em cativeiro, alguns dos problemas fundamentais da geometria e da aritmética continuarão a ser "mal resolvidos" através de "fórmulas" e "regras" mágicas, e "convenções" unilaterais. Não se trata de antecipar a disciplina de Cálculo para o ensino médio – como, inclusive, já sugeriram alguns autores –, mas, sobretudo, de se iniciar, desde cedo, uma preparação para o Cálculo.

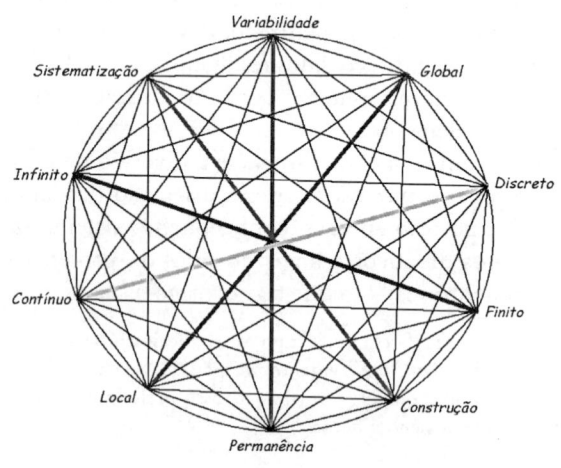

O lugar-matriz

A partir do mapeamento realizado foi observado, em essência, um único *lugar-matriz* das dificuldades de aprendizagem de natureza epistemológica do ensino de Cálculo: o da **omissão/evitação das idéias básicas e dos problemas construtores do Cálculo no ensino de Matemática em sentido amplo.**

De fato, a ausência das idéias e problemas essenciais do Cálculo no ensino básico de matemática, além de ser um contra-senso do ponto de vista da evolução histórica do conhecimento matemático, é, sem dúvida, a principal fonte dos obstáculos epistemológicos que surgem no ensino superior de Cálculo. Assim, fazer emergir o conhecimento do Cálculo do "esconderijo forçado" a que este está submetido no ensino básico é, sem dúvida, o primeiro grande passo para resolvermos efetivamente os problemas de aprendizagem no ensino superior de Cálculo.

Ora, mas no próprio ensino superior de Cálculo também sentimos falta de certas idéias e problemas construtores do Cálculo. As significações e interpretações das noções de derivada e de integral definida – e de seus resultados – no contexto da mecânica são um exemplo dessa ausência. Em verdade, este esvaziamento semântico da disciplina de Cálculo é, ao mesmo tempo, causa e efeito da crise de identidade pela qual passa o ensino superior de Cálculo.

Isto posto, percebe-se que o *lugar-matriz* das dificuldades de aprendizagem do ensino de Cálculo está presente em ambos os níveis de ensino. Assim, procuraremos fazer a caracterização do lugar-matriz em dois tempos: primeiro, abordaremos os aspectos do lugar-matriz no âmbito do ensino básico de matemática; por último, cuidaremos dos aspectos do lugar-matriz relacionados a tal *crise de identidade do ensino superior de Cálculo.*

O lugar-matriz no ensino básico

Antes de tudo cabe destacar que a maior parte do território do *lugar-matriz* das dificuldades de aprendizagem do ensino superior de Cálculo encontra-se no ensino básico. A evitação/ausência das idéias e problemas construtores do Cálculo no ensino básico de matemática constitui, efetivamente, o maior obstáculo de natureza epistemológica do ensino de Cálculo, e porque não dizer do próprio ensino de matemática. É incompreensível que o Cálculo, conhecimento tão importante para a construção e evolução do próprio conhecimento matemático, não participe do ensino de matemática. O Cálculo é, metaforicamente falando, a *espinha dorsal* do conhecimento matemático.

É muito usual afirmar-se no meio acadêmico que o ensino básico de matemática é (ou pelo menos deveria ser) processado em três vias: a via da aritmética, a via da geometria e a via da álgebra. Uma pergunta que surge naturalmente dessa questão é "cadê a via do Cálculo?". No entanto, pode-se dizer que o que se quer aqui está muito além de simplesmente construir a quarta via: a via do Cálculo. O que se quer, isto sim, é possibilitar ao Cálculo exercer no ensino básico de matemática o mesmo papel epistemológico que ele realizou no processo de construção do conhecimento matemático no âmbito científico. Só que para que isto ocorra será também necessária uma articulação do ensino de matemática com outras áreas do conhecimento como, por exemplo, a física, mais precisamente, a mecânica. Desse modo, as três vias – a da aritmética (número), a da geometria (medida) e a da álgebra (variável) – juntas com a via da mecânica (movimento), devem ser articuladas e tecidas a partir das idéias e problemas construtores do Cálculo em benefício, não só de uma preparação de natureza epistemológica para um futuro ensino superior de Cálculo, mas, sobretudo, para a consolidação e construção das significações propostas no ensino básico tanto de matemática quanto de física.

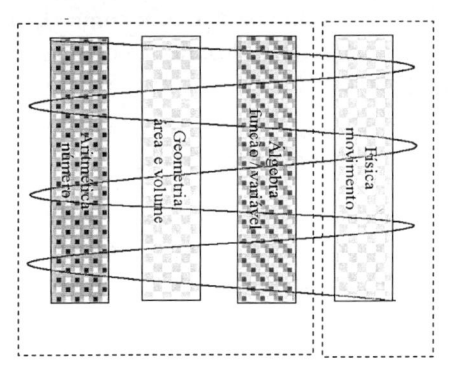

Por outro lado, é notório que estão presentes alguns resultados do Cálculo no ensino básico de matemática: cálculo de áreas de círculos e de volumes de sólidos de revolução, soma de uma progressão geométrica infinita, representação decimal dos números reais etc. O que não está presente é o Cálculo. As idéias e as soluções dos problemas do Cálculo estão, como já afirmamos, submersas, escondidas, e os seus resultados são na maioria das vezes ensinados de forma camuflada: a área do círculo e a soma de uma progressão geométrica infinita tornam-se simplesmente fórmulas algébricas, a transformação das dízimas periódicas em frações é realizada por uma regra da aritmética etc.

Assim, para essa emersão e preparação do Cálculo no ensino básico, duas linhas diretrizes se constituem naturalmente: o problema da variabilidade e o problema da medida – que são, efetivamente, as questões fundamentais do Cálculo. Há de se ressaltar, entretanto, que no problema da medida existem propriamente dois problemas distintos e intrinsecamente relacionados: o processo geométrico da medida (procedimento de cálculo de áreas e volumes) e o processo aritmético da medida (o valor numérico da medida, o número real). Em (Rezende, 2003) são explicitados alguns dos conteúdos próprios de cada uma dessas linhas de inserção do Cálculo no ensino básico, bem como algumas sugestões de atividades didáticas de emersão de suas idéias e problemas construtores.

O lugar-matriz no ensino superior

A disciplina inicial de Cálculo, tal como está estruturada, se encontra, semanticamente, muito mais próxima da Análise do que do próprio Cálculo. Não é à toa que esta disciplina é considerada por um grande número de professores como uma pré-Análise, ou, mais especificamente, como uma abordagem "mais intuitiva" da Análise de Cauchy-Weierstrass em que se põe evidência nas técnicas de calcular limites, derivadas e integrais. Essa atitude predominante no ensino de Cálculo é caracterizada então por uma posição híbrida: por um lado, dá-se ênfase à organização e à justificação lógica dos resultados do Cálculo, e, por outro, realiza-se um treinamento exacerbado nas técnicas de integração, no cálculo de derivadas e de limites. Esta formatação analítica e algébrica da disciplina de Cálculo no ensino superior é, sem dúvida, uma das principais fontes da crise de identidade que mencionamos no início desta conclusão.

Assim, diante dessa crise de identidade do ensino de Cálculo, faz-se urgente redimensionar o paradigma de ensino de Cálculo: nem a preparação para um ensino posterior de Análise e nem a "calculeira desenfreada" servem como meta para um curso inicial de Cálculo; precisa-se voltar o ensino do Cálculo para o próprio Cálculo, os seus significados, os seus problemas construtores e suas potencialidades. Tão importante quanto saber usar as regras de derivação e as técnicas de integração, é saber os seus significados, as suas múltiplas interpretações, sua utilidade em outros campos da matemática e em outras áreas do conhecimento.

Diante disso, é preciso "re-calibrar" a disciplina de Cálculo em relação ao par técnica/significado. Mas também é preciso "re-calibrar" a disciplina de Cálculo, conforme já foi dito no capítulo anterior desta tese, em relação ao par sistematização/construção. Isto é, em vez de se construir as resultados e conceitos do Cálculo no nível do conhecimento já sistematizado, deve-se ter em mente a construção das redes de significações das idéias básicas para, num momento posterior, buscar a sistematização dos elementos dessa rede. *Não são as idéias de velocidade e coeficiente angular, interpretações do conceito de derivada, mas, ao contrário, são elas, efetivamente, as idéias geradoras e construtoras do campo semântico da noção de derivada* – (Rezende, 2003, p.432).

Para superar esta crise é necessário rediscutir o papel do ensino de Cálculo no ensino superior. No entanto, conforme observamos em páginas anteriores neste artigo, o sucesso do ensino superior de Cálculo está condicionado a uma preparação das idéias básicas do Cálculo no ensino básico de matemática. Ao permitir ao Cálculo participar efetivamente da tecedura do conhecimento matemático do ensino básico, acreditamos que as dificuldades de aprendizagem do ensino superior de Cálculo serão em grande parte superadas, tanto quanto as do próprio ensino de matemática, e perceber-se-á, conforme nos disse certa vez Edgard Allan Poe, que *É apenas por faltar algum degrau aqui e ali, por descuido, em nosso caminho para o Cálculo Diferencial [e Integral], que este último não é coisa tão simples quanto um soneto de Mr. Solomon Seesaw.*

Referências bibliográficas

BARUFI, M. C. B. *A construção/negociação de significados no curso universitário inicial de Cálculo Diferencial e Integral*. Tese de Doutorado. São Paulo: FE-USP, 1999.

CABRAL, T. C. B. *Contribuições da Psicanálise à Educação Matemática: A Lógica da Intervenção nos Processos de Aprendizagem*. Tese de Doutorado. São Paulo: USP, 1998.

CARAÇA, B. de Jesus. *Conceitos Fundamentais da Matemática*. 9a edição. Lisboa: Livraria Sá da Costa Editora, 1989.

MACHADO, N. J. *Epistemologia e Didática: as concepções de conhecimento e inteligência e a prática docente*. São Paulo: Editora Cortez, 1995.

PETITOT, J. *Local/Global*. Enciclopédia Einaudi, vol. 4, Local/Global, p. 11-75. Lisboa: Imprensa Nacional-Casa da Moeda, 1985a.

REZENDE, W. M. *Uma Análise Histórica-Epistêmica da Operação de Limite*. Dissertação de Mestrado. Rio de Janeiro: IEM-USU, 1994.

REZENDE, W. M. *O Ensino de Cálculo: Dificuldades de Natureza Epistemológica*. Tese de Doutorado. São Paulo: FE-USP, 2003.

RÜTHING, D. *Some Definitions of the Concept of Function from J. Bernoulli to N. Bourbaki*. The Mathematical Intelligencer, vol. 6, n° 4, 1984.

SIERPINSKA, A. *Humanities Students and Epistemological Obstacles Related to Limits*. Educational Studies in Mathematics, 18, 1987.

SILVEIRA, J. P. *Cálculo Infinitesimal*. Web-page http: www.mat.ufrgs.br/ ~portosil/calculo.html, 1999.

TALL, D. e VINNER, S. *Concept Image and Concept Definition in Mathematics with Particular Reference to Limits and Continuity*. Educational Studies in Mathematics, 12, p. 151-169. 1976.

20

Algumas considerações sobre a inferência estatística

Lisbeth Kaiserlian Cordani

O século XX assistiu ao desenvolvimento de uma das ferramentas mais utilizadas hoje em dia pelos cientistas, analistas econômico-sociais, profissionais liberais, jornalistas etc.: a **Estatística**. Enaltecida por uns e odiada por outros, não há como negar a sua importância para a tomada de decisão em vários campos do saber, principalmente nos dias de hoje, com o acúmulo de informações disponíveis. Se bem utilizada, ela pode ser uma aliada importante para contribuir na compreensão de fenômenos sociais, científicos e mesmo políticos, além de funcionar como memória de povos e nações, ajudando diferentes sociedades na construção de seu futuro.

A palavra **Estatística** deriva da palavra latina *status*, que pode significar estado e também situação e foi usada com propósitos ligados à área de economia a partir do século XVIII, embora desde a Antiguidade fosse usada, principalmente para fins políticos, da quantificação de dados referentes a populações (nascimento e morte), colheitas, desastres, comércio etc.

De Platão (século V a.C.) a Bacon (século XVII) havia o domínio da chamada filosofia natural. A partir do Empirismo de Bacon e do Racionalismo de Descartes o mundo intelectual vivenciou a separação entre a filosofia e a ciência, cujas conquistas tornaram-se cada vez mais independentes da própria filosofia. O século XX, com a apologia do *método científico*, desenvolveu uma crença muito forte na força explicativa das teorias científicas. Nesse contexto entra a Estatística, que começa a ser vista como uma ferramenta indispensável ao progresso da própria ciência e ao avanço do conhecimento.

Como seria a contribuição da **Estatística**? Além da parte descritiva, que trata do resumo de dados através de gráficos e/ou medidas resumo, esperava-se que ela pudesse resolver o "velho" problema da indução, no sentido de achar um procedimento "objetivo" que permitisse passar do particular (amostra/experiência) para o geral (população). Isto porque a **Estatística** dificilmente trabalha com dados censitários, que corresponderiam a toda a população, pela dificuldade de obtenção dos mesmos, além do alto custo envolvido; na verdade é feita uma coleta de dados tanto através de experimentos controlados, na área chamada de planejamento de experimentos como através de estudos observacionais, usando técnicas de amostragem.

O século XX foi o berço da chamada **Estatística Matemática**, embora o desenvolvimento teórico da **Estatística** tenha se baseado em tratados de probabilidades de séculos anteriores. Esta teorização deu muita esperança a várias áreas do conhecimento, que buscavam na ciência a verdade absoluta.

Partindo da premissa de sua necessidade, o ensino da Estatística deveria estar presente em todos os níveis de escolaridade, desde as primeiras reformas curriculares do século XX, mas o que se viu foi a sua inserção somente nos diferentes cursos superiores (exatas, biológicas e humanas). Além da entrada tardia para alunos que já tinham como certo um mundo determinístico, dadas as abordagens sobre ciência geralmente apresentadas no ensino pré-universitário, o nível apresentado era muito teórico, desvinculado de aplicações de interesse, com os cursos sendo ministrados por matemáticos sem muita motivação. Esta situação caracterizou uma situação de descrédito em relação à utilidade da Estatística por parte da maioria dos alunos e a conseqüência é a alta repetência na disciplina e mesmo a evasão. Este é um cenário internacional, e já há iniciativas para mudança desta situação, com textos mais diretamente ligados às áreas de concentração dos alunos bem como propostas interdisciplinares.

Neste começo de século assiste-se a uma tímida proposta da inserção da **Estatística** em níveis pré-universitários, através de propostas curriculares estabelecidas por órgãos governamentais ligados à educação. Por um lado, esta expansão certamente melhorará o conhecimento dos alunos com relação ao tema. Por outro lado ela suscita imediatamente questões ligadas não só ao ensino propriamente dito, como também à interpretação dos resultados obtidos através de análises de dados, dada a expectativa de se encontrar a "verdade" com este instrumental.

Um dos gargalos do ensino da Estatística é certamente o tópico de inferência, que usa amostras para tirar conclusões sobre populações. O procedimento utiliza a abordagem de testar uma hipótese com base em uma coleta de dados. Com pouca ou nenhuma iniciação na própria área de estudo (pois a disciplina de Estatística é oferecida nos primeiros anos do curso escolhido) e muito menos em aspectos epistemológicos associados naturalmente ao desenvolvimento do tema, o aluno é exposto a uma teoria pragmática, sem saber nem o que seria uma hipótese científica em sua área e nem como transformá-la em uma hipótese Estatística. Grosso modo, podemos dizer que os ingredientes iniciais apresentados são:

H: hipótese   D : dados experimentais

Como tratar o par (H, D) convenientemente?

A inferência é um processo que permite tirar conclusões a partir de um certo número de premissas. Se estas premissas contêm a conclusão, a inferência será chamada de dedutiva. Por exemplo, a partir das duas premissas (frases grifadas) pode-se inferir a conclusão (frase em itálico), sem sombra de dúvida, uma vez que a conclusão está contida nas frases anteriores:

> Todos os homens são mortais
> João é homem
> Logo, *João é mortal.*

Quando a conclusão extrapola as premissas, tem-se a chamada inferência indutiva. Um dos tipos de indução é o que é chamada de simples enumeração:

> Na circunstância 1 foram vistos somente cisnes brancos
> Na circunstância 2 foram vistos somente cisnes brancos
> Na circunstância 3 foram vistos somente cisnes brancos
> Na circunstância 4 foram vistos somente cisnes brancos
> ....
> Conclusão: *em qualquer circunstância os cisnes são brancos*

A indução por enumeração é semelhante à analogia, só que com uma conclusão mais geral. Este exemplo mostra a debilidade de uma conclusão a partir de raciocínio indutivo, pois um simples cisne preto (que de fato existe) servirá para invalidá-la. Um outro exemplo poderia ser o seguinte:

> Há muitos ladrões em São Paulo
> Não encontro meu carro no 1o. subsolo
> do estacionamento do Shopping
> Logo, meu carro foi roubado.

Esta conclusão, embora plausível, não é necessariamente correta (posso não ter achado o carro por outros motivos, por exemplo, porque deixei em outro subsolo).

Quando o elemento de ligação entre as premissas e a conclusão é de natureza probabilística, dizemos estar diante inferência estatística. O par (H,D) apresentado acima passa a ter importância nesse contexto, uma vez que o experimento ou a amostra forneceria os dados (D) que serviriam de apoio para tirar conclusões sobre a população (representada pela hipótese H). O problema é a expectativa de que a conclusão, através da Estatística, permita tornar as proposições como algo universal e verdadeiro: isto é esperar da Estatística mais do que ela pode oferecer.

Aparentemente influenciado pelo espírito da época, onde florescia o Positivismo, sir Ronald Fisher (1890-1962), um estatístico inglês, que muitos consideram o mais famoso estatístico de todos os tempos, propôs um método inferencial, que ele pretendia *indutivo*, chamado <u>teste de significância</u>, que seria usado para falsear uma hipótese (idéia semelhante à de Popper). A ferramenta proposta está diretamente ligada ao raciocínio da lógica condicional. Nesta área são normalmente trabalhados dois tipos de raciocínio: um deles conhecido como *modus ponens* (argumento de raciocínio direto) e outro como modus tollens (argumento de raciocínio por contradição).

Por exemplo, um raciocínio do tipo *modus ponens* seria:

Se uma hipótese H for verdadeira (**p**)
Então os dados se comportam de certa maneira Q (**q**)
A hipótese H é verdadeira (**p**)
Então os dados se comportam da maneira Q (**q**).

Na notação da lógica temos:
Se p então **q**   **p**, logo **q**.

Como exemplo do raciocínio *modus tollens* temos:

Se uma hipótese H for verdadeira (**p**)
Então os dados se comportam de certa maneira Q (**q**)
Os dados não se comportaram da maneira Q (**não q**)
Então a hipótese não é verdadeira (**não p**).

Na notação da lógica temos:
Se **p** então **q**   **não q**, logo **não p**.

A teoria de Fisher usava o processo *modus tollens* para levar a efeito uma racional e bem definida posição contra a aceitação de uma hipótese a ser testada. Já se opondo ao Bayesianismo (do qual falaremos a seguir) ele defendia o uso de métodos que não levavam a nenhuma afirmação probabilística sobre o mundo real. Como, segundo muitos teóricos da época, a teoria de Fisher "*não levava a lugar nenhum*", os famosos estatísticos J. Neyman e E. Pearson, em meados do século XX, criaram o que chamaram de *comportamento indutivo* através da criação dos <u>testes de hipóteses</u>. Esta teoria tomou conta de todas as áreas de pesquisa, pois se acreditava que através dela poder-se-ia caminhar em direção à verdade através de experimentos científicos. Sua teoria é conhecida como teoria clássica e pode ser verificado que seu método é, na verdade, de natureza dedutiva. A grande diferença entre as duas técnicas, o teste de significância de Fisher e o teste de hipótese de Neyman Pearson é que na primeira há uma hipótese H (chamada de hipótese nula) para pôr à prova, hipótese esta que sendo rejeitada tantas vezes quantas for posta à prova, daria subsídios para a teoria em questão. Na segunda há duas hipóteses que se complementam e que são usadas para tomada de decisão: as chamadas hipótese nula e a hipótese alternativa – ao se rejeitar a hipótese nula, toma-se a ação na direção da hipótese alternativa. Hoje em dia há um comportamento híbrido na área de Educação Estatística, onde a proposta é usar a abordagem de Neyman Pearson com um dos ingredientes de Fisher (*p-value*).

Uma das alternativas à teoria clássica é a teoria Bayesiana, derivada do Teorema de Bayes, enunciado no século XVII pelo Rev. Bayes, e publicado postumamente. Esta área causou muita controvérsia no mundo "bem estabelecido" da **Estatística** clássica (e causa ainda hoje). O teorema em si não apresenta nenhum motivo para controvérsias, sendo aceito em todas as áreas quando visto sob a perspectiva unicamente probabilística. O que causa problemas é seu uso na estatística, pois através dele, informalmente falando, é possível atualizar o valor de uma probabilidade inicial através de observações experimentais, sendo que a mencionada probabilidade inicial é quase sempre colocada de acordo com a experiência ou *feeling* do pesquisador. Em contraposição à área clássica, que se pretende objetiva, esta é, sem sombra de dúvida, uma área de abordagem subjetiva.

O uso da teoria Bayesiana em Estatística começou a crescer a partir da década de 60 (século XX), principalmente com os avanços computacionais, mas ainda continua "soterrado" pela quantidade de publicações que somente levam em conta o raciocínio clássico. Esta mesma situação pode ser observada no plano do ensino da Estatística, onde as ementas contemplam, quase sempre, somente a vertente clássica, e podemos ver aí uma pressão de natureza econômica devido às milhares de publicações em estoque. Há uma outra pressão também, que é a dos aplicativos computacionais, que em sua grande maioria somente apresentam versões inferenciais não Bayesianas.

A estatística clássica usa a lógica condicional com o raciocínio *modus tollens*, ou seja, trabalha com raciocínio dedutivo, da seguinte forma:

Se a hipótese H for verdadeira os dados devem se distribuir em determinada região
Os dados não se distribuem naquela região (ou melhor, a probabilidade de
os dados se distribuírem na determinada região é pequena)
Logo, a hipótese H não é verdadeira

Isto é a única possibilidade que o teste de hipótese na inferência clássica proporciona. Seria uma falácia, por exemplo, e há livros didáticos que a cometem, concluir que a hipótese H é verdadeira se os dados se distribuírem na determinada região (isto é a sentença se p então q não permite deduzir p se for observado q!). Então a proposta deste tipo de inferência, que não foi usada como se fosse indução por seus criadores (e sim como comportamento indutivo como já dito anteriormente), usa na verdade um raciocínio dedutivo e permite rejeitar ou não rejeitar uma hipótese posta à prova, segundo um risco medido através de probabilidade.

O teorema de Bayes trata o par (H,D) definindo algumas quantidades:

$P(H)$: probabilidade a priori : quantifica a opinião sobre a probabilidade da hipótese H
$P(D)$: verossimilhança dos dados (obtida a partir da coleta)
$P(H|D)$: probabilidade a posteriori – modifica a opinião inicial, a partir da coleta D.
Estas quantidades são relacionadas do seguinte modo no teorema:

$$P (H \mid D) = [P (H) \cdot P (D \mid H)] / P (D)$$

Isto significa que a probabilidade de (P(H)) será revista à luz dos dados D, originando [P(H|D)]. Isto significa que os dados tendem a *corrigir* a informação inicial, embora essa idéia não significa necessariamente que a informação estivesse equivocada: ela poderia estar incompleta – é o indivíduo que aos poucos vai incorporando mais e mais informação, a ponto de ir mudando de opinião para tirar suas conclusões.

Um dos pontos geradores da polêmica entre clássicos e Bayesianos reside justamente na atribuição das probabilidades a priori. Em nome do "objetivismo" na ciência, um pesquisador jamais poderia fornecer uma opinião sobre uma característica de seu experimento, pois isto seria anti-científico, ou então, no jargão usual, contrário aos preceitos do *método científico*! Ainda sob o aspecto polêmico, a estatística clássica é rígida quanto ao papel de um parâmetro (característica de uma população) – ele é considerado fixo, enquanto na teoria Bayesiana ele é considerado variável (na verdade é o seu conhecimento sobre o parâmetro é que é modelado e não o próprio!).

Enquanto a teoria Bayesiana tenta quantificar P(H|D), os elementos de que a clássica dispõe permitem calcular P(D|H), ou seja, a teoria clássica não se propõe a quantificar a probabilidade da hipótese de nenhum pesquisador, enquanto que a Bayesiana tem isto com produto.

A teoria Bayesiana oferece ao pesquisador uma **probabilidade associada a uma hipótese** e deixa o pesquisador avaliar o seu problema probabilisticamente. A teoria clássica, no entanto, não pode oferecer uma probabilidade à hipótese, pois sua construção não permite este cálculo: ela oferece a tomada de ação entre duas afirmações (hipótese nula / hipótese alternativa) apresentando uma medida de risco, geralmente mal interpretada. Na percepção dos alunos (também encontrada em diversos textos) a interpretação clássica é erroneamente dada segundo uma interpretação Bayesiana, ou seja como se fosse permitido associar probabilidades a hipóteses.

Neste contexto a teoria Bayesiana é considerada por seus seguidores como sendo indutiva. Na opinião de De Finetti (1974, Theory of Probability) a lógica indutiva é reduzida em essência ao teorema de Bayes pois, para ele,

Raciocinar por indução significa simplesmente aprender a partir da experiência.

Como no mundo científico há uma tendência de superestimar a razão, o que eleva o raciocínio dedutivo ao posto de sistema predominante, a teoria clássica teve grande aceitação pelas áreas de aplicação como biologia e psicologia, dentre outras. O raciocínio indutivo conforme a teoria Bayesiana seria considerado no mínimo suspeito pelos clássicos, dada a subjetividade a ele inerente. Cada área tem a sua filosofia e ambas estão disponíveis para serem usadas dentro das possibilidades oferecidas. A **Estatística** não é um fim e sim um meio para tomada de decisão: há que se aliar aos resultados análises consistentes e coerentes subjacentes à área de interesse.

Retomando o problema do ensino, não é praxe apresentar esta discussão em disciplinas básicas de estatística, no ensino universitário: daí a dificuldade de se ensinar a técnica pela técnica em aplicações da Estatística nas diversas áreas do conhecimento. Considerações de natureza epistemológica e lógica devem ser discutidas com os alunos bem como devem ser oferecidas a eles as diferentes abordagens disponíveis para tratar problemas de natureza científica.

Dados dos autores

Antonio Carlos Brolezzi - Doutor em Educação pela FE-USP. Professor do IME-USP – *abrolezzi@uol.com.br*

Antônio Sales da Silva - Doutorando em Educação pela FE-USP. Professor da Universidade Federal da Paraíba – *asales@usp.br*

Carlos Eduardo de S.C. Granja - Mestrando em Educação pela FE-USP. Professor do Colégio Friburgo/SP – *cadu_mail@uol.com.br*

Cecília Canalle Fornazieri - Doutoranda em Educação pela FE-USP. Professora da Faculdade Santa Marcelina / SP – *canalle@uol.com.br*

Claudia Georgia Sabba - Mestranda em Educação pela FE-USP – *georgia13@terra.com.br*

Cláudio Saiani - Doutor em Educação pela FE-USP. Professor do Colégio Marista Arquidiocesano / SP – *clsaiani@uol.com.br*

José Luiz Pastore Mello - Mestrando em Educação pela FE-USP – *jlpmello@uol.com.br*

Lisbeth Kaiserlian Cordani - Doutora em Educação pela FE-USP. Professora do Instituto Mauá de Tecnologia / SP – *lisbeth@maua.br*

Luciana de Oliveira Gerzoschkowitz Moura - Mestranda em Educação pela FE-USP. Professora da Escola de Aplicação da FE-USP – *luciana@fe.usp.br*

Márcia de Oliveira Cruz - Mestranda em Educação pela FE-USP. Professora do Colégio Anglo/São Roque – *mdo@uol.com.br*

Maria Salett Biembengut - Doutora em Ensino de Engenharia pela UFSC. Professora da FURB / Blumenau / SC – *salett@furb.br*

Marisa Ortegoza da Cunha - Doutora em Ciências - Informática pela PUC-RJ. Professora da Universidade Anhembi Morumbi – *marisa.ortegoza@bol.com.br*

Mônica Fogaça - Mestranda em Educação pela FE-USP. Professsora do Colégio N.S. Aparecida/SP – *mfogaça@uol.com.br*

Nílson José Machado - Professor Titular da Faculdade de Educação da USP. Coordenador do Grupo de Estudos em Epistemologia e Didática da FE-USP – *njmachad@usp.br*

Ricardo Tescarolo - Doutor em Educação pela FE-USP. Diretor do Colégio Marista Arquidiocesano / SP – *rtesca@marista.org.br*

Roger T. Soares - Médico neurologista. Coordenador da Faculdade de Teologia Umbandista – *araobatan@uol.com.br*

Silvia Elizabeth Moraes - Doutora em Educação pela UNICAMP. Pós-doutorado em Educação na USP – *silvia_elizabeth@terra.com.br*

Vladimir Fernandes - Doutorando em Educação pela FE-USP. Professor da Universidade Paulista – *vladfernandes@ig.com.br*

Wanderley Moura Rezende - Doutor em Educação pela FE-USP. Professor da Universidade Federal Fluminense – *rezende@vm.uff.br*

COLEÇÃO
Ensaios Transversais

Impresso em janeiro de 2007, em offset 75g/m²
nas oficinas da Bartira.
Composto em AGaramond, corpo 11pt.

Não encontrando este título nas livrarias,
solicite-o diretamente à editora.

Escrituras Editora e Distribuidora de Livros Ltda.
Rua Maestro Callia, 123 – Vila Mariana – 04012-100 – São Paulo, SP
Telefax: (11) 5082-4190 - www.escrituras.com.br
e-mail: escrituras@escrituras.com.br (Administrativo)
e-mail: vendas@escrituras.com.br (Vendas)
e-mail: arte@escrituras.com.br (Arte)